床上有棵树

陆萍 著

文汇出版社

完成自己的同时，抵达了文学的纯粹

刘巺达

对于一位写作生涯 50 年、算得上著作等身的"老作家"而言，序不序的，已是无关紧要。诗人出版诗集以外的散文集，别有一番意味，那么，我就权当"第一个读者"吧。

我通读了本书的全部篇什，不断被文字中表达的喜怒哀乐所牵引，渐入佳境，时而动容，时而哂笑，时而嗟叹，时而遗憾。这些或长或短的辞章，一篇篇颇似写生，勾勒了陆萍丰富多彩的人生。

散文是一种最自由的文体，它几乎包罗万象，无论是杂记小品或游记随笔，乃至书信日记或史论札记，尽皆收入囊中。陆萍的这本散文集，也是斑驳陆离种类繁多，或是游踪漫笔，或是往事回眸，又或情思记略……至于所涉人与事，更是上自闻名遐迩的名人，下至临刑前的死囚……虽然彼此的身份天差地别，但在陆萍笔下，他们都真实而饱满，因此放在一起阅读，并无违和感，反而能窥得人性深处的微妙与复杂。

她写与名人的交往，素朴而真情，无丝毫忸怩之态。她笔下的徐迟、牛汉、王辛笛、雁翼、赵长天、今辻和典、程乃珊、李小雨、蓉子或章世添等文学同道，亦师亦友，人间烟火，跃然纸上。

这里仅举三例，与读者分享。陆萍写徐迟，那天陆萍陪徐迟同游甪直的保圣寺，在一花草茂盛处，发现了叶圣陶墓地。这时，但见徐迟神情严肃，两眼有光，大步流星地走了过去，口里念叨："嘿，圣陶！我的老朋友，你在这里啊！今天真是意外的收获！"当同行者纷纷留影后，徐迟说："陆萍，我想一个人，进去立一歇（沪语：站会儿）。"只见他慢慢上得石阶，站定，再往前走近一步，深情地拍了拍墓碑，又慢慢放下手来，交握在身前，凝视着远方……这位曾与叶圣陶有所过从的老者，瞬间成了一尊雕塑。看到陆萍写的这一幕，我对这位大作家，再次肃然起敬。

她写司法局长李庸夫，一位清正廉洁的好官跃然纸上。有位长期受迫害的知识分子被平反后，感激涕零千恩万谢。李局长却对他说，您不用谢，您受了那么长时间的苦，是我们执政党欠了您！假如到处都是这样的好官，读者也就情感与共了。

写文学恩师谢泉铭时，有一个细节非常具有质感。上世纪70年代，陆萍投稿《解放日报》并求教副刊编辑谢泉铭，由于纺织厂三班倒的作息时间，陆萍只得晚上去报社。她写道，记得有次我看了看表，表示必须立即离开去赶公交车上夜班了。道别时，谢老师声音闷闷地对我讲，陆萍，你以后晚上就不要来报社找我了。我当时觉得很奇怪，就说上夜班时我只有晚上这点时间有空啊。老师转身回头，就不说什么了。我不明就里，后来我照旧去。直至很多年后我才知道：原来我"晚上去"，惹得对谢泉铭的流言蜚语满大楼飞，莫大的屈辱，泼洒到他身上。这世界的不公不平，至今想来，都变成了我们的敬意……

上海乃至全国的作家中，被谢泉铭"恩泽"过的作家不少，我读过他们写恩师谢泉铭的文章，但陆萍的描写特别有冲击力，彼时那个圣洁无瑕的姑娘"不明就里"对恩师造成的伤害，读来揪心。这种回忆，具有无可替代的珍贵性。

读陆萍散文，得知现实生活中的陆萍时有某些"低能症状"，比如她是十足的路盲，甚至差点在印度的机场弄丢了自己，某日还会被大枣核卡在喉口，等等。但很多艺术家都有这个通病，他们专注于自己的所好，在钟爱的事业上，不但不"低能"，相反是很"高能"。陆萍也许正因为她执着于文学，才让她无暇他顾，一心直奔心目中的高地，诚如老诗人谢其规所言："上海的女诗人中，目前算她的诗龄最长了。"确乎如此，她愈战愈勇，而且脱胎换骨，惊为天人。不但在新时期里诗情喷涌，赢得了广大的读者和众多粉丝，而且接二连三出版的诗集、散文集，得到了上海文化发展基金会的资助；更是有陌路诗歌研究者、广西某县作协副主席、秘书长陈胜辉25万字专论《陆萍诗歌赏析》的出版。她那股澎湃的激情，俨然与她的年龄不相符。

陆萍的身上有一种神奇的力量，尘烦俗虑似乎从来不在她的考量中，她永远在不同寻常地凝视、观察、倾听和思考。一如她篇章的这些句行：

选择写诗，是因为诗考量灵魂。诗的精细与锐利，可以无尽层面地触及造物设计的奥秘……能尖锐地体悟日常，潜走人性，感受生死之间甚至时空之外。(《我为什么写诗》)

这旷世之俗，粗野而温和，毛糙而紧密；真可谓是奔而不放，忠

而不诚;破而不坏,崩而不溃。这就是一个民族的道德质地和道德场域,与我们汉族的组织结构不一样……(《人性的裸奔》)

凄美的枯树,是黄石一大景观……在强烈的阳光下,呈一种凄绝之美。它或蜷曲一团,存心孤绝世界,或坚挺站立,怒指苍穹……它不诉说,也无话可说。万千惊心动魄、妻离子散、哀痛绝望的故事,它全部经历了、承受了,而且消化了。置身现场的我们,没有缘由,却会那样地揪心生痛。(《生而为人的入世礼》)

除了逼真,还有很多很多东西正弥漫其间、濡染了四周,让你看了再要看,让你不舍离去。到底是什么东西吸住了你的魂魄呢?摸不着,看不见,但却真真切切地感受得到。我觉得那就是画家将这一切,都悄悄赋予了神性。(《读画速记》)

这些置身于文化景观中的思考,让哲思浑然于景事之中而成至理,是文学的精神滋养了她。在这本书里,"小情调"和"大感情"和谐共振。"小情调"只是一种形容,指的是陆萍笔下无处不在的惊喜和发现:生活中一旦有所触动,陆萍就会让文字伴着思考相拥起舞,接触尘埃却又能够清水洗尘,生发出的哲理感慨,也让读者产生共情。而"大感情"的提法也是一种指代,是那些关乎生死或人性深处的苍茫复杂,这部分的作品令我最为心动。

比如她对印度诗人因文化差异而产生的"误解"就写得很美——面对中国女诗人的诗作《冰》,印度诗人的眼里泪光盈盈,情意浓浓,但他们的"我爱你",只是一种给予,并不是索取。由此陆萍喟叹:"如果说,我曾经在生活中失落过什么,那么这一天,我在泰戈尔故土上得到的报偿,加倍丰厚;如果说,诗歌创作是幸福的,那么这一晚我体验得最为深刻。"艺术是人间最高的圣地。生命中所有的失去与沉落，想必她都会在文学中寻得与找回。这或许就是她半世纪来矢志不渝，痴迷文学的渊源。

还有，她写到一个判死缓的女死囚，虽然是"罪案"，可是案子里蛰伏着的爱恨情仇，也折射着普通人的人生。更有她现场目睹了一名女重刑犯刑释时的情景，因为长年的监禁，已与社会脱节，年轻女警官取出了几张钞票，和颜悦色地对她说，这是一张10元的钱，一个"0"，还有100元的钱，两个"0"跟在"1"后面。女警官又特意"嘣"的一声落下个东西来，说，这个"钢镚儿"就是一元钱，等于从前100个一分钱的小角子……陆萍写道，我很感动于女警官于一瞬间的角色转换，前一刻还是她们眼中不可越雷池半步的囚犯，这一刻便是社会上一位孤陋寡闻的老大妈了。

这些"不可多得"的题材中的描写，是其他作家难以企及的，有时甚至是作家的"独门秘籍"——萧乾独特的"战地记者"身份，才使他写出有别于他人的佳作；季羡林对身处时代的真实记录，才让他写出了对一段生活的赤诚回忆……本书中有关陆萍的"铁窗文字"，都非常生动感人，也是此书的一个特色。

我特别感喟的是，面对陆萍这个"年轻的老作家"，我觉得她几乎是"与时俱进"的一个生动注解。本书中有一个细节给人启悟：台湾诗人和陆萍在韩国举行的"亚洲诗歌研讨会"上相遇相聚，他们无话不谈，十分投契，并知道亚洲诗坛激赏她的诗作，东道国出全资盛情邀请，并处处给予她"五星待遇"，甚至还为她一人改签机票留客数日。台湾诗人坦陈，他们奇怪于陆萍生活在90年代，写出的诗却像是30年代里的感觉。

陆萍如是说：我看重人的生命悟觉，敬畏自然直视天性。因为人类最本质的感受都是相通的，凡文字出自人性幽闭的深处，大都可以通走古今贯穿时空，而成为永恒。

一如陆萍在这本散文集中的那些篇目：《庆祝过往生命》《悬空寺》《我为什么写诗》《清空归零》《神在》《了知生命的大纲》等篇章，这些来自存在的本真与灵魂深层的文字，内涵深邃，神秘直觉，情感饱满又哲理充盈，自然就能与任何文化背景之下的读者一脉相通。

她以前的很多著作我也拜读过，尤其是她充满人间大悲悯的铁窗文学，正如她所言，是"摸着人性人道、生死爱恨这些永恒的暗巷子进去"的，真实的血肉全在里面，逼近人性，独具一格。她在完成自己的同时，抵达了文学的纯粹。

回首看去，当年的陆萍曾经非常荣幸地在特殊年代被"海选"成功，全国隆重播发的十首革命歌曲妇孺皆知，其中一首词作者就是她。这在当时，已然属于莫大的"文学成就"了，但她并没有沉浸在年轻时的成功中，而是循着时代发展、人生阅历的增进和深拓，听从生命内在的召唤，去寻觅存在的本真与生命的奥义，将自己的思索与视野去抵达无垠的天地。尤其难能可贵的是，她的写作已摈弃了世俗的功利，只为灵魂的平静与安宁，这种低至尘埃的写作姿态，恰恰是文学创作获得成功的秘诀和妙谛，也成就了"活在当下"的陆萍。

而今功成名就的她，仍然跋涉在文学的路上。文学于她，已契进其血肉生命，与她的脉动、心跳、精气与神息，几近合一。相信她一定还会给读者带来惊喜，就像前不久，她与一位素不相识的铁粉创造的"文坛佳话"一样。当生命的觉悟化为笔下诗文时，一切皆有可能。

目录

序

完成自己的同时，抵达了文学的纯粹 / 刘巽达

辑一

爱，是给予

- 3 爱，是给予
- 10 清空归零
- 12 人性两极的短路
- 14 意思的空穴
- 16 一个尘封43年的故事
- 20 触摸生死线
- 26 执着是种幸福
- 29 无法忘却
- 33 这个"祸"美丽又暴烈
- 41 有只鸟飞过天空
- 44 被密码囚禁
- 47 我的忏悔
- 50 宝座上的缪斯女神
- 54 异国迷途
- 60 狗
- 63 在那神秘的国度

68　恩师谢泉铭

75　莫要踩碎痛苦

79　跨越警戒线

89　又何妨

93　李局长，您去了哪里？

102　多稼路

105　读画速记

109　大瀑布·翎羽·心经

112　我的"梦乡小站"

116　你是一羽灵慧的青鸟，今天已经抵达永恒

辑二

了知生命大纲

121　了知生命的大纲

125　在云冈石窟前

128　追忆徐迟老

133　监狱里的新荷诗会

135　烈酒情怀

138　鬼地方

142　杰克逊小镇

147　上海纺织博物馆

151　让北欧的风吹过我的头发

- 154　失踪
- 156　小小自然界
- 159　生命诗性的体验之美
- 161　用一个宫殿总结
- 165　庆祝过往生命
- 169　缘分
- 171　手稿
- 174　广西的山
- 177　神圣、神秘、神之所在
- 180　玫瑰兀自绽放
- 184　玉树临风
- 186　平衡与卸却

辑三

终归诗酒田园

- 191　被艺术命中
- 194　野菊花
- 196　悬空寺
- 201　心中的诗神牛汉
- 212　聪明库
- 215　死囚·沙漠·毕加索
- 219　床上有棵树

221　在法律结束的地方文学应该开始
228　汉城亚洲诗会小记
232　诗坛常青藤
237　目击集体变老
240　在这条小街上
244　吃
247　核·下樟村
251　旅途着装
254　世界的尽头感
259　神在
262　亵渎神灵罪莫大焉
265　生而为人的入世礼
269　幸福是一种秘密
272　终归诗酒田园
275　我为什么写诗

读后

邀月光起舞 / 丹飞

后记

翻动五十年

陆萍出版书目

人生旅途中的一幕幕场景与情节，谜一样随涉世的深入而渐次展开。但是展开得再辽阔再高远，总会有渐次收拢的节点眼，会冷不丁地冒将出来

辑一

爱，是给予

爱，是给予

望着他那双灰蓝色的眼睛，我用生硬的英文单词拒绝了他。老实说，我有点突然，对于他眼睛里的话，有点猝不及防。他也许感到失望，但仍然用布满忧郁的眼睛望着我，慢慢地退出了我的房间。

我有点迷乱。找不到出国前准备好的中国书法小条幅等放哪了。而且我还犹豫着，找到了该不该再送给他？

前五分钟，就在他的房间里闲聊。那是晚餐后，甘地大学的校长卡那特和他阿拉维恩特以及另外两位印度诗人，一起邀我和同行的杨小姐，到他们的房间小坐。他们问我们中国的冰心、艾青、毛泽东、周恩来……又问了一些中国历史上的事件。交谈间我有点失望，因为事到如今，他们对中国诗坛的了解，还只是30年前的"红旗飞舞锣鼓响"之类。当时我有种迫切的表白欲，作为第一次参加亚洲诗会的中国诗人，我觉得负有一种责任。随即我欠身致意离座，想回我房间，取一些我带出来的小礼品赠送他们，以加深他们对中国的了解。不料阿拉维恩特在后相随（事后知道他当时不解我意，以为我"回房间"告辞了呢！）……不想又被我拒之门外。

当我重返他们房间时,他惊喜不已,灰蓝色的眼里一片炽烈。但是,我还是用中国话对杨小姐说:"注意,提防有人不怀好意。"我说得很响,因为我知道汉语对于他们如同天书。

看得出我的返回,阿拉维恩特十分高兴。只是他老是这样看着我,使我很不自在。

三月。在印度,已是暑季开始了。我们住在印度中部这个优美的中等城市——博帕尔的杰哈诺玛五星宾馆。窗外,夜风阵阵,终年常翠的树叶在蒙蒙月色下摇曳生姿。卡那特一定要请我喝酒。印度饭我不敢恭维,而酒绝对上乘。阿拉维恩特非常地道,怕我喝醉,他在我的杯里先倒白酒,再注入半多白水,然后谦恭地用右手递与我。我没想到我在今天开幕式上的朗诵及材料上的译诗译介,会让他们深感意外。晚餐后,他们几人才特地相约找我聊天。

想起三天前,我在孟买国内机场登机起飞后,航空小姐给了我一份报纸,头版赫然登有一轮古朴迷蒙的木刻太阳。我兴奋起来,这是我们前往印度博帕尔参加的亚洲诗歌研讨会会标呵!近两月来,我已经在印度政府给我的无数信函、文件和书封上看到过。和我同行的北京诗人杨榴红诗好而且还懂英文,知道今天是亚洲诗会开幕,报上发了消息。我俩同时注意到阿拉维恩特的大幅照片和对他的介绍。他,英裔血统,作品在印度极有影响,而且善用英文创作。他那灰蓝的眼瞳,浓密的大胡子及细瘦的高个头,则是到了目的地,在博帕尔艺术中心的会堂里才有了印象的。

也许得力于印巴次大陆特殊的气候条件吧!这里天蓝、花红、叶娇,满目翠滴滴的绿树绿叶,尽在一个色调上跳跃,生鲜悦目。那天当我在诗会现场步入院庭时,一眼就认出了他。来自亚洲25个国家的40位诗人,济济一堂,各具风采。诗人聚会,于我来讲应该是熟悉的,但是这次不一样,因为第一次出国参加诗会,我欣喜而陌生。走过花径小道和长长的走廊之后,就是会场。但会场一侧的会务小姐,柔声细气地伸手示意,让我脱鞋入场。

对于这一要求,我猝不及防,也感到惊讶不已。身着紫罗兰天鹅绒长裙和高跟鞋,要是鞋脱了,我还成什么样子呢?

但当时的氛围告诉我,非此不行。我想试着入乡随俗,但是很不习惯也很别扭。正犹豫不决时,发现阿拉维恩特就走在我的后面。他毫无表情,顾自弯腰,熟练地将鞋提在手上,又走到一边的大木坡上安放平整。我还是傻傻地站着,望着自己的脚,心犯嘀咕,这个国家这个地方,怎么能要求外国的客人,平白无故地脱鞋呢?但看到韩国、日本、新加坡等国家的诗人们,都顺溜地照做,想来不脱不成。我弯下腰去,解开鞋扣褪下了高跟鞋,并也提着将它放到木坡上。

高跟鞋一脱,自感人又矮了一截。从来我们国家穿衣戴帽讲究上下配套的,现在不穿鞋,觉得人像漏了气,少了完整。但我尽量挺直腰提升感觉,穿着袜子从地毯上走去。不知为什么,我发现阿拉维恩特还是跟在我的后面。

这时闪光灯、摄像机在我们身上扫来扫去。因我长得特别小,一般不愿与高个头走在一起,但这一刻,我无奈。

或许是安排,或许是巧合,阿拉维恩特居然还是坐在我的旁边。只觉得他一动不动,目光平视,大有中国君子"目不斜视"之态,感觉漠然如一座空旷的山。我也端坐不动目视前方。严肃着。只是那双没穿鞋的脚,让我自感失去了点尊严。

台上在介绍诗会的主旨,环境保护(眼下整理文稿时,惊讶于亚洲诗会三十多年前就有这个议题），组织过程，东道国的风土人情。

时间过得很慢，我们默默相坐的两人，是隔着喜马拉雅山的两个国家，是语言文字迥然各异的两个民族。正当我在这异域的空间感受着缺少沟通的单调孤寂时，一个声音宏亮地响了起来。

"LU PING（陆萍）！"大会主持、诗会主席阿肖克先生请我上台。

这陌生的声浪在会场上空显得空阔辽远。我一时没反应过来，直到会务小姐向我示意，我才匆匆起身，在我视线的余光中感觉阿拉维恩特忽然侧脸朝我看，仿佛是第一次发现身边还坐着我这样一个人。

我踏着金碧辉煌的地毯朝前走……我想起我走过的路，无数条。充满坎坷与不平，苦难与灾祸；甚至想起在那些荒唐动乱的岁月，我常常站在路口，不知何去何从。泪珠冰凉而沉重，洒在长夜的诗笺上，绝望和希望更迭，追求和奋斗不灭，心中燃烧着爱的烈焰。有爱就够了，它能照亮生活，给诗以温热；失去的同时，就意味着得到，爱在残缺中，便获得了永恒……在热烈的掌声和全场亚洲诗人的注目中，我在主席台上的T型发言席前站定。

一束高光照耀着我。但我看出去，全场却是黑压压一片。在诞生泰戈尔的这块土地上，我只是想对生活倾泼我的一腔真情！接受艺术的神圣洗礼。

我让自己的心平静下来。用汉语进入了我诗的境界。我不会演戏，但此时此刻，却当真动了感情：

"《冰》我的痛苦是一块绝望的冰／因为绝望，才冷得透明／渴望、希求、流动的眸子／已在无情的晶莹中得到安宁／／朋友，你如看见它可千万别碰／世界上它最怕的是你的手温／我不愿让它轻轻溶化／只因在绝望中冰着我最初的纯真"……我听见了台下响起的掌声。热烈的掌声一阵阵,把我从感情的甬道里拉了出来。我听着被翻译成印度文和英语的朗诵声。有一种激动,是拼命克制自己的感情。后面继续朗诵的四首诗,在我感情的世界中,是以一种澎湃和汹涌一泻而出……

脑海里呈现一段空白。不知怎的就被好多好多外国诗人簇拥着到了咖啡厅。有的人握着我的手,吻我手背;有的人紧紧拥抱我,轻拍我的肩膀;有人给我递上了咖啡和炸香料贵米……尽管言语不通,但是我们的感情在交流,我们的心灵在对话。他们在我的纪念册上写着:"我爱你优美的诗,如同你的声音一样。""我沉进了回忆,由于你拨动了诗弦。"而更多的是"我爱你"……

我朗诵的这组诗,来自我诗集《梦乡的小站》,着笔于"爱的背光",由于生活中失去太多,便只能用不眠的诗句来平衡失重的心魂。

是否异国朋友在生活中也失去得太多?我不得而知。蓦地,我在人群中发现那双灰蓝色的眼睛,我们对视着,因没人翻译,大家都没说话。他看着我,似乎有点意外的目光,显得意味深长,仿佛我是他的重大发现一样。

眼下这一刻,在印度博帕尔杰哈诺玛宾馆的套间里,阿拉维恩特仍然是这样望着我。是的,过于漠然,我感到生疏冷落;过于热烈,我却又觉得难堪。我随手将小礼品送了他,不料他接手谢了后,轻描淡写地放在一边,对着我张开手臂直接说:

"能不能把爱给我?"我大吃一惊。他如刚才在我房间一样,突然又当众抓住我的手,眯着眼睛问我。身边响起一阵友善的笑声。

他竟如此大胆,让我始料不及,不过,我至少松懈了警戒。这时一边的甘地大学校长竖起食指在空中划了划,笑着对我说,知道吗?是因为您的诗——《冰》,沟通了我们的心灵!

"您能不能把爱给我？"这时阿拉维恩特又一次展开双臂作环抱状。

"不！不！我已经把爱全部给了诗，对的，全部！"我比刚才轻松得多，没有用生硬的拒绝，而是还他以同等的幽默。

阿拉维恩特失望地耸了耸肩，抓起床上那首我的诗，对着大家声音郁郁地朗诵起来："我的痛苦是一块绝望的冰／因为绝望，才冷得透明……"我听着他充满情感的声音，不禁哈哈大笑起来。觉得只是"过过场"而已，都是可以一掠而过的。

令我没有想到的是，他却继续在诵读，且沉浸其中，卡那特等几个人仍然在听。我只得把笑声打住。其实，我一时心情复杂：并不是着意淡化自己，更非"玩世不恭"，生活中知己难逢，我凭什么轻易袒露自己的隐衷心曲？先起，阿拉维恩特怀着深情将这首诗全部读完。坐在一边的甘地大学诗人卡那特哀叹地摇摇头，指着诗《冰》的最后两行，用凄凉的声调，重复朗诵了一遍："我不愿让它轻轻溶化／只因在绝望中冰着我最初的纯真……"

我忽地认真起来，全身的血流往一处涌。为什么？

因为我分明看见卡那特和阿拉维恩特的眼睛里，泪光晶莹！它仿佛一股强大的电流，霎时击中了我。我被另种情绪主宰了。我垂着头，泪潮自心底涌起，我对他们的"表达"不再感到"突然"，也不再感到"猝不及防"，这些在我遭遇磨难并彻夜难眠时用血泪凝成的诗行里，有着我耗损的青春和生命。

哦，我心中有一种被肢解被溶化的快感：既酸楚又甜蜜，既突然又渴盼；既亲切又陌生，既苦痛又欢快。

过了一会儿，阿拉维恩特用沉沉的语气问我："这诗是怎么写出来的？"在这种真诚的目光中，我无法说谎。

一如诗中所留下感情痕迹一样,是的,我曾经失去过,"背光"的线条曾强烈又生硬,但我压根儿也没想到,以往几乎在所有场合,在任何时刻,我从未触及过心灵的伤痛,竟然在异国他域的诗人面前,坦诚地诉说了!

屋里很静,灯光下地毯如月色下草坪。我喃喃说着,如入梦幻。

"世界上真正的爱,永远是残缺的,一如维纳斯的断臂。"望着他们忧伤的神情,为作弥补和挽回,我继续说,"感谢生活中的不幸和灾难,是它酿造了诗并且给了我们今晚相识和长谈的机会……"

阿拉维恩特的眼睛里还是泪光晶莹。他在我的纪念册中写道:"给您很多很多的爱!我爱你!"我收回目光,突然感到一种内疚,侧脸用中国话小声对杨小姐说:"我刚才是误解了他!"

是的,真正的诗,往往不仅仅是字面上的意思。他们表达的,只是为生活里的一种失去而呼唤,为一种不幸、不平而哀叹而抗衡!他们的"我爱你",只是一种给予……

如果说,我曾经在生活中失落过什么,那么这一天,我在泰戈尔故土上得到的报偿,加倍丰厚;如果说,诗歌创作是幸福的,那么这一晚我体验得最为深刻。

哦!印度博帕尔,我梦乡中一个异域小站,我生命里刻骨铭心的一页!

1990年《华夏诗报》总第31期头版头条

清空归零

才明白"沉醉"不是一说，她需要你全部心神。这几天倒真是心神恍惚，至少是心神该去的地方没有去，不该去的地方去了，分了神。

为何？不为何！

不再想去寻求答案。更没有自责。我由着自己内心的生发，随自己心性的选择，所谓顺其自然，就是如此吧。

水到渠成，其实就是神助，要懂得感恩。其实到今天，任何成败，都已经不再在乎，在乎的就是心性深处的生发、生成。像电子软文下读者的点赞一样，自动生成的。省心省时省力。作不得假。

我是一只空船，在大海漂泊。任风浪的推送，任潮汐移动，撞上任何东西，都可以搞个满载而归，为什么？因为是空的。

也可以撞上任何物事，即使将对方撞破击碎，也不会遭到任何的谴责，甚至连一声骂，也不会发生。为什么？因为我是一只空船——即船上没有人包括我。

由此，"清空"是个多好的词，由此而来的那个"归零"也一样。觉得现代科技，生就的某些程序，就是直指要害！我们搞半天弄不清的事物，比如潜移默化啊，比如日久生情啊，甚至润物无声啊，到电子科技那儿，轻轻一点：统而括之就——崩溃了。

没有过程，立马零距离。一声感谢都不需要，当然骂娘也是没有用的。

由此，两个世界的事，就是两个。两个个体，所载系统不一样，我们这号人，正处在两个系统这渐变地带，感受就如站在海滩边一样，要经受海水一波波的冲击，浪涛过后，睁开眼睛来，朝这边看看辽阔的海洋，朝那边看看广袤的大陆，然而再一次比一次清醒明白。

明白什么呢？就是人在人间一切的活动，任由其来自生命的真实，生命深处那个掌管你的意念。

所以，这几天我沉醉了，误事了，乱套了。当然这是用的俗话表达，因为毕竟肉身处在尘世，这样说大家听得懂。在生命真实的世界中，没有这些套话。

她只是由着其风动草摇，水流花开，宁静喜乐自在。

沉醉就是宁静。

误事就是喜乐。

乱套就是自在。

2019-9　恨不止恨，唯爱能止

人性两极的短路

一个卑微的乞丐，却有着伟大的人格。

他自称义丐，名叫王志友，是昨晚在东方台看到一个节目中出场的嘉宾之一。

最是被他感动。他行乞十二年，今年41岁。行乞时他头顶破纸做的高帽，上面乱七八糟地写着"好人一生平安""义丐王志友"等。反正上面的书写风格与乞丐的气场搭调。

他过着真正意义上的乞丐生活。流浪，睡桥洞，乞讨，扒拉着废物，吃垃圾箱内被丢弃的食物，而凡是行乞所得的钱财，他一分不留，全部捐助给有困难的人。

合肥一个摆摊的男子，曾关注他多月，也曾走近在桥洞安身的他。看见他行乞所得，分分毫毫都不用于自己的生活，自己的吃喝生计均来自街头的乞讨和垃圾箱。在结识了一段时间后，他便与这个乞丐相熟，且还常常交往。

不久，此男子身边有个朋友病倒，不轻。当时乞丐得知后，立马将自己一月中所乞讨到的钱财，悉数取出一分不剩，请他转交其病友。

此男子也是被邀请的嘉宾，他这样告诉了主持人。

当主持人问及王志友当初为何要以这样的方式行善时，他竟泣不成声。他说十二年前，他做生意砸了，周围的人对他鼻子不是鼻子眼不是眼，他痛苦得不想活下去了。那次他跑到铁路轨道上横下来躺平，想了结此生。

正当他对着呼啸而来的火车而无动于衷时，有一个腿脚不便的阿姨正好发现，于是就拼命过来推了他一把。这一推他王志友在阳间，那阿姨却一命呜呼！

从此他便萌生以行乞这种方式来报答那个救他命的阿姨，也权当赎他自己在世界犯下的罪孽。他说又高又破的纸帽，是想以一种奇异的方式吸引路人。

他高调地卑微着，希望路人多多施舍，希望世人多多行善。极端卑微与极端崇高，就这样子纠结在一起打滚。让世人心中生痛。

十二度春夏秋冬的坚持，绝对不是一瞬间的冲动。

不仅仅是世相万象。不仅仅是人生百态。

这是人类灵魂深处一道冰火两重的极致风景。

也是人性深处身心与灵魂的一场撕拼。

更是人性中两极短路的一场燃烧、一种爆炸。

我想大多数世人，都绝对不会选择以这种方式去生存、来报答。

但是我绝对从心里向这个义丐王志友致以崇高的敬意。

他身上的这个"卑微"，在人性的平台上，绝对地占有高贵的一席。

2011-9 真理不可言说

意思的空穴

在朋友具体指导下，为了"止损"，我终于惴惴不安地将手中叫作"股票"的东西"抛"了出去。之所以将"抛"字打了引号，是因为我心里实在感到惭愧。是的，我是花了钱，将我实实在在的钱拿在手里，一张张百元大钞，沉甸甸在我手中掂过，一万元就厚厚一叠子。

但买来的所谓"股票"，我从来就没有看见过。几万几十万地买了，写了个股票名，填了个数字，交出去就算完事了。待回到家时，发现买回的东西原来是"皇帝的新衣"，什么东西都没有啊。

花十元钱买只碗，拿在手里很是个东西；花几万元买只钻戒，捏在手里看看是光芒四射；花三四千元买只大彩电，那更像模像样，让你累得又是叫车又是出汗……但是买股票，仅仅只是买了个意思而已。

我抛的时候，手臂没有弧线形的动作，而被我抛出去的"东西"，也并没有呈现"抛物线"的过程，我何谓——抛呢？我做的这个事情，本质上是在做一个"意思"而已，这"意思来"与"意思去"的时候是无影无踪的。

这意思省略了"具体事件"，甚至完全省略了可触摸的真实，现代文明的神秘，或许就由此可怕产生了。

现场实战中我终于发现，在一瞬间变成穷光蛋或者在一瞬间变成大富翁时，完全是在"意思"的空穴里进行的。

联想到我们平时的生活，凡事的进程发展到最后，其实讲究的也是个意思。

人该怎样活着？

要高尚、要爱劳动、要有爱心、要勇敢、要博学，要怎样怎样，这一切终极的最高主题无非也是——人活着的意义？意义与意思虽有一字之差，但是却也有一字是相同的。

意思是个好东西，是千流万川不息奔腾的终极目标；不管你想到也好没想到也好，这"意思"总是在为你的人生，默默地起着作用。

想不到这"意思"的人，就沉浸在每天十分具体的事务中生活着与思考着。当然这思考也是具体的，不会超越生活的具体；想到这"意思"的人，心就空灵，不时会在"具体"中抽出身来，翱翔于"具体"的上空。将自己与"意思"挂起钩来。千万别小看这一"挂"。这一挂，就时时在将一个人神秘提升了。

哲学家怎么来的？思想家怎么来的？科学家、植物学家等等怎么来的？我想在芸芸众生中脱颖而出的人物，曾经都是在这种"提升"中优秀起来的。

1992暮春　灵魂深处的挤压，就是创造

一个尘封 43 年的故事

小镇大俗大雅的建筑，让人提神。

在通往餐厅的路上，我和四川来的吕进教授同行。说笑间，吕进忽然缓下脚步郑重其事地对我说，陆萍，我记得在《诗刊》上写过你的评论。我吃惊地问，是什么时候？评的又是什么内容？吕教授说，70年代，写纺织厂的吧。我说，这类题材我曾经写得很多呢，也不知道你评的是哪首。我们的对话，很快被周围诗人们的欢笑声打断了。

这一天，是2018年11月24日，湛江遂溪。从我国各地以及从世界各国（地区）风尘仆仆赶来的百余位华文诗人，聚集在这北部湾海边古雅的罗岗小镇。第十八届国际华文诗人笔会将在这里隆重举办。那些个诗情洋溢的场面，小镇每处的花草树林，或许都刷新了记忆。

笔会进入第三天，一场在岭南师范学院举办的"百年新诗"诗歌论坛开讲了。那天下午，当我上台发言结束，在茶歇当口，只见吕进教授快步向我走来，似乎心情有点激动地对我说，陆萍，我记起来了，你的那个作品叫《闪光的工号》，你写过吗？

当时我肯定两眼放光。我说是的！是首长诗，有近千行吧，发表在全国当时唯一的文学季刊《朝霞》的头条。我声音果断，毫不含糊。因为那时我刚步入诗坛，在纺织厂倒三班时，与郑成义一起完成的这首长诗。

吕教授抑住语气，一字一顿地说，那就对了，肯定是在1976年。记不得是在"四人帮"粉碎前还是粉碎后。我写过你的，你去找，一定能找到的！

在吕进教授坚定的语气中，我当然坚信。坚信这份宝藏肯定存在，而且正埋在遥远的岁月深处。虽已历经了43度春夏秋冬，却从未与我打过照面。

话到这儿，我们俩都很兴奋。仿佛一种没有悬念的期待，已唾手可得。当时，坐在我身边来自台湾的庄云惠，她是诗、书、画顶级高手，在现场眼疾手快，已经用相机，替我俩记下了历史性的一刻。

有资格说"历史"这个词了。试问人生中，有几个"43"年呢？

我对吕教授说，二十年前，你作为中国作协大陆女诗人的副团长，我还和你一起去了台湾访问，后来在日本前桥第十六届国际诗会上又见面，你都从来没有说起过。现在已经过了整整43年，怎么才刚刚听你讲起。

这是怎么一回事呢？我觉得真是奇怪。

吕教授日理万机，手中万千事务，天天风起云涌，长诗题目，怎么突然间就穿云破雾杀出几十年重围，他干脆利落朗声出口："《闪光的工号》！"

而我也雷电闪接："对！《闪光的工号》。"

暗语般地无缝对接，让43年来的岁月小道上，一时张灯结彩，满目通明。

其实，吕进教授自己也沉浸在这个有点离奇的情节中。但是离奇归离奇，离奇的真实，还是真实。于是他再一次对我说，肯定有这回事，没错。你回去找。

他的话是这样说了。但是，他仿佛又被"离奇情节"拉了回去，他这句话出口后，又看着我自语：我怎么会突然想起你这个长诗题目的呢？真是奇怪啊。想来曾被世界诗歌研究会授予黄金桂冠的吕老师，生活中也有不解的困惑哈。

他说，是你激灵了我。你刚在论坛发言时，你的那种眼神、语气。

抑或，那沉睡在遥远年代的故事，是被十八届国际华文诗人笔会那浓郁的气场所激活了？吕教授微笑着沉思，一时还斜目睐了我一眼，似乎还在默默地追问自己"怎么会突然想起这个事"。

次日，笔会又组织我们去遂溪的调丰村、湖光岩风景区，一路上大家诗情勃发，而各式穿戴更在田野上形成一道亮丽风景线。天下着蒙蒙细雨，在调丰千年古官道遗迹边，我们正望着那久远年代里高脚牛车的车辙时，吕教授忽然又认真地对我说，陆萍，你不要去找了，我想起来了，我们新诗研究所里有《诗刊》完整的资料，回家我去找！

我满怀感激。自己对信息的获取，怎么竟会如此闭塞，一如在洪荒年代。至于吗？！我也在拷问我自己。

生活真是一个无解的谜。

开幕式那天，吕进教授荣获本届笔会颁发的"中国当代诗人杰出贡献金奖"。这是众望所归，也让我们为他的荣耀而荣耀。吕老早在二三十年前就被授予国家级有突出贡献的专家，是全国文学奖、鲁奖的多届评委，并获百年新诗理论贡献奖。在种种笔会上，却和蔼可亲，平易近人。还不断提携新人，我就是其中一个。

笔会很快结束了。我和湖州的作家协会原副主席周孟贤和老高同路踏上归途。在候车当口，忽然就收到了吕教授的微信。他是坐飞机回去的，几乎是在着陆的第一时刻，就寻找出了那本尘封近半世纪的《诗刊》，翻出他当年评文的三个页面，一一拍照发了我，并附言"有历史局限性，但值得纪念"。俄顷，似乎又意犹未尽，他在微信上又跟了一句："我怎么会突然想起的呢？"

是的，其实我俩都很惊诧。

这个故事穿越漫漫风云，43个年头后才刚刚抵达我们今天的十八届国际华文诗人笔会现场！如果没有这个笔会，或许这段美丽的细节，于我，还在远方的远方隐身。

诗友们纷纷祝贺我："这是你这次最大的收获，也是我们笔会最大的收获啊。"更有人说："陆萍，这件事非同小可，应该编进国际华文诗人笔会的大事记啊。"呵呵。

是的，对于生命流程中所发生的一切，我唯有感恩。感恩吕教授，感恩笔会，感恩笔会的诗友，也感恩生活和命运。今天整理本文时，正好又收到吕教授寄我新加坡出的新书《吕进诗选》(双语)，他还在签赠中留字："闪光的工号　永世的情谊"。

人生的一幕幕场景和情节，谜一样随涉世的深入而渐次展开。但是展开得再辽阔再高远，总会有渐次收拢的节点眼，会冷不丁地冒将出来。想来眼下这幕，也终于破了一个湮没在世事万千之海的谜底。梦圆的欣喜哦。

2018-11-29　红日已高三丈透

触摸生死线

强心针起了作用。在痛苦中挣扎的小妹，终于慢慢平静下来了。医生当即让她转入单人重病房，开了一张病危通知单。

谁也没有想到，当他们新婚喜气尚未消尽的今天，生活竟会发生了这样的逆转。老想起一年前，小妹轰轰烈烈的结婚场面：双方十几个兄弟姐妹，喜气洋洋赶来道贺。一阵鞭炮响过，小妹身穿玫红天鹅绒紧身礼服，光彩照人地从娘家门口走出。那一阵家门口正在"弹格路"改造，接新娘的车开不进来，小妹从乱石碎土间小心翼翼地挪着步子，那含羞带娇的风姿中，又添了一阵乐趣和笑声。望着始唤妹夫的新郎，他高大结实英俊。呵，祝福我亲爱的妹妹妹夫！

不想这高光的一页已经翻作历史，后面便是一叠厚厚的病历卡。几乎所有女人都能胜任的"天职"，却在我妹妹身上卡了壳。昏天暗地的呕吐恶心且不去说它，小妹妊娠四个月时便出现"高危"症状。妊娠与甲亢相遇，危情便加倍，这时已进退两难。医生在迟到的警告声中，充满了忧虑。无疑，小妹接下来的妊娠史将充满风险。

医生的预见果然应验：两个月后小妹成了上海新华医院当时的产

妇中怀孕月份最小而症状最重的一个。我们两家家属，都喜忧参半。妹夫对老婆更加体贴爱护，几乎是挤尽每一刻时间往医院里奔。要保住胎儿，母亲要承担很大的风险。小妹她却心甘情愿！风险大不了就这样每天八瓶输液，打一次"长针"。"长针"小妹实在是怕，三四寸长的如原子笔芯般粗的针，一扎进肉里便半身瘫着不能动了……

我们都暗暗担心，巨大疼痛的能量消耗，要强过小妹生命力的承受。即使是三九严寒天，她也痛得大汗淋漓，连绒衫都透湿。有次小妹对我讲，阿姐，我知道他喜欢孩子，医生讲以后不可能再怀孩子了。我想再忍一个月，搏……

这是一种怎样的爱，怎样的等待呵。小妹简直是在搏命呀！真让我心疼得不知如何是好。

小妹手上脚上的血管，由于长时期输液，而变得扭曲不畅。唯有左手背上一根血管尚勉强可以，于是三班护士每天来打针时，都拿着针头小心翼翼在这条"生命线"上针眼挨着针眼，知道如果用完了打针的"地方"，再输起液来麻烦可就大了。

不知何故，重症中的小妹脾气出奇的好。常见她抖动着失血的嘴唇，用微颤的声音，向重手重脚又出口伤人的护士，说着感激的话。

也许微弱的生命力，难以承受世界上的光亮。小妹单人病房的四壁，全是灰黑色，唯一的窗还拉上了深蓝色的窗帘，幽暗中透着微弱的光。小妹一直躺在床上，几个月来几乎没能欠身坐起过，她的脸色惨白浮肿，以至夫家姑娘来探望时，几乎不相信她就是昔日那个妩媚的新娘。我是目睹小妹一天天变成这等怕人模样的，随着渐渐隆起的腹部，小妹的身体可说是一天不如一天了。

有天我再次走进病房时，突然心里冒起可怕的预感。这种感觉弥漫在每寸空气里，压得人喘不过气来。我满怀忧虑地找到了主任医生。值班室里空气凝重得让人窒息。我几乎是哭着恳求着：无论如何要保住大人……要我妹妹的安全，她……才29岁呀！医生……

平日里我和小妹可以为一块手绢反唇相讥；但这一刻，我却愿为小妹的生命倾家荡产！

医生的声音很平静："作为医生，我不能允许你妹妹再次怀孕，你妹妹怀孕的机会一生中就这一次。现在已经保到28周了，诚如你感觉到的一样，每刻都有生命危险，但是继续保胎至成熟，或者采取措施立即终止妊娠，两者同样危险。我们每天都在研究她顽固不下的血压高，四个'+'的蛋白尿再加上原先的甲亢基础，一切无法在这里向你事先作担保。我们不愿意家属的情绪影响我们的决断。"

我明白了。我已触及了那根事关生死的模糊界限。

这么说，我家小妹已遁入一个进退两难的境地了？望着小妹床头呼呼作响的氧气瓶，有一万只小虫在咬噬我的心。我和妹夫商定，这事绝不让我们年老的父母们知道。他们都已过了六十，再大的一切烦难，我们两人一起来扛吧！

一次又一次拿到"病危通知"时，我们对"病危"已经麻木。这张人命关天的纸，在我们眼里也就只是一张纸而已。

小妹分娩的季节正值产妇生产的高峰。产妇病房的走道里，临时加的床位一直挡到我妹病房的半个门口。有时床位不够，我还看到两个产妇合睡一张床的。而我家小妹一人占一个床位不算，病房里的另两只床也不准人住进来。因她随时有生命危险，医生说一定要绝对保证环境安静（重编此书时，今昔对比，真是恍如隔世！当时我们没有给医生护士送过一分钱，也没有人认识）。怕万一有情况，便于抢救。

这些忠于天职的白衣天使,让人肃然起敬。

妹夫已经请了几个月的事假了,夜以继日地守候在妻子身边。喂饭倒尿自不必说,有时为了让小妹松一松病痛久卧的筋骨,他会一头扎进小妹汗湿难闻的腰底臀下,让妻"只要你感到舒服",甚至这八十几天来,他鞋袜没脱过,也未倒头平睡过。

在那个黑屋子里,他望着妻,一小时又一小时。有时感到马上可以为人父了,小宝宝白白胖胖似乎前景一片灿烂,蓦地,眼前又漆黑黑一片,绝望中满目荒野孤烟……他是无可选择地走到今天的呀!

记得在小妹刚住院时,他没与妻商量就找到了主治医生。为了爱妻的安全,他请求医生作"终止妊娠",并给妻做绝育手术;只是医生瞻前顾后,在"既成事实"面前,觉得不终止妊娠比终止妊娠多些许安全,所以医生采取了积极的保守方案。

1989年3月23日。新华医院妇产科的医生护士决定为小妹"一朝分娩"。临进手术间前,躺在手推床上的小妹,用轻弱的声音对我说:"姐,你等我出来!"妹夫则一言不发,郁沉沉的目光中满是焦虑不安与期待。一分钟、三分钟过去了,十分钟、三十分钟过去了。我们的目光死死盯着手术室的两扇大门。

生与死在里面搏击。无法想象妹妹在裂变生命的那些瞬间。

我妹能顺利地生下她的宝贝吗?我们不敢回顾,也不敢展望。在忐忐忑忑、屏息敛气的等待中,仿佛半个多世纪都已过去了。

过了四十多分钟的样子,手术室的门忽地打开!我害怕坏消息,一时紧张得全身哆嗦……但见一位白莲花般的护士小姐抱着一个蜡烛包,步履轻快地走了出来。走出来却叫着"陆叶家属,陆叶家属",我们来不及破涕为笑。我们万万没有想到,世界上这么复杂难缠的事情,到了这时这刻，竟然就这么简单解决了。剖腹产手术一路顺风。医生报喜，母女平安。

这个多灾多难曾不被世人欢迎的小不点儿，竟靠"自身努力"也长到2050克！妹妹被推出来了，她苍白的脸上浮出一丝欣慰的笑容。我目不转睛地盯着她的脸庞。

我说："小妹你终于熬过来了，你胜利了，做妈妈了！"我附在她耳边喜不自禁地说。小妹面无表情地睁眼看了看我。移动床慢慢推到小妹的床位，她被轻轻安置睡下。暗暗的病房里就剩下我与小妹。

可是没待我缓下一口气，忽见小妹浑身剧烈地抖动了一下。只听得妹说："姐，我眼睛看不见了！"霎时她脸色大变，人全部失去了知觉。我发疯似的大声呼叫："医生！救命啊！医生！"……但见我妹妹整个人样都变了！变得极其可怕。她脸如紫茄，双眼倒插，全身抽搐着，整个人如块木板一样僵硬直挺，而且还整体跳起来腾空，一下一下地拍打着床面……

我活生生地看见死神的狰狞与疯狂了。只见走廊里医生、护士们，从各处冲出来上战场一样来回飞奔，急救专车、血压计、氧气瓶、强心剂、心电仪，妹妹床位的三侧围满了各司其职的抢救医护人员。

我看见医生拼命在撬妹妹紧闭的牙关，后来才知道怕她咬断舌头，又听见另外的医生，用镇静的声音在报临床施救情况：说着我听不懂的术语，我能听懂的只是："血压260、190、240……"

尽管我有预感，但发生的这一幕，比我的预感中可怕的场景还要凶险十倍。这一刻，小妹正命如游丝，而且这根游丝还在猛烈颤动，随时都有可能一崩而溃……

我对我自己说："完了！我可怜的妹啊……"100多天来的煎熬、

折腾、惊怕、期待，终究还……

妹夫这时打完了母女平安的报喜电话，正笑眯眯上得楼来。听我一阵失声诉说后，惊得他魂飞魄散，撒腿就奔进病房。见状，这位坚强的汉子，顿时失态，手足无措，涕泪横飞。

小妹最终还是没有逃脱妇产科里最令人生畏的并发症——子痫。而且还是两次。医生在抢救的同时，没忘张罗将实习生与新医生们统统叫来现场目击。

新华医院的妇产科，无愧是"回春"的高手。在妇产科张德陶主任以及潘医生、杨医生的手下，很快，病魔退缩了。妹妹美丽的眼睛、线条流畅的嘴唇又回到了原来的地方。

后来我们才知道，这是医生们早有预料的，而且已经制定好预案，从施救到实施，他们成竹在胸。

产后48小时的危难时刻，终于慢慢离小妹远去了，一小时比一小时远。我的小妹也一小时比一小时，更真切更可靠更温暖地回到了亲人身边。蓦地想起我们的亲人里，又多了个不足月的尚在暖箱里的小不点儿，有点意外、有点欣慰、有点感慨，又有点陌生。

小妹从九死一生中回来了。在回来的路上，笼罩着爱的七彩光圈：医生崇高的爱、夫妻纯洁的爱、父母忘情的爱、手足无私的爱。

愿小妹和妹夫携着他们爱出来的小不点儿，扬起生活的风帆，去领略人生大海中的欢愉！

1991春　雨濯春尘

执着是种幸福

在新旧观念冲突、价值取向多元的生活大潮中，我的夜，失去了原有的平静。

细雨打湿花伞的韵情，梦乡小站迷蒙的月色，还有散发着田园牧歌味的诗行断句，统统不堪"浪潮"击打而东倒西歪，它们仿佛成了工地上的废墟堆或者是有待收拾的破旧。

面对魔幻的股市、买卖的回扣、转手间令人眼花的盈利，更有无名赚钱的"正宗勾当"，我在话筒里，夜夜向一个个朋友诉说着内心的焦虑不安，充满自嘲也不乏悲哀，偶然也会在惶惑中对金钱神往而弱弱地要求加盟。

这样的情绪，反反复复在生活中循序渐进，直到有天抵达临界：再次自己确认"写作发不了财"的严酷现实。在这事实面前，终于有一天转到"何去何从"的重大抉择了。不是吗？在"10年前去深圳做生意的人个个成功"的巨大诱人的光环前，再"从文"无疑是绝路一条。

总想与火热的时代生活合拍，从当年挥笔"歌颂工农兵"，到不久前"听从内心深处召唤"的书写，数十年风风雨雨走到了今天这番田地，大有走出死胡同、走出象牙塔，走到一个宽阔清亮的新天地之感。

时而会灵思涌动，出笔也得心应手，老实说作品成功与否，于我并非绝对紧要，紧要的是我找到了自己的生存方式。随意以诗以文倾泼内心的情感波涛，我很尽兴尽怀。但是，当下"全民经商"的现实似乎要修改这一切，或者说改革的浪花冲击着我们，也诱惑着我们。有时竭尽委婉有时又挟带强迫，使我不得不接受，不得不考虑。

一张皱巴巴的抄满"货色"的价目单，很不协调地夹在案头的《星星》诗刊里，只见露出的单子上写着："焊接管2150元/吨、镀锌角铁2400元/吨、光钢2300元/吨、螺纹钢2400元/吨……"

天知道这些玩意儿是甚模样？难道光凭关系、交情、"上家、下家"，便可以一窍不通地腾空对接做成生意、赚到钱、放进口袋里泰然安睡？

生意还没展开第一行字，我对这一切，持否定的态度本身就成了问题。

朋友见我在社会上接触面广且又有种种关系，又将几宗"生意经"送上门来。本该是举手之劳的事，却不知为什么我一件没做成。

没做成只是偶然，只是我并不着力，只是阴差阳错。老实说，我真全身心下海，不信做不成功也不信赚不到钱，但是有一点可以肯定：不信我不会苦恼！

面对满屋子满脑子里的"写作破旧"，却真正是"割不断，理还乱"，想到要正儿八经地在灯光之下研究"单价差额"，然后合理地去钻一些空子，佯装不知内情地打探行情，甚至有时还要如诱鱼儿上钩般装好诱饵，我便惶惶然。到了在某种意义上讲的最后一刻时，我会从"瘫软"中轰然立起——我大声答复自己，我不想弃文经商！我不想！

我绝非贬低经商，真的。而在这之前，我确认我曾被打败过了的。

因我没料到生活中会有赚钱发财的"一拍"。过去的传统美德、共产党员修养，文人雅士都"视金钱为粪土"，我无法逃遁这类熏陶，犹如我无法回避今日生活之挑战一样。

两难之中，我被痛苦煎熬着……

我响应内在深处的召唤。内在深处走来一团飘逸、一种潇洒、一股自自然然的流泉飞瀑，我们常在诗的意境中照面，在灵感的湖面邂逅，她从来不发出声音，我管她叫做缪斯女神，为了获取她的好感，我曾在梦乡的小站上廉价拍卖过我的血汗。我无法割舍我的血肉，我决心奔向缪斯的召唤。

我不要金钱。哼！你要得到吗？但是我可以不怕贫穷。当然"不怕"不等于"安于"，写文章纵然赚不了几个小钱，纵然没有出息，甚至在时代洪流中显得迂腐可笑，但我很顽固，我还是选择我默默无闻的写作生涯。

我本不在乎写作的终端而在乎写作的过程，那份殚精竭虑的苦思，那种焦虑不安的寻觅，更有那份找到闸口宣泄情思的快感及淋漓后的那种淡泊，都是我生命的组成部分；没有这一切，我将感到寞然、无助和悲伤，甚至枯竭，甚至死灭。

于是我想起"执着"这两个字的真正内涵来。毋庸讳言，能很执着于内心的向往，是种幸运，在旁人看来似乎是执迷不悟，近于可笑可怜以至不可思议的事，对执着者本身而言，却是种陶醉、是份满足，甚至也是一种美妙到极致的享受。

1992-9-24 受《文学报》之约，
商品经济大潮中作家三人谈

无法忘却

两岸诗歌研讨会告一段落时,台湾朋友便让我们上豪华大巴士,由台北往南,去日月潭。车子在高速公路上行驶,沿途满眼葱翠,花红叶绿。车到嘉义时,台湾的诗歌艺术学会理事长金筑先生告诉我发生在附近的一个传奇故事。

我们听后不由震惊肃然。

台湾高山族中有一支原始部落叫朱粤族,清朝时大都住在山脚一带。后来随着汉人的增多,朱粤人被迫退出地盘在山上定居。他们生性粗野,很不满汉人,冲突时有发生,以致矛盾激化结下血仇。朱粤人从此形成一个"族规":只要村里人连连生病啊,老天爷不下雨啊,婴儿接连夭折啊,他们就要下山杀人,以一男一女两个汉人的头颅供奉祖灵以求太平。

山下的汉人为此常常惶惶不可终日。

有个叫吴凤的汉人,自小跟行医父亲上山采摘草药,不时也带着平地上的一些物产与朱粤人交换药材等。后来他年长后当了"通事"。这一职务,近似于我们现在的基层联络员。他不时向山上住民传达地方的政令，疏通一些政务关节，还为他们治病，等等。时间长了，山民对他很是信任，所以也常常当汉人与山民之间的翻译。

在这之前，从大陆过来的汉人越来越多，逼得山民不断往山上挪，且越住越高。山民心里窝着火，尤其是朱粤人，对汉人结仇日深，狭路相逢时将汉人杀个把是小菜一碟。

吴凤看在眼里急在心里，常常借替山民治病的机会劝说。告诉朱粤人天灾并非汉人作祟，要他们停止这个"杀人"的愚蠢行为。朱粤人买他面子，一时有所收敛。但是遇到大的天灾地荒，朱粤人为了族群的生存，又不时下山杀人"取头"祭祖。山上山下的局势时常处在紧张之中。

吴凤得知后曾多次劝说，但由于太大的文化差异，思想深层始终无法沟通。

无奈，吴凤对山民们说，你们已经杀了48个人，我知道这48颗头颅都在，你们祭祖时轮流着用，这样就不必每次去杀了。

当时吴凤在山民中威信很高，他们觉得吴凤说得有理，就照吴凤讲的去做，这样总算又太平了很多年。

吴凤71岁那年，逢大旱，且瘟疫又在朱粤人中流传开来。于是，他们就又想到了"绝招"，一定要"取头"消灾。吴凤得到情报后连夜上山，使尽浑身解数去劝说。但是这次灾情太大，而瘟疫又来势很猛，朱粤人再听不进老吴凤的劝说了，一定要"下山取头"。最后，总算看在他们尊敬的吴凤面上，朱粤人降低了条件，答应只杀一个汉人男子，汉人女子就不杀了。

吴凤仰天长叹，深感自己没能尽职，愧对天地。

第二天中午，吴凤找到他们族长说，这样吧，你们不要下山乱杀，我已在汉人中为你们物色好一个人了。记住：某日某时某刻，在某某山脚下，有一个骑着白马，身穿红袍的男子会从那儿经过。你们可以取他头颅，供奉祖灵。朱粤人点头称谢，牢牢地记住了吴凤的话。

到了某日，他们早早就候在某山脚的大树后。至某时某刻，果然见一个穿着红袍的男子，威风凛凛地骑一匹白马踏踏而来。说时迟那时快，一声响箭，那红衣人立马应声倒地，血流如注。

朱粤人欢呼着一拥而上……但当他们把红衣人抬起时，竟吓得面如土色，个个如泥雕木塑般愣在那里，惊骇不已！

原来，那雪白胡须上染着殷红血浆的红衣老人，竟是吴凤自己……

此事给朱粤人以极大的心灵震撼。从此，朱粤人"立地成佛"发誓永远废除这条血腥的"族规"！与平地上的汉人握手言和，并友好来往直到今天。

台湾朋友指着车窗外对我说，前面就是吴凤庙，也是吴凤当年的就义处。

我们马上下车直奔而去。到了那里，只见灰蒙蒙的庙门上写着"吴凤庙"。

门外零星有几个小吃摊，游人稀少，四周环境有些落寞荒寂。这与台湾的许多游览景点拉开了距离。

我怀着敬意进门朝圣。只见匾额上写着"舍生取义 杀身成仁"。内有吴凤的一尊塑像，红衣，白须，眼望前方正策马扬鞭。这是他英勇赴义前的一瞬，甘洒热血，死而后已！

我想购买一些有关吴凤的资料，但无处可寻。四下几乎没有任何文字书籍与遗物可供后人凭吊缅怀。

继续走进庙里一间简陋的内室,见斑驳的墙上贴着六张陈旧的白纸,纸上是用毛笔楷体手写的吴凤的生平。书法水平在一般以下,行距时见大小,字迹如鸽蛋般大。我如获至宝,疾步近前细细去读。读不通时却发现第四张与第六张的内容竟贴倒了……环顾四周,见窗棂门角积灰甚厚。

我怀着神圣的敬意,肃立合掌,闭眼在心中默念:豪杰吴公,请受大陆来的后人一拜!

回到车上,不禁怅怅然。不明白这么了不起的民族英雄,为何竟遭此冷遇。

身边一位台湾盛名诗人愤愤说,哼!还不是这些"台独"的意思!李登辉之流,为扩张本土势力,竟敢冒天下之大不韪,想把吴凤从历史上抹去,听说台湾今年小学课文中已将吴凤这一课删去了!因为吴凤不是台湾本土人。

但这是历史。历史是谁想删就能删去的吗!?

2000-8　笔所未到气已吞

这个"祸"美丽又暴烈

引子/

1993年8月22日。韩国汉城。

那一份默契，或许也包含了我天性中的脆弱？反正那一刻我突然很感动，有热辣辣的东西往上冒，两眼不觉模糊起来。但我仍端坐不动，直视前方。前方是红地毯与金黄丝绸布置起来的大会主席台。韩国大田市的市长正在发言。台下坐着来自24个国家和地区的500余位诗人。

坐在我旁边的是日本著名诗人和译家今辻和典先生，他一点也不曾察觉我的异样，而是将我给他的那张纸片，小心翼翼地夹进书里，一副放了心的神态。

其实我是"骗"了他的，为了明天一早好让他安心离开韩国回日本。

我们都是应"'93·汉城亚洲诗歌研讨会"的邀请，来这里参加国际诗会的，记不清已经第几次与今辻先生聚首了。

1／岁月中的一幕幕场景，在我脑海中闪过——

十年前的 1983 年。我们在上海巨鹿路 675 号门口那块油漆斑驳的中国作家协会上海分会的牌子下合过影。那次他是日本诗人代表团副团长。他人个儿不高，清瘦，活力四射，头发油亮卷曲，富有诗人的气质。后来这张合影刊登在日本第 85 期的《地球》诗刊卷首上，照片下面是我的被翻译成日文的诗与作者介绍。

被翻译的那首诗是《冰着的》，这诗是我心头至今未化的一块坚冰。那是在一个绝望的深夜，我抓笔一气写下的八行小诗。后来由此繁衍成 204 页诗集《梦乡的小站》，我将心头的"冰"，藏在这本诗集的深处。

这本日本文学季刊《地球》收到后，我曾将目光长久地落在"今辻和典"这四个字上。我很感激，是他"稳、准、狠"地从一本诗集中就选了这一首，将我生命中最重要的东西，从深处挖掘出来，展现在"地球"上让世人品读咀嚼，我感到有种安慰与寄托，也有种酸楚和甜美。

2／岁月中的一幕幕场景，在我脑海中闪过——

那是个八月酷暑的晚上，我匆匆赴约赶往国际饭店。今辻先生在这天傍晚到达上海，次日上午又要匆匆飞赴西安，只在上海待十来个小时。我准时坐在光洁照人的咖啡厅里。没料到他却迟到，因为暴雨闪电飞机误点。

我们相见甚欢。他脸颊上深刻的皱纹里依然是七年前的活力。他对我及对我先生、孩子的"顾念"，全放在他送我的大袋、中袋及袋套袋的许多袋袋里，精致小点心、艺术酱菜等。我则捧着我刚刚从出版社取回的样书——新诗集《细雨打湿的花伞》及上下两本在香港出版的我的纪实文学集《狱墙内外》，除此无他。见面互赠之时，觉得惭愧。但他却拍响书皮笑着说："太好了！您这才是最珍贵的礼物啊！"

我曾确切用笔记录过今辻先生的出生年月，但却始终没能记住。比我大二十左右吧。知道他这次又翻译了我那首名叫《残忍》的诗，以及纪实文学集中那篇叫《囚犯妻子》的小说。

他在给我的信中曾说："新出的《亚洲诗人选集》上，我选译了你的佳作《残忍》，我确信这首诗一定会受到各国很多诗人的赞赏。瞬间的感受精准真切却又妙趣横生，我觉得这个作品可谓是你的代表作了……"信拿在手里我读了又读。今辻先生的汉语，已经突飞猛进，文采飞扬。他选译的是一首重要的诗。可他又是如何从100多首诗里偏偏又选中了"要害"！果真是英雄所见略同？我将自己也混进英雄当然也有一点依据：因为上本诗集中的一首《冰着的》，也被亚洲诗坛的"英雄"认同了，为此我还有幸出访泰戈尔故土印度，开了眼界。

被洞透，也是人生不可多得的一份快感，何况今辻先生又是亚洲诗坛异国他域的名流贤达。

3/ 岁月中的一幕幕场景，在我脑海中闪过——

那是一个寒冬。今辻先生自费来中国上海的复旦大学作汉语强化训练。我邮复他的明信片，有幸成为他复旦信箱的第一号。我根据他画的路线图去看他。因为我不认路，即使在自己国土、即使对方是外国人，我也弱项依旧。

今辻住的是复旦留学生宿舍。简易的学生床、写字桌、水泥地板、无帘小窗。

今辻先生迷恋中国的文化。说话之间我脱口而出的"左右逢源""车水马龙""买椟还珠"等成语，他都立马会意并用笔记下，还不时与我探究文字的含意。他说，他习惯这里简朴的生活，说这里是他精神生活中真正的别墅。当天晚上，在锦江饭店的日本料理银座，他做东让我见识了日本最有名的一款美食——寿司。那款美食是矮胖的，高约寸把的饭团，外面被一层紫菜圆满地包围，饭团中央有点凹陷，上面盖着生鱼片或黄瓜之类。其实说到底，就是有菜有饭的一团食物，将这一小团往嘴里送时，样子一定优雅。即使是狼吞虎咽，也不致满地狼藉。

这寿司后来在韩国的汉城·1993亚洲诗歌研讨会的宴席上又层出不穷。各式饭团成百上千，层层叠叠、整整齐齐码在比浴缸还要大的白盘里，如广西秋天的龙脊梯田一样壮美多彩。我每次用餐看见，都会情不自禁地欢呼一声："嗬，寿司！"今辻先生眉眼笑得弯弯的，边说边问我要哪款哪式，去高处帮我取了来。寿司品种之多，根本吃不过来。面对这道日本美食，我心里会涌起比寿司更多的美味。下笔写文的几天前，今辻先生又在信封里从日本给我寄来了有荤、有素、有荤素交合的寿司精美大照片。他在汉城见我喜欢，回国后特地在美食城拍寿司照寄来。我看着，心头回味无穷。

4／岁月中的一幕幕场景，在我脑海中闪过——
可是这一次又来得过于突然，让我猝不及防。

又是一次相约，在复旦留学生楼会客厅。今辻先生为我们中国诗人翻译了许多诗，至少在上海，大多数诗人都知道他。这天我的包里有一篇写他的文章，恰逢今辻来上海，我当然要请他过目。见面坐定后，我取出了手稿给他，他十分惊喜和意外。手稿的事是这样：前些天，上海人民广播电台的文艺科科长、诗人、翻译家、资深编辑郭在精找到我说，今辻先生为中日文化交流、译介中国诗人作品做了大量工作，希望我能为电台写个稿。我一口答应。这个事，远在日本的今辻先生事先并不知道。如果不是凑巧，我稿子写毕，投了邮筒寄电台，他就只能在广播中听了。

趁今辻先生在读我手写文稿时，我想及稿件中提及他笔下的诗句，因为很欣赏几天来就一直萦绕在心头：

"几万朵向日葵在田里连绵／像那大地奔放的思想……"

不想，这时忽有抽泣声传我耳里。正疑惑，只见今辻先生的脸扭曲起来，大颗泪滴滚过他的脸颊。没待我细思，见他双手捏着我的文稿，竟掩面大哭出声！

我转身急急站起来，一时不知如何是好。我既不便上前用肢体语言进行安抚，中国人不习惯；我也不能问他到底为了什么。我甚至说不出一句安慰的话来。但我心底明白，今辻先生一定是因了我文稿中的某些话。

当时没有电子技术，都是手写稿。我问自己文稿中到底写了什么，先生为中日文化的交流而孜孜不倦，我应该都是平平常常的叙述呀，或是夹叙夹议的文句。

而今整理本文时，后悔当时没留底稿，只因写稿时习惯展开方格稿纸一气呵成。那次分手后，我就立马将那稿纸塞进信封，投进路边邮筒，寄上海人民广播电台了。

我有点惶恐地站在他的面前。周围不明就里的人，用眼梢的余光狐疑地打量着我。或许我文字中不经意间写及的小事，于他却是触动了隐秘的痛处；或许我篇章中直白的铺陈，在他却是非同寻常的心路经历……今辻先生这刻像个孩童，毫不掩饰地直泄内心的情绪块垒。

从他激情的声浪里，我分明感受到了一种深刻而真诚的友情，感受到了诗的一种震颤；这种真情和灵性，可以飞越国界，在诗心与诗心连成的原野上，相拥而奔。

稍顷，他渐渐缓和下来，但还掩面有泣。我乱麻一般混乱。还是什么话也说不出来。一直是愣着站着。先生终于平静下来了。他斜靠沙发一角，沉默了几分钟。我也默默，我想我是闯了大"祸"。这个"祸"无从寻觅又处处潜伏；这个"祸"美丽又暴烈。

5 / 岁月中的一幕幕场景，在我脑海中闪过——

一个有大风的星期天，我收到今辻先生从遥远中国新疆的沙漠寄来的一页明信片，就两行字："这里云高天蓝，永恒的地平线深深感动着我。"

我当时读着，仿佛也被那无际无涯的极致境界怔住了。我想，今辻先生在落笔写这两行字时，他的心灵一定被某种力量征服了，眼里噙着泪珠。

尾声 /

我从回忆中收住了脚步回到现实。现实的眼下，我正和今辻先生端坐在汉城那金碧辉煌的会堂里，听亚洲诗会主席金光林致闭幕词。

"'93·汉城亚洲诗歌研讨会"在那天晚宴后闭幕。翌日一早，各国诗人即作鸟兽散。因为东道国的盛情邀请而让我的机票作改签，我一个人要在韩国再待三天。

机票改签，是因我出国前在上海办理回程机票时，将时间定在诗会闭幕日的下午三点。这样就要错过闭幕式。诗会主席金光林和秘书处希望我留下参加闭幕式。为此那天中午，东道国的主人们忙开了。一路人马为我去机场办理退、订机票事务，另一路为我去大使馆申请办理延迟三天回国的手续，等等。

今辻先生知道后，先是惊喜不迭，为我高兴，觉得大会用如此高的规格招待我，太好了；接着又犯疑，这事超出他经验，担心个中有变，怕我无法应对；再是又替我暗着急，觉得我临时要延迟三天回国，不是小事，这要涉及大使馆的签证、机票的更改，退订费、吃、住、行，等等。

我告诉今辻先生，他们请我留下的，一定会替我安排好，别担心。惯作国际学术交流的今辻先生觉得，我延迟回国，手续太麻烦了。认为我又不是在自己的国家，这多待的三天，是在邀请信之外生出的枝节，有很多不确定性。但是他又不太方便直接去问大会秘书长。再是他自己早就订了回国的机票，无法帮我。

也许他昨夜就没睡好，要不，为什么翌日一早就在会场门口等着我，要我把三天里的上、中、晚的餐、宿、陪同及回国机票航班号、费用等，详尽写在他画好的格子里。他要知道。他知道了好放心（只是在我回国后，这多待的三天，事涉我国外事纪律，我按要求写了长长的说明，包括三天后续费用是来自东道国的内容。当然，局领导们也为我在国外能享有如此厚遇而惊喜）。

在韩国的前五天，今辻先生一直陪伴着我。一俟外国友人走近，他总乐当翻译。今辻像父辈一样关爱我、呵护我。此情深深，我唯有感恩。

韩国发给我的邀请信中，我赴韩一切食宿车旅费，均由韩方支付，但正式的"'93·汉城亚洲诗歌研讨会"的邀请信上只管五天。其实我心里却始终没在乎过，在诗的领地上，不知为何总有一种天然的安全感。

接下来的事情，要回到文首了。为怕今辻担心我，我在回他的纸片上胡编了三天的安排，好让他安心踏上归程。

其实我也不是胡编，诗会秘书处的韩国译家、资深学者金尚浩，说一口地道的中文，他也是诗会主席金光林的儿子，正在台湾深造。他说你的诗，亚洲诗坛赞赏有加，已经赢得笔会秘书处及他父亲和很多国家诗人的高评，我们去大使馆为你多签三天，就是想陪你在韩国再看看、走走。

因为就我一人，不需细说。全程将由他来陪。所以在今辻先生画的"三天格子"里，我只能"编故事"了。

这一切，我曾前后给今辻先生说了，他"哦哦"应着，神情总是又欣喜又狐疑。说这是一般情况下不太可能发生的事。但这不太可能发生的事，就这样真实发生了。那要我怎么讲呢？

人的感情真是奇怪。当我在他画的三天格子里写完日程安排后交还他时，忽然我又鼻子一酸……

难道我也看到了那条地平线？那条伸展在人心世界中的地平线。

1993 夏天匆草，2021-3-25 修订

有只鸟飞过天空

我很喜欢花草树木,从泥土里、墙壁裂缝里,甚至屋檐瓦间长出的草叶苔藓,对我都有诱惑。如果我偶然在一个什么地方,发现一小串艳黄的迎春枝条,或者躲在栅架乱叶下的芍药,下次路过时,我必会着意寻找一番的。除非我迷路了。迷路在我是常事,况且用迷路两字还是自我抬举。本质上我是不认路的,这在朋友中还很有点名气。且不去说这名气是好是坏,在我本身,却总是一场麻烦一次苦难。有时我真恨自己,但对这门"艰涩的学问",我早已失去信心。

我在漓江里洗过头,长头发在江溪里漂起来。在新疆大戈壁滩坐过毛驴车。在印度博帕尔朝拜过佛祖。用雁荡山大龙湫的水,洗过肥嫩鲜活的大蜻子。趴在厦门的海滩上,抓过乱爬的小蟹。在原始大森林里看见有只鸟飞过天空。我去过许多很美丽的地方,美丽得只能用全部身心去感受,没法用文字表达。

在家只要没事,我就爱坐在书房里,望着弟弟在我墙上不断更新的油画作品,想着那句常常在心里的话:天地有大美而不言。待处理完繁琐小事静下心来,忙碌时暂搁的心事便又钻了出来。有些说不明道不清的情结，就也来来回回梳理筛选一阵之后，总有我思想的枝丫供其一时栖息。

这时我的情感就会很清纯很专一。沉浸于精神的遨游中且付诸笔墨。我信马由缰，随心所欲，这本《有只鸟飞过天空》里的诗集中所有篇章，几乎都是在这样的氛围中一气呵成。

闲来偶然翻翻以前写下的东西，常常会感到陌生，甚至有时还会被惊吓一跳。是另一个灵魂深处的我，在我神情痴迷时悄悄溜出来，留下了她的踪迹。有时我特意泡了好茶或冲杯咖啡坐到灯下静候，却落了个"守株待兔"的结局。灵魂深处的那个我，好像从来就不曾存在过似的。我只好翻出采访本，查查资料，写写通讯大特写之类。写着写着，有时"那个我"便有了动静，我马上笔锋一转跟"她"走。

我爱营造一种氛围。将书房里的三人沙发翻作一张小床。把一盆油绿可人的橡皮树置放在屋角的矮书柜上。让两米来长的长满阔叶的枝干，斜斜地伸展过来，覆盖沙发床的上空。这样，每当我起身坐下时，总会轻轻触及，于是，那低低地悬垂在半空的绿叶，便颤颤悠悠，风韵百般。有次冬日早晨醒来，金黄色的毛毯上居然飘落着一枚黄澄澄的枯叶片，这使我想起森林草原，想起童话故事，想起大漠河流，不觉让人活力四溢情思涌动。

我极易投入，只要是真正感动了我。在情感世界里，我常常会进入"忘了自己"的境界。是的，一"投"就是"全身心"的我，注定潇洒不起来，女人们就是怨怨艾艾、瓶瓶罐罐、剪不断理还乱。女人们很容易倾尽所有，情系一方。女人们不是痛苦得发疯，就是幸福得发狂。

我是女人，我当然无法超越我自己的天性。我只有一脉小管子从灵魂深处通出来，当情感的大海汹涌不平时，会有东西从小管子里流淌出来，流出来马上凝结成方块字，归作诗一类了。

我还喜欢前方的田野上，有一大片一大片盛开的黄灿灿的油菜花。我走上前去，吮吸这暖馨的甜津的纯情的芳芬，贪婪地躺进油菜花海深处，可以实打实用上一个词儿了——陶醉！

我是报社一名小小的记者，也被人称作诗人。受社会责任与自然天性的驱使，我奔走在真善美与假丑恶之中。无论所到之处是如何光明如何黑暗如何不明也不暗，总是集于我一身。这是一份幸运也是一份折腾。

我的感觉因磨炼而生茧，也因磨炼而敏锐；我一边写纪实写通讯，一边又写人道写天性，两者相互嘱托又互相观照，于是就弄成我现在这般模样，既果断又优柔，既谨慎又随意，既规范又超脱，既困惑又澄明，既不安又平静。

一个人出去散步，常常是我心情最美好，生活最充实的时候。在康健公园的小木桥边，我会仰起头，看那一条条刚刚爆出细芽芽的柳丝丝，看墨蓝墨蓝的天幕衬着的枝条，看沐在路灯柔柔光晕里的新叶看出了神。直至四周行人纷纷驻足仰望，我才如梦初醒。我知道我的发现也许没有一点深刻的内容，但我不沮丧。

能为自己的所爱，全身心地痴迷进去，是一个人生存质量的顶峰。

写至"顶峰"这两个字时，或许该打住了。编完这本近两三年来写的诗集时，心里很想再写点什么的，但行笔至此，只觉有一种冲动勃勃而来，那个"灵魂深处的我"，也许又会冲将出来了。

1993-2-11 凌晨 3:30　诗集《有只鸟飞过天空》后记

被密码囚禁

我不知道到底用什么药，自己害了自己。

银行小姐这一次从座位上站了起来，努力地看了看我的眼睛鼻子后对我说，请再揿一次。

我伸出指尖，尽量优雅地在柜台上那只小巧的方键盘上，按下了几个数字。这时，一直看着我的小姐，神色中分明有了几分警惕。

我挺挺身子，一脸严肃相视。心想钱款存单早已超期，而且这钱是我亲自来存的，有什么可以被怀疑的？

清楚记得那天，银行刚修葺一新，对面墙上是大幅山野的自然风光照片。存完钱时银行先生还笑盈盈地问我，要否留个密码？我先起不解其意，先生告诉我说，这要比图章来得方便，比签字更可靠。存单万一丢了，只要你不泄露密码，谁也无法取走这笔款子的。

我当时一听，觉得新奇，免费加一重保险总不会是坏事。刚要按时，又傻乎乎地问，揿哪些数呢？先生说随你，容易记得最好。于是我就按了几个数字……

"嘟——嘟——嘟"，我回头朝玻璃门外看，知道是小车中的朋友，让我"快一点办"的信号。今天他人他车都有空，想帮我把电脑买回家。

这时，银行小姐已神情和缓，大约看看我还不至是坏人。她说，一般我们只能让储户揿两遍密码的，现在你就再揿第三遍吧。我问为什么，小姐说因为……小姐的话还未说完，我的"第三遍"已经结束。小姐不动声色地扫视了一下荧屏说，因为你的密码不对！

我当时有点意外。不相信自己会记错。正想说什么时，一眼看见上次那位帮我办存款的银行先生正朝这边走来。就如找到了有力的证据，我说，上回就是在他手里储的，先生是不是呀？

先生笑盈盈地向我走来。这之前有个小插曲，因为银行在家附近，缘着我在报上的连载《黑色蜜月》，与这位先生在街边有过两次愉快的交谈。

我想这下有救了，总是熟人好办事么。先生问我留的是门牌号还是生日。

我说是生日。他说那你再揿一次。我揿了。先生摇摇头说，不对。

我愣在那里。想不出我还会留过什么其他的数字。先生说会否是你丈夫的生日。我想想，也许，便又揿了。不料先生还是摇头。我说大约是我女儿的生日吧，遂满怀信心地又揿了。岂料先生仍苦着脸说，不对呀！

门外的"嘟——嘟——嘟"又响了起来。知道车在外面不能多停时间。

我对着玻璃门朝外扬扬手说，快了快了。又回头对那银行先生说，这样吧，我记忆中的密码肯定是失落或者是错乱了，我决定不要它了。请将我存单上的钱，取出来给我就是了！

不！银行先生断然否定了我。电脑只认你的密码，密码不对就解不开的。

我说你知道我确实叫陆萍，货真价实的。你还认得我的家门，现在请你们把我的钱给我，我要去买电脑。这不是很正常很简单的事么！何况，我们还算是熟人……

先生说这是没有办法的事。电脑又不是人，商量不通的。一句话提醒了我。电脑时代是不通人情的，一旦生成，我必须绝对服从它！真没想到科学进步的这些结晶，竟成了我这时难以逾越的鸿沟！银行先生见我一脸沮丧，说现在唯一的办法就是挂失。我说那我马上挂，我正好身上还带着身份证呢。他说不行，还得好好填两份挂失的单子，加盖你单位的公章！

天哪！我说，非得这样么？他点点头。我说，我们相识也没有用？他点点头。我说，你今天肯定不会将钱给我了？他还是点点头。

我突然感到一种悲哀，一种与初衷相悖的跌落。田园牧歌式的人情，也许只是对面墙上的那幅画而已。我们创造了现代文明，但是一不小心就被现代文明无情镇压！

这笔钱，被一组神秘数字日夜囚禁。去开个证明盖个章自然不难，但我自己也弄不明白，我深心里竟会埋着一万个不愿意。

2000-10-23　一首诗大于它里面所有的文字

我的忏悔

你哭着闹着不要我抱,你是看透了我的假惺惺么?我真有点后悔了,是呀,早知今日,又何必当初呢!

是的,你知道你现在已经"成了一个人"。已经从另一个混沌未开的世界历经千种磨难,万般风险,好不容易地跋涉到了目的地;已经有了这个世界的"签证"——尽管你还没有名字,但是出生证上,你已踩上你庄严的小脚印。

是的,我现在对你的喜欢,比起你当初所受的苦难委屈,简直是一文不值!我真有点自惭形秽了。你亲爱的妈妈是我妹妹。我好歹也算是你的姨妈。你生命的种子,降落到你妈妈那血肉筑就的宫殿里时,仅仅过了四个月,你妈妈的生命马车,因你而摇摇晃晃地拐进了一条幽暗的小道;六个月时,就已几乎到了小道的尽头。满眼荆棘与蓬草,遮云蔽日。这昏黑的小道,能否再度通往生命的大路?医生不敢担保。你的爸爸、外祖母、外祖父、爷爷、奶奶,还有许许多多你的亲人们都怕了。我更是想让医生一刀下去,请你"打道回府",这里不是你的乐土!你好像有点知道,火了。天知道你在里面是怎样大闹天宫,反正上海最优秀的妇产科医院连发了几份你母亲的病危通知单。

人类妊娠史上最凶险最可怕的灾情，正以"高血压、蛋白尿、甲亢"为营地，兵分三路，日夜兼程，时时刻刻威胁着你妈妈年仅29岁的生命。怎么办？在这何去何从性命攸关的时刻，你的所有亲人们，众志成城，毫不犹豫地选择了——保大人！是我出面，代表你人间的众亲，与医生进行了舍弃你的最严峻的谈判。

现在想想你那时也着实可怜，谁也不要你，要蹬翻你的温床，要堵塞你的门窗，要断你水断你粮。尽管你妈妈当时还护住你，但她的生命正岌岌可危，她已经失去了保护你的力量。本来为你绞尽脑汁，千方百计要保护你的医生，此时也有点招架不住了……

但已经迟了。你以你"先入为主"的优势，在极其孤立无援的形势下，千丝万缕地与妈妈的血肉灵魂牢牢抱成一体了！让人无法在你和你妈妈之间进行选择，迫使我们接受你。

是的，我们在探望你妈妈的路上或者在医院的墙外曾咒骂过你。骂你是讨债精！骂你是小灾星！有人心怀叵测：出来，倒要看看是咋个东西！闹腾得这个样子！……你这个孤军作战的小精灵主意很大。也许是恪守了先哲的告诫：让别人去说吧！走自己的路？一定是的呀！你或许从此更抓紧每分每秒，拼命长大，长大……你妈妈通过吸氧，输人体蛋白液，以及吞服各种药丸之后所能在你生命的上空，幻化成的每丝阳光，每滴甘霖，你都不露声色地用劲吮。因为谁知道哪一天，人间忽地下起毒手了呢……

你受尽了委屈，天知道你妈妈除了药片和打针之外，还吃下去什么营养了呢？到了你妈妈不得不行剖腹产之时，两个医生、一个专家先后在你的宫墙之外摸过你。他们一致认为你充其量只有三斤！

哼！三斤的东西我们无所谓，我们看重你妈妈的命，她被你已折腾得奄奄一息！是的，我对你仍然耿耿于怀，根本无好感可言。

不料刀子一划，你轻轻一抬头就蹦了出来。响亮的一声啼哭，算是抗议也算是向世界报了到。令我们大大吃惊的是，你竟然长到了四斤还外加半两，眉清目秀，手脚灵活。问题是你一出世，舆论就哗地一下全变了，"说你和他们前世就有缘啊。""早就晓得你会平安的呀！"

我也彻底转过弯来了。只几秒钟，我就爱上了你。但我不配吻你细嫩的小脸蛋，吻你像工艺品一样精美绝伦的小手手。我知道自己最多就配吻你肉鼓鼓的小脚脚，吻你湿烘烘的小屁股……

但是我爱你，你却不爱我。你也许已在"患难时识真心"了。我的丑恶行径在你的成功面前暴露无遗。你一定恨我得很，在你匆匆奔到人间之后，我居然帮着医生，给你妈缝制"回奶"用的"大大的药袋袋"，整整两天两夜，敷在你妈妈的乳房上，硬是将你出世时苦苦带来的吮之不竭的两个粮库处理得干干净净，还不留一点奶香！害得你只能吸橡皮奶头，又硬又别扭；还有那些奶粉米汤之类，这些岂能与你的天然母乳相提并论？

我心里也实在难过，但是谁叫你在里面大闹天宫，惊天动地呢！要不是医生不用重药来平息事态，也许就不会影响到你奶袋子里的质量。

现在，你和你妈妈都好了，局面已定，又偏偏记仇于我一个人，我亲爱的小"滴滴头"，等你长大以后，你会明白的呀！而眼前，你听见我的忏悔了么？

1990-6-25 天地交汇心生于象

宝座上的缪斯女神

这一幕在我心头无法抹去。

1990年一个秋日，天高气爽。上海的知识出版社与静安寺新华书店，为我们新出的诗集举办签名售书活动。是一套"蒲公英"诗丛，其中有绿原的《我们走向海》、罗洛的《山水情思》、我的《细雨打湿的花伞》和陈放的《梦歌与恋歌》等五本。时下"签名售书"刚刚兴起，我的第二本诗集刚出版，就天赐良机。怀着激动与好奇，听从安排，准点到达了现场。这是我平生第一次为读者签名。

平时笔随心至一气呵成的诗，没料到还有那么多人读，且还有人爱。书店柜台前，时间没到，已经早早有人排起长队。开售开签时，我面对蜂拥而至手捧诗集的读者，真有点受宠若惊。但我尽量克制自己情绪，保持平静和微笑。用粗黑墨笔，签上我的名字。其实我知道自己的名字书写极不规范，但事到临头，不规范反倒成了我的"标识"。也只能如此了。

排队的一溜人，都是一本一本打开着扉页。偶有夹一张小纸条写着读者本人姓名的，也有连说带比画让我写上其他称呼的，更有请我为他题一句话什么的。柜前人群挤挤挨挨，周遭情绪高涨，眼下书页飞舞，我紧张地埋头签着，忙得不亦乐乎。肩头的小挎包会不时滑下，我即匆匆腾出手拉一下，可是一会儿又滑落。忽然有个陌生男子将身子压着柜面凑近我，小声耳语，意思是他替我收存我的小挎包。

我不认识他，但他似乎像熟悉我。面对这双爱诗的黑眸子，任何警惕都属亵渎。我当即退下挎包给了他，说了声谢谢。在浓浓的诗的氛围中，我断定我们的情怀都很纯洁高尚。

事实也证明，他是排在队尾的一名读者。等我忙结束，他才笑盈盈地将一本打开扉页的诗集和我的小挎包，同时交与我的手中。

两三个小时很快过去，但排队购书的人还是从店堂前排到后面转弯的楼梯上。签了200来本时，我已经放松很多了，不再紧张。一边简单回答读者的问话，一边仍然埋头于机械的签字动作之中。

突然一阵沉稳熟悉的声音传入我耳鼓："陆萍，你还认识我吗？"随声音响起的还有一本翻在扉页的《细雨打湿的花伞》诗集。

好亲切的声音，我条件反射般兴奋起来，激动地冲口而出："啊，熊老师！是您？你今天也来了……"抬头见到熊老师，我愣住。她容貌依旧。场景却是突如其来，做梦一样。

20多年前教我语文的熊兰英老师居然出现在等签名的队伍中。这一幕非同小可，我惊喜不迭，搁笔立马站了起来，如果不是现场有那么多的读者等着，柜台隔着，我一定会忘情地冲上去，与熊老师紧紧拥抱。眼下我只能双手紧紧握着老师的手，左右上下地摇着，四目相视时，有多少话想说却不知从何开头。

"熊老师，我怎么会忘记你呢……你怎么还去排队呢……"此时，我万语千言挤在心口，说什么都没打在点上。

"应该的,昨天我在《新民晚报》上见到消息了,知道你今天会来这里为读者签名,我高兴了一夜……早就出来了,看着你忙……"

"不!不忙!熊老师,我本该上门来签赠你的。我……我一直记得你对我们说的最后一句话……你真不该来排队啊……"

我知道自己走上了文学道路,全仗熊兰英老师当年的一句话。这句话激活了我内在的一个重要键位。在最后一节语文课上,老师她语重心长地说,每个人自己想想吧,到底在语文课上学到了什么。

"学到了什么?"我一个激灵自问。忽然有种巨大的伤感袭来,好像从此自己就去远方流浪一样,一切全要靠自己了……有这句话后,我开始认真了,想着这辈子总得做点什么。

"……你送不送书是小事,但是你能有今天,才是你给我这个老师最高的馈赠呀!一辈子教书,出你这样一个,我满足啦!"熊老师心眼里溢满快乐。

显然,四周的读者朋友目睹此情此景,也为我们高兴,一个个神情专注地看着我们。

我激动着。眼前是意识流蒙太奇……

二十多度春秋弹指间。老师上课时诵读我的作文。老师批评我写字不认真。老师在讲课至精彩处,老爱眼望窗外。老师亲切悦耳的声音……如果文学是座辉煌的宫殿,那么我心中的熊老师,就是端坐在宝座上的缪斯女神。

只是我没想到的事情,还在后面。

当我颤着笔,望着空白的扉页,正想落笔给我的启蒙老师熊兰英签字前,老师却忽然俯下身子,轻轻地将诗集封面折叠起的前勒口,翻开来让我看。我看到勒口里,老师早就用铅笔淡淡写上了她自己名字"熊兰英"……

"陆萍,我还以为你早就忘了我呢!"这时我看到她眼角已皱纹深深。

"不!我不会忘的!"我又次站了起来,有点手足无措。老师面前,我总有一种发自内心的谦恭。

四周簇拥着的读者朋友们,这一刻都暂时不再挤挨,欣喜见证着咱师生俩的激情澎湃。

我忘记自己还说了些什么。等我一签完,熊老师就势将指头夹进签名页并将书举过头顶,拔身往外退出着人群,并一边与我道别,一边向周遭人款款致歉。

望着熊老师娇小的个头消失在人群外,我心头有一股热热的东西,往上冒着。有种庄严的情怀,在自己认定的地方生发着力量。

这天回到家中,想起还有很多话,却没有对老师说。其实早在六年前的1984年,我的处女诗集《梦乡的小站》出版时,在第201页上的后记,开篇就提到了这事,尽管已有涉及,但我还想再摘录:

"我不知道什么时候爱上了诗。也许是学生时代的结束,语文老师在最后一堂课上意味深长的话——'当你们向语文课告别的时候,你们问过自己没有,几年来你们学得了多少?'"

力量的生发点,或许来自微乎其微之处。只是一旦生成,就裂苞开芽,坚不可摧。

1990-10-3　熊老师名句:无志之人常立志,有志之人立志常

异国迷途

这是自登机出境,一路转机至亚洲诗会目的地的最后一程了。印度孟买去博帕尔的飞机很小,24个座。两名印航小姐身着湖绿色的纱丽,在机舱狭狭的走道里款款走动,个个笑容甜美,眉间饰着孔雀绿的吉祥痣。我坐定后微微喘了口气。看人一个个步进机舱,真是肤色各异,服饰大千。西欧小姐的穿着近乎"比基尼",而一位中东老翁却全身严严实实地裹着白绸。这给我即将要去的印度马尔瓦高原上的博帕尔城,陡增诱惑与神秘。

尽管心中期待,但是中国五千年历史的方块汉字的封闭与坚固,几近隔绝了与外界的交往。对任何人予我的友好,我仅能报以微笑。

飞机自南向北飞行。机舱外的白云,带着荧光挟着灵韵。像棉花裂苞吐絮,或如远山瀑布奔腾飘曳。天宇无涯,令人想及有限的人生,倏地生发出的一种失落,霎时弥漫心间。

谁轻轻碰了我一下,回过神来,只见印航小姐送来了早餐。揭盖后不由一怔——奶黄色的方盘中蜷伏着的竟是蓝色的面条。品尝一下,却是辛辣刺鼻,让人大倒胃口。

地球上有11亿人口通用的中文，在这一刻，却是零存在。语言的障碍，真能把人逼进死胡同，人仿佛一下子失能。我只好悻悻收起餐桌，将一切新奇都纳入沉默。

我微微闭上眼睛，想着自己这次得以成行的跨国远足。想到在喜马拉雅山的那头，有一位在亚洲诗坛上举足轻重的首领，在看了《中国文学》上用英文与法文的译作《冰着的》，不惜花了整整一年时间寻找，并向远在喜马拉雅山这头的我，发出盛情邀请，非但给我做倒签证，还为我的食宿往返全程埋单。我心头又生发出亲切与温暖。

上飞机前，当地文化官员罗博先生在送我们登机时告诉我，这里离博帕尔不远，飞机一下就到。我微闭着眼睛，期待着陆的那一刻。

"妈妈——妈妈——"，一声熟悉亲切的呼唤，让我精神一振，立马睁眼四下寻找。离国境后日益浓重的陌生感被一扫而尽。无须翻译介绍，我用目光很快找到了左后座的孩子与她的双亲。这是一对年轻的印度夫妇。阳光透过机舱，照射着他们侧脸。年轻父亲挺拔的鼻梁与深棕色的前额，被光线勾勒得十分英俊；母亲那浴在阳光中闪亮的耳环，披挂在肩背的藕红色纱丽，让人觉着温馨与慈爱。估摸那孩子才两三岁，趴在父母怀里，正拿腔拿调在叫"爸爸——妈妈"。

印度父亲看看我，优雅而颇见风度地左右摇了下头。我知道那肢体语言在表达友善；印度母亲则示意孩子唤我"妈妈——妈妈"。

"妈妈——妈妈"，孩子怯怯地望着我，真的叫了我两声妈妈。我顿时有点激动，转过身子轻抚孩子柔软的头发，随手取出一枚中国的青玉挂件，套上孩子的颈项里。印度母亲用肢体语言一再婉拒，但见我真心实意的坚持，也便收下。父母握着孩子的小手，双手合十，表示谢意。印度父亲从包里掏出一盒五彩的吉祥痣，放到我的手心，指指我穿的蜜黄色长裙,挑了一颗金黄色的吉祥痣,交与孩子手上。几乎不用说什么,那孩子立即心领神会地起身看着我的脸,她妈与她的小小手一起合作,将那颗吉祥物,粘上了我的眉心。我则顺从地听任摆布,进入印度风情……

印度父亲比画着,对我说了好多话。我明白他问我此行目的。我将博帕尔亚洲诗会发给我的请柬与机票给他看。他欣喜地笑出声来,马上从航空椅背的布袋里,掏出了一份当天出的印度报纸,指着报上的那枚套红的与我请柬上一模一样的太阳图腾,给我看。我知道一定是印度报纸上发表的关于今天召开亚洲诗会的消息。

我着力点着头说:"博帕尔,博帕尔。"他与夫人都竖起大拇指,微笑着摇着头对我说:"博帕尔,博帕尔。"

来印度前,已经知道印度的一些风俗。有些与我们的表达是截然相反的。如表示好、对的意思,我们是点头,印度是摇头。当时得知后觉得太不可思议了。但置身真实情景之中,觉得他们的摇头,其实是介于摇头与点头之间,而且是那样富于韵味,富有弹性,似乎比光点头的意思表达得还要真切。

我感谢博帕尔,这个在地图上带双圈点儿的博帕尔,给了我诗的灵性。虽然这个双圈点儿三年多前曾发生过震惊世界的毒气泄漏事故。

不多时,我耳膜鼓胀,感受飞机在下沉着飞行。地上房舍道路已清晰可辨,机舱里的人也开始整装。期待中的博帕尔终于到了。我心头一阵喜悦。心里想着下了飞机后该是谁来接我们呢?

我记着在出国前,在北京的印度使馆人员告诉过我,印度博帕尔那里已经将我的照片放得比真人还大,还印了大海报,贴在街头墙上。我只要一到那儿,他们准能认出我来。何况飞机上就那几个人。

走出机舱，只觉一股潮湿的热浪扑面而来，而且是滚滚不息。我慢慢步下舷梯，举目四望，似乎并没有期待中被迎接的情景，也没有前来接应式的人物。一直待我走出机坪，仍然没有发现前来和我握手的人。不，我想起印度朋友不兴握手，兴拥抱，这种思想准备在上机后就曾有过，可是现实情景非常遗憾，一切都没有发生。我想世界大千，总会有阴差阳错的事，还是先取了行李再说吧，在出口行李输送带前，站了整整15分钟，但连行李的影子也没有。

我愣在那里，突然念头一闪，何不先出去到门口看一眼呢？行李早晚会在输送带上送出来的，还怕丢了不成？这样既可节约时间，又可先睹为快。

我立马转身朝外走去。这个博帕尔也许是个不太大的地方，输送带不远处的窗门外，便见马路的行道树。那些树，在炎炎季节里不着一叶，但树冠上竟然亮着一派鲜红，不知是花呢还是树叶，叫人好生新奇。它衬着湛蓝的天宇，鲜明艳丽，如此景色真是太诱人。

这一个多月来，在我办理公派出国繁杂无比的手续中，印着太阳图腾的"博帕尔"曾不知给过我多少想象，可没料到置身现实，眼下会是这种景象。我打开相机，几个急步，想衬着湛蓝红艳的背景，先"定格"几张再说。我这儿那儿拍着，心情又澎湃起来。时间很快就过去了。

正当我奔前跑后一张张贪婪拍摄时，"妈妈——"那稚嫩的童声忽然在我后背响了起来。我心猛地一跳，一时不知身在何方。

随着声音我回头一看，喑，那不是飞机上的印度小女孩吗？她居然下了飞机后还认得我，还在唤我妈妈。我满怀喜悦地走过去，想着与她合一张影，正当我想亲吻那可爱的小脸蛋时，走在印度母亲后面的印度父亲大概是发现了我。只听得一双脚头很重的皮鞋声，明显加快了频率。接着我看见了印度父亲显然是有点慌张的脸色。他一边看着机场出口,一边神色不安地对我说:"No!No!……博帕尔!……印多尔……!"他一连串地诉说着,并且拉起我的手就跑了起来。我不懂印度话,不知道他说的什么,也不明白发生了什么事。但他焦虑中透出的那份真诚,我却无法拒绝。他话中夹杂的"No"以及"博帕尔""印多尔"的地名,我是听清楚了的,但随便什么地方发生的随便什么事,与我,一个刚从中国来的人,有何关联呢?

不及思考,我已随他返回原处。在登机入口处,他用他的国语与机场人员大声说了起来。我只见机场人员听着听着,果断地立即退后两步,昂起头查看机坪上停泊的飞机,有一架飞机正在慢慢地向上收着舷梯。慌乱中,我不知道我曾乘坐的是不是这架飞机。认路认车,在我是弱项,要我认飞机就……但在这当口,我觉得发生的事情绝对与这架飞机有关。

语言不通,我真的不明白发生了什么。机场人员又查看了一下我的机票后,马上拉着我向停机坪上那架飞机奔跑着过去,那里没收完的舷梯,又慢慢地放了下来。他们示意我,催促我快快上去。我虽不明就里,但我却相信正在发生的一切,都是友善,都是美好,而且都是正确的。果然,上了飞机就知道是原来我们坐的一架。

待我在原座位刚刚坐好,飞机便起飞了,我从小舷窗里用目光向地面寻找,我看见那印度母亲正向我挥着孩子的小手,印度父亲站在她们背后望着正在上升的飞机。

我还看见渐渐变小的那一片火红的树冠,正热烈地向我诉说着什么。印度朋友还想将我送到哪里去呢?难道亚洲诗会易址召开?不会。那么……在陌生的异国他乡,这时我只是有些许奇怪,而绝对没有一丝丝害怕，在我崇拜的泰戈尔故土上，我有种诗意的安全感。

好一阵，当我终于弄明白这里只是飞了708公里的中途站"印多尔"，而非目的地"博帕尔"时，说实话，我着实是惊出一身冷汗！我这才有点后怕，要知道这班在"印多尔"降落的班机，一周才那么一次，而且印度亚洲诗会主办方，谁也不知道我自己把自己丢到了哪里，他们从何找起？而且语言不通。在国内我是著名的路盲，方向感是零，何况在异国他乡一个比较荒僻的小站？

我这时才想起，在我出访前，上海司法局局长李庸夫对我一个人出国很是担忧。他曾对我说："世界这么大，谁知道你一个人出去，会把自己丢在哪里呢？给我看着点哦！"

我当时觉得很奇怪，觉得这又有什么可以担忧的呢？

幸好！现在我幸好又回来了，我想。怪不得机场上没有人来接，怪不得输送带上的行李老不见踪影，谁又知道孟买往博帕尔才一个小时多点的航程中会停个"印多尔"小站呢？天哪，我感谢印度那对美丽的夫妇，感谢这辈子也许只相见一次的异国友人。我更要感谢那位可爱活泼的小天使。

这世界上最复杂的难题，却是由最简法解开，不谙世事的孩子，仿佛是神一样的存在。

是她的一声"妈妈"让我立马转向，赶上了正确的航道；是她的一声"妈妈"，用人类来到这个世界上最初的呼唤，为我通达了向往，通达了诗神的殿堂。

1988冬记，2021-7-24 一校再修，
河南新乡雨宓　揪心

狗

背对着主人，穿着又脏又破的马夹，还是唐式织锦缎的。宽宽的背，头发下披着。任凭主人如何唤它，敲它的头，它就是无动于衷。乍看是个犟头倔脑小孩，细看却是一条狗。那一头脏得不能再脏的白狗毛，都灰铁铁地粘一起了。

天正下着小雪，细碎的雪花飘在脸上，冷得让人心悸。

主仆两者坐在田林路"振鼎鸡"店附近的小草地上。草地稀稀地黄着，这里那里露着泥巴，破餐巾纸和败叶在风中抖动。一张皱巴巴的花塑料布还铺着。总还是草地、坐毯、野餐的规格。想来"他俩"一定是经常结伴出门的伙计，随身带着装备。那塑料布上摊着剪成两片的白泡沫盒，里面盛着白斩鸡，许是刚从旁边振鼎鸡店买回的吧。

挺悠闲的场面，引来路人驻足观看。我是其中之一。

主人也脏得不能再脏，看似是女而实则是男，五十来岁样子，至少有一年半年没洗过澡了。长长的头发凌乱不堪，已结成团块状呈土灰色。但再脏的人，也能在店里买得食品，这叫金钱面前，人人平等。

他低下头凑近，看着地上的鸡块。一定是个深度近视眼，隔着厚厚的镜片，鼓捣了老半天才下了筷。他挑了几块，放到狗的一边。一阵麻油香气悄悄散将开来。他嘻嘻顾自笑着，再次拍拍背对着他的伙计，叫它吃。可是脏狗对这新鲜的白斩鸡，没有一点点兴趣，就像现在被宠坏的小囡一样，头一动也不动。

可以想见主人与它的感情非同一般。它可以和小人一样对付它的家长。

这时有只气质非凡的狗，被一个女人牵着从边上走过。说它气质非凡，是由它一身特别蓬松的雪白狗毛，在寒天里一走一耸一动所引发的节奏而让人如此判断的。真是人见人爱，那条精致的牵狗绳，也不同凡响。神气的女主人穿着一件裘皮大衣，气宇轩昂，在下雪的季节里，主人与狗格外搭调。

两狗相比，境遇悬殊，给人的视觉冲击特别强烈。但是从狗毛、狗样、狗腔上着意细看，发现两狗再怎么天差地别，似乎都出自同门同宗，属一个品种。

我虽然是个狗盲，这时也不禁移动目光，从那雪白亮泽的狗毛上，慢慢地将视线对上了高贵狗主人那傲气的目光。她发现我在看她时，眼光里似乎漾着委屈怨尤。

目光确认后，我指了指草地上的那只脏狗，又指指她牵着的狗，问："是同一品种吧？"不想那高贵的狗主人，虎着脸急急摇着头，幅度极小且高频。还僵直着脖子，视线始终不朝向那脏狗，像避什么瘟疫似的一紧牵狗绳，带着她那只高贵的白狗，疾步远去。边上有两个人也在看狗，与我同样有兴趣。一人悄声对我说："是一个品种，肯定的！我家养的狗就是这种！"另一个人也附和着说："这个品种好，名贵。"

我想即使真是同一品种，这个高贵的狗主人，也会把这条脏狗给剔除了！她或许在遗憾甚至愤怒，两只狗一不留心"同框"，实在是有辱了自家门面和家狗的高贵身份。

那天回家后，我一直想起那狗不理主人的傲慢模样。狗难道也会生主人的气？狗也会有胃口不好的时候？除了它的身子是狗之外，其余似与淘气的小孩子没什么两样哦。

两只狗会攀比吗？想来是不会的。狗会在意自己的着装吗？想来也不会的。只是忠于自己的主人就是狗的全部生存意志。至于狗自己的生活待遇，那完全是由着狗主的圣意。它没有欲望。一如印度智慧大师奥修所说：让一切在过程中发生。

我忽然想，狗不要学习，不求衣衫，更不要房子，甚至不管下一顿饭在哪里；至于狗自己的明天，狗也是不需要想的。活着，忠实于自己的主人——就是它生命的全部！何等纯粹！

只是我私下感慨：两只狗同样来自名贵血统，一只狗贫困潦倒，一只狗却养尊处优。

想来，狗也有不平等的命运。

2013-1-2　有时的思考，觉得自己在攀登生命的顶峰

在那神秘的国度

一股异域的气息迎面扑来,带着潮润和湿热。我已经踏上喜马拉雅山那一边,位于阿拉伯海岸的印度孟买。宽畅的国际机场大厅,灯色悦目,乳白色的地面上,纤尘不染。时间已经是凌晨两点半,我赶紧将手表时针倒拨时差两个半小时,重回零点。哈,我愿意时间差是十二小时,这样岂不可以重度那已过去的十二小时?闪念之后自感可笑。我向行李输送房走去,脚下轻捷的快感,弥漫成我心中的愉悦。我是应邀来参加亚洲诗会的。对于出国,且不谈它的何种性质,我甚至没来得及梦想,就变成了"公派出访"的现实……

机场大厅里回旋着乐声,超凡脱俗的旋律隐隐传来。忽见走廊拐弯处地上坐着一位印度老妇,我的心一提,脚下不由紧了几步。出什么事?病倒?还是?疑惑之际,见不远处两位穿着讲究的印度先生慢慢走来。我不由放下悬起的心,本国本土的人,也许更知道该如何处理这事吧。可是印度先生谈笑风生,似乎全然无视地上老妇的存在。

我又加快脚步向老妇跑去。刚站定,老妇便冲我谦恭地笑了笑,挺善意的。我很是意外。她原来很健康,四十来岁,一件粉红色的纱丽已经很旧很脏。她在地上撑了一下就爬起来，并半蹲在地，挥动一柄如加长拂帚的扫把，借助于手臂与半个身子的长度，横扫着大厅宽阔的地面。哦，原来如此！机场的清洁工。印度自古以来就存在世袭的阶级制度，即种姓制度，首陀罗为最低贱，婆罗门为最高贵，四个种姓之间界限森严，不准通婚。眼下这位老妇，该是首陀罗吧！或许是累了坐在地上，抑或即使有空，也只能在地上休息？

　　随即，我推门进洗手间，同样也见三个年龄不一的印度妇女，枕着扫把横卧在地。墙角插着鲜花，地面揩得很干净，但她们身上的衣服却脏成了另外的颜色。深棕色的手臂上，套着十来个手镯。看她们睡得正香，我就蹑手蹑脚，悄悄让水流顺着盆壁流下去。不料她们几乎同时一个旋身立了起来。其中一人伸手要了小费。

　　看看手表，才半夜一点一刻。行李已经取出，但发现一个包包带意外脱线！幸亏随身带着针线包。半夜在异国他乡的机场里穿针引线，虽然不合时宜，但却是人生旅途中的真实。

　　空旷寂静的候机厅里传来了急促的皮鞋声。一位身材笔挺的印度先生正向我远远走来。临出国前，印度大使馆的阮先生告诉过我，进入印度国境转机时，会有人来接待的，但是一个插曲来得太快：

　　前天傍晚五点二十分，我在北京机场捏着印度给我买的机票正想登机，不想民航小姐看过机票对我说，你坐的这架飞机已经在中午就飞走了。与机场交道多时后才知道，原来时值1988年，通讯跟不上，机场航次变动对接滞后，使得机场出票有误。这个航班一周才一次。

　　望着北京傍晚的天空，我恍若做梦。

　　这就是说，我的出访"结束"了。冷静下来后，看准了回上海的航班的时间购回程票时，出于礼节，我就先去打电话告别一下。不想为此事频频与我联络的印驻中国大使馆一等秘书一听大惊失声,他让我在原地千万别动,他们立即赶到。那天是下午四点差一刻,电话如迟打15分钟,一等秘书就下班度假去了。他们四天工作制。不一会,大使馆的一等秘书神色匆匆地带着两个人来了,说我们是费了多少劲才找到你的,你怎么能回家呢?于是领着我俩步履匆匆地周旋于机场各个部门,与多人对话、对话再通话,一会英语、一会汉语、一会又是印度话,更是几种语言同时夹杂着,又打电话又付费又要我签字什么的,办完事,已是晚上十点多了。他们对我说,明一早先从北京飞香港,再新加坡、再孟买、再转飞目的地博帕尔,这样四次转机,就能赶上明天上午的亚洲诗会开幕式。我听了真是云里雾里,觉得为我们全程埋单的东道主印度政府,给我们的规格真是太高了。接着他们又带我们到印度大使馆。我看着他们将菠菜捣成浆泥在做饭。我们吃了印度晚餐。当夜又让我俩住在印度大使馆。我说按例是不可以的。他们说时间太紧了,将就一夜。一等秘书又对我说,明一早要将我们送上飞机才放心。我们一路上转机匆匆,记得有一程是坐了瑞士航班的一等舱。两个瑞航空姐侍候。因不懂英文,餐单乱点,结果来了几大瓶酒、大盆火鸡等满桌子吃食。当然这是后话了。

且说原先航程是由印度的新德里入境,后来就改由印度孟买入境了。由于航路有变,我俩对地面上的"接待"不存奢望,下了飞机自己找到了印度的国内机场,并在一处角落坐定,处理我掉线的包包。插曲到此结束,我马上要面对走近我的来客先生了。

来客微笑着站定,微微地晃摇着脑袋展开大纸:"LU PING",我的英文名字。我站起迎候,印度先生则紧紧握着我的手,仿佛一松我便会失联一样,又帮我提起了行李。原来先生是印航人员,说,外面有人正等着你俩。我们满怀欣喜,但不知道外面是谁,又为什么要等我们。

虽然我不知道旅途中将会发生什么,但即将发生的一切,一定都十分美好!不知为什么,一路上,我的这种预感特别强烈。

在机场门口迎候我们的原来是当地文化委员会的地区主任罗博先生。他说接到了印驻华使馆的电传,知道我们两人要途经此地,刚才他去国际机场没有候着我们,有点着急,便又赶到国内机场。现在他终于找到我们了。他耷拉着双肩,如释重负的轻松洋溢在他的笑容里。

出得机场,时值夜半,星月明净,空气中弥漫着夜露的清芬。使馆年轻的随行人员微笑着接走了我们的行李。罗博先生领着我们朝前走。我们不知道他要领我们去哪里,反正跟着他觉得很安全。印度街面上绿化极好,翠绿的树叶,在月色下分外幽柔安谧。

行至一处宽阔的大理石石阶上,罗博先生做了一个手势,请我们坐下。我暗视四周空无一椅。但明白,是让我们席地而坐。尽管此时此地凉爽宜人,但坐下的一刹那,总感到不那么自在。同时领悟到机场里那个老妇的"坐"了。

罗博先生知道我们天亮时才能登机,便陪着我们聊天。让我们难忘的是,在变更航线的半途转机点上,还会惊动当地的政府官员,半夜三更出来接待我们。这年是印度独立四十周年,我们的亚洲诗会则是印度国家大庆活动之一。

罗博先生说话亲切和蔼,仿佛我们是他的老朋友一样。他的那份随意,包括他穿的如中国睡衣般的衣服和"不成体统"的接待,使我反而对他产生了不拘小节的好感。两三小时的交谈,没有主题随意自在,他慰问了我们一路的辛苦,问了我们中国的情况和即将举办的亚洲诗会的内容。当谈到诗会的主题是环保时,他感慨多多。记得我当时感觉没他强烈,我只是奔诗而去,没将环保放在心上。和我同去的大学生诗人杨榴红似乎也是。不过,我们都觉得非常愉快。

这时一个印度中年女清洁工正认认真真用抹布在揩大理石石阶,抬眼与我对视时,我向她表示了谢意。她黑亮的眸子里闪烁着兴奋,并且放下揩布小心翼翼轻抚我羊毛衫上缀着的小珠子。我想起随身带出的上海风油精,便掏出来给了她一盒。

没想到这时,突然从四周暗暗的石阶扶栏间走出了四五个人来。有男有女,眸子黑白分明,怯怯中带着渴求。我感觉到了,从包里又掏出风油精分发给他们。他们急急接过,眼里闪过感激的光。可是不一会儿,不知从何处又围上来新的一圈人,陌生的面孔,渴求的眼神,细长的深棕肤色的胳膊……风油精没有了,我分发着上海的万金油。我感激国内朋友给我的这信息。我高兴我能给予……他们是"首陀罗"吧,能接触这些被他们自己国人辱为"不可接触"的人,也满足了我前往神秘国度的探秘心理。

旁边的罗博先生,微笑而平静地看着眼前发生的一切,仿佛像他生活中一个寻常细节。

柔润的夜风,吹拂着我丝衫的衣领飘带。我把文化官员罗博先生的友好,"首陀罗"们的微笑以及我的满足,同时收藏在心头。

印度时间半夜三点一刻了,罗博先生与我俩热情握别。此时月色已经退去。我满怀欣喜地等待着我的印度之行的第一个早晨。

1988-3 孟买候机厅记,2021-3 修订

恩师谢泉铭

提起恩师谢泉铭，眼前总是浮现着几张诗稿。上面横七竖八写满我自己和谢老为我修改的句子。老师每改定一行，必在首字前画一条粗浓的红墨水波浪线。当起承转合定当，老师就笑眯眯地拿在手里掂掂，对我说，这首诗可以发了。

那时对我来说，这些神圣的令人欣喜的时刻，是我生命中贵重的金子。而且老师说过的话，打过的比喻包括他认为好的诗句，都会成为生活中最重要的内容，并为我周围同好者分享且津津乐道。

这是四五十年前的记忆片段。

我那时在纺织厂，总是在上夜班前的个把小时，满怀信心地藏着新写的诗稿，换乘两部公交车，赶到汉口路上《解放日报》"看今朝"编辑部的那间小屋去拜见老师。直至今日，我写作时在一张大纸上"横七竖八"，已是一种定势和惯例。"横七竖八"看似乱局，其实里面奥妙无穷，因为谢老曾经领着我，有滋有味地从中撷取过、收获过，我只有"受困"其中，方能胜出。

那时谢老下班后从来不马上回家，在办公室里永远地看稿改稿。

时有业余作者不请自来，老师乐在其中，与我们这类尚未开窍的文学爱好者谈什么叫构思、形象。构思和形象，岂是几句话就能讲得清的，但老师就是有本事让我们知了道，开了窍。

如果讲今天的我，有绿叶几簇，那么，这段岁月就是扎根发芽的土壤，老师慈祥的眼神就是阳光雨露；老师那慢悠悠的声音，一边讲一边扬起的手势，让我亦步亦趋地进入了文学的殿堂。

谢老有一句著名的话："编辑要退稿不退人。"

毛主席延安文艺座谈会讲话发表30周年时，解放日报社搞征文活动需要人手，老师从众多业余作者中选一名来看征文稿。我有幸被选中，从工厂借调到解放日报社工作一年多。我有幸在全国来的"稿山稿海"吞吐风云，天量阅稿，也让我眼界大大拓宽。

十几年之后，我也成了一名编辑，也给很多来稿者写退稿信。和老师一样，特别是一些身患残疾或有"情况"的作者，哪怕我再忙，也要如老师当年给我信那样，写几句鼓励给复。

去年盛夏，一个三四十岁的女子，多年来遍寻不得我详址，这次与老公下决心来沪寻找，几经辗转终于如愿以偿。她告诉我，在二十多年前，远在山西小山村的她，十五六岁时，遇到了大磨难。曾给在上海法制报社工作的我写过信。我回的信，给了她面对困境的勇气和力量，再后来她考上大学，再后来她成功了、幸福了。一直感激我当年写给她的信，这些年越来越想找到我，所以特地和先生启程来沪……我对她说，你不知道陆萍老师后面还有一个真正的老师，他的名字叫谢泉铭。我只不过是"二传手"，把我曾得到的温暖传给需要的人而已。

还记得当年有一天，我正站在老师办公桌的对面。老师忽然从座位上站了起来,很认真地看着我,拍拍手中一本书对我说,你今后写诗,这本《诗韵新编》是不能少的。我非常想立刻拥有这本书,去书店找过,没有。当时正值"文革",什么东西都打翻在地,上哪去买这本《诗韵新编》呢?

老师让我上解放日报社的资料室去找。第二天果然找到了,我如获至宝。至一年多后,当我要离开解放日报社时,对这本《诗韵新编》还是恋恋不舍。谢老知道我心思,说:陆萍,等你买到了再还,我对资料室说一下。你先用着。

没想到我一用就用到今朝。如今我的案头上,还是这本《诗韵新编》。尽管我翻看时很当心,但四五十年的岁月,很见磨损了。这些年来,凡到书店我总要在工具书一栏查找这本《诗韵新编》,可惜一直没有如愿。据说此书没有再版过。这些年来,只要看到这本书,就想到谢老。还有就是我心存愧疚——借书没还。要知道这本《诗韵新编》,在多少深夜和凌晨,给了我灵感和启迪。老师的一句话,让我个中受益,岂是三言两语所能了的。

我二十二三岁时,学诗刚有起色,"文革"中的风暴,却将我挟裹成"坏人"。报社、出版社、电台等均被告知,不能播发我作品,一些行将见报的诗,被一律撤下,哪怕是在三校样上。就连我本身也突然被告知,即刻离开《解放日报》回厂劳动,也缘起此因。我那时是做三班倒的纺织工人,高强度的体力劳累,对我来说根本不算什么,而写作,却是我最重要的精神支撑。

我的作品"不准发表",等同监禁了我的精神,让我迷茫痛苦以致惶惶不可终日。那时我并不知道,"不发表"其实是小事一桩。只要写得出坚持住,才是头等大事。变幻的风云,只不过是一时的水雾而已,早晚会散去的，不能当真。在那些苦难的日子里，谢老不时为我避风挡雨：

陆萍，谁谁告诉我，你厂里人告到电台，要将你已在全国播放的《纺织工人学大庆》撤下来（歌词出自我手，全国海选中胜出）……电台说，如果你们觉得陆萍有问题，就先要工厂打报告给公司，公司再打报告给纺织局、再由局打报告给市委，再由市委报省，省再到北京国务院批……陆萍，你这支歌已选进"战地新歌"，现在街头巷尾除了八只样板戏，就这十支歌在播，这支歌要撤下来没那么容易，只要歌在播，就说明你没问题！

陆萍，告诉你一个好消息，谁谁在市里会议上提到你写纺织厂的好诗。看来事情有转机了。"上头意思你的作品不准发表"的律条，解禁快了。陆萍，你不要难过，记牢我的话，只要你自己不倒，别人是打不倒你的。这些话通常都在我行将告别老师、回工厂上夜班的当口说的。

在我被生活风浪天上地下无情摔打的时候，老师站在我一边，风雨同舟休戚与共。他忧我所忧。从他眼神中流露出的点点滴滴的关切，让我生出了面对现实的一种力量。如果没有谢老，今天的我肯定不是我的今天。

就在他长辈般关切温暖的叮咛中，我慢慢成熟。特别是那句"自己不倒就不倒""不要看重发表，写作比发表重要得多"的名言，更让我笑对挫折受惠无穷。当初听到这话时，我就觉得眼前"铿"地一亮！我无法操控他人，但我能操控"自己不倒"，加之"坚持"，这是我能做到的啊！近些年来，我写了很多，却连发表的念头都没有，想来也与老师当初的话有关。顿悟世界上的事情，原来也这么简单啊。

也正是这句话，让我简单地坚持再坚持，走过了漫漫十七年的风雨，迎来了美好的未来。

现在想想，谢老那时还带着两个不谙世事的女儿，师母在黑龙江工作。他每天晚上十点多回家后，还有一大堆家务活等着，包括次日的饭菜准备以及照顾病中的岳母，等等。我们从老师那儿得到了那么多，然而却没有任何付出。

那时的我们，"简单"在自己的追求中。何处出了问题，这世界上的谢老仿佛就是专门为我指点迷津的。其实不然，谢老只是在尽义务，他可以不管那么多的，管多了还招来非议。

记得有次夜里，我在编辑部小屋里，看表已近九点，觉得必须要离开去赶公交车上夜班了。道别时，他闷闷地有点丧气地对我讲，陆萍，你以后晚上就不要来报社找我了。我当时一愣，觉得很奇怪，就说我上夜班时只有晚上来最省时间啊。

老师就转身回头不说什么了。我不明就里，日后照旧去。过了很久我才知道原委。老师为了培养指点女作者，流言蜚语满大楼飞，莫大的屈辱泼洒到他身上。

这世界的不公不平，至今想来，都变成了一种敬意。虽然谢老离开世界已有十一个年头。

翻看一张张与老师的合影，是那么亲切温暖。每每一大帮人，都是我紧靠老师站着。今天出版社要组织出这么一本书，万千感慨涌上心头，然而下笔却是那么艰涩。老师没有什么惊天动地的辉煌，有的只是对一个个名不见经传的文学爱好者的关爱，点点滴滴，润物无声。我们成长了，出了书，出了国，住进了新房子；而谢老还是老谢，他只不过额头多了皱纹和白发，仍然住在小小斗室。

这世界曾经的不公不平，让今天的我们更是心怀歉意。

而这敬意和歉意都是一种神奇的力量，不会随老师的离去而渐行渐远，反而在一个偶然与必然汇合的今天，涌成了一股思念的洪流。我们溯流而上，追忆曾经，追忆往事，在我们大家越还是雏形时，就越感受到老师对我们的塑造力。

在写这篇文章之前，我翻箱倒柜，找寻着四十年前老师写给我的信。特别是名言"你自己不倒就不倒"那封。

这些年里，这句话像一粒种子，被我不断生根、开花、结果，再生根、再开花、再结果。使之我行我素。自说自话之风愈演愈烈，虽然人家有点受不了，但我，自我感觉一直良好。想想这四五十年来，我的一切我说了算。尽管我知道自己有点偏颇，但毕竟成全我的占了主流。

比如"四人帮"倒台后，思想上创作上的框架需要重新建筑，那时候促使我诗风根本转变的也就是"再开花再结果"的结果。

突破否定自己后写的组诗之一"冰"在《星星》上发表后，被国内很多诗歌辞典、选集收录，也被编进了初中语文教材，后来又被北京的《中国文学》翻译成英文、法文并向国外宣传推介。

再后来在1988年的三月，由设在印度博帕尔的亚洲诗歌中心，为我双程埋单，向我发出盛情邀请，我腾云而起飞往诗神——泰戈尔的故乡……这一切，全因我有个恩师叫谢泉铭……

对于老师，我说不出更多的具体事件，他教我的，是怎样做人、写作，怎样具有一股韧劲，怎样来完成自己。记得我初次踏进谢泉铭老师那间"著名的小黑屋"时，老师就告诫我说，写作是件很苦的事，问我有没有坚持的韧劲。或许就因为这一初问，在我心中夯下了基石。

尽管我现在什么都不是，但是完成自己坚持书写却硬是至今如此。

前面提到的解放日报社"《看今朝》编辑部"，我只写"小屋"，本来也写小黑屋的，想想又把"黑"给删了。因为涉及谢泉铭老师受到的委屈，怕生歧义。那个屋子真是个小黑屋，十来平米，没有窗，终日开着日光灯，在解放日报社的食堂上方，整天油烟味不断。但她却因为谢老而成为我们心中神圣的殿堂。

曾数度搬家整理书信时，总会翻到"你自己不倒就不倒"这一封信，打开来温暖地读一遍，然后叠好。记得最后一次，忽觉此封不能与大部队混了，于是小心翼翼另外放好。哪知这一"另外"，惨了！我腾出时间找了好几天都杳无踪影。眼看文艺出版社的资深大编修晓林频频来信来电，说最好能把"这封信"给他，他要在书上发信的照片。

我汗津津地扫视着书柜、书架、书箱，凡属重要的地方，我都寻过不止一遍了。怎么办呢？忽然想：寻到又怎么样呢？

这封信肯定在两个地方。一个在家的某处角落，一个在我心中最显眼的地方。

2011-8-22 酷热无风
任何在生命里的东西，都在死亡中达到顶峰

莫要踩碎痛苦

对她劝着说着,不知不觉中已经暮色四合。起身在报社楼梯口送别她时,我说这样吧,你明天送材料来时,顺便把那"东西"也给我,好不好?

她犹豫着,分明又察悉了我的用心,说,那"东西"即使给了你也没用,我工作的地方到处都是,我随时都可以重新找到的。你放心,我不会了,真的。

我用力点点头,目送她下了楼。

那"东西"说出来挺怕人,是用来"毁灭自己"的一种液体——硫酸。

她在"下手"前的几天里,有天在一份杂志的封面上看到《悬崖上的黑三角》,因为题目引人,就拿过来翻了看。不想一看就放不下手,全部读完。知道书里的女主角悲惨的结局已经无法更改了。她替女主角后悔。她自然又联想到了自己。

自己要"下手"么?如果有可能,她后悔还是来得及的。于是按图索骥,从文章的字里行间得知了我的名字和报社的地址,然后设法找到了我。

她确实很不幸，结婚没出月便进了医院，手术后就失去了生育能力。婆家脸色开始难看，接着做丈夫的又拳脚相加，结局是以分手画了句号。但是，这一切被一个偷偷关心着她的男人看在眼里，他的呵护关爱，终于重又唤起了她生活的勇气。他是一个离异的单身爸爸，有一个嗷嗷待哺的婴儿。她当然喜不自禁，将这个宝贝蛋视同己出。六年来一口水一口汤，个中艰辛不一而足。丈夫当然也高高兴兴的，完整的家庭有着完整的幸福。两个人几乎都忘记了自己的昨天。

不幸的事终于发生。有天幼儿园门口，出现了一个穿着入时的女人，她把自己的亲生儿子宝贝蛋领走了！

天天风里雨里准时接送儿子的她，不见了儿子急得近乎发疯。等明白了儿子的去向后，整日诚惶诚恐。她担心的事真是太多了。从此，两个女人常常在幼儿园门口展开"宝贝争夺战"……生母当众羞辱她："你撒泡尿照照自己的脸吧，你好意思说是你的儿子，你生得出来吗?！"

这一下，她自觉没脸见人了。本来谁不知道宝贝蛋是她的亲儿子呀，现在弄得满城风雨。但她还通情达理，对丈夫说，你前妻她看儿子可以，但是得每月出抚养费呀！天下哪有这么便宜的事，说不要就不要，说要就又要了！六年来，抚养费一分钱也不给的人，就来认儿子了？

这多月来，面对两个女人之间没完没了的争吵，宝贝蛋的父亲选择了逃避。

但她不知道更大的不幸正在不远处等待着她。离家的丈夫另有新欢，而且还"金屋藏娇"。于是她先撇下这女人，开始对那个"娇"秘密而疯狂的盯踪。盯踪到的终点，是令她难以置信的。"金屋"里竟然全是她大橱里的东西，而自己那双结婚时穿的金丝水晶拖鞋，这会儿正套在"娇"的脚上。

她跳脚咒骂，她寻死觅活。而恼羞成怒的他，终于向她摊牌：离婚。

一个女人抢走了儿子，一个女人抢走了丈夫。天下还有比这更可怕的人生吗？

这可怕来自哪里？对了，全因自己是个不会生育的女人！

她想事情应该到目前这事之前为止，绝不能再往下发展。她为了维持"之前"的局面，决定收回"自己"。她要丈夫，她不要离婚；为达到这个目的，她对丈夫说，随你怎样都行，只要你不提出与我离婚。她已退了一万步，把自己的婚姻状态默认成一具没有内容的空洞的形式。这，难道还不成吗？

然而命运常常与顺从命运的人作对。

他对她说，他只想用最优厚的条件来换取离婚！

她甚至跪倒在他的面前，抬起被他打得血肉糊糊的泪脸，苦苦哀求他，一次又一次……

当她在报社与我说到这里时，我觉得她的灵魂简直就像屠刀下一只任人宰割的羔羊！

我说，你离就离，怕什么！她说，不！我是个有缺陷的女人，我不会生孩子。

我说不生孩子又怎么啦，世界上又不是只你一个女人不会生孩子！这不是你的过错呀！因为你不是存心不生孩子，是不是？

她说，法官和兄妹们也都这么劝我。让我向他要20万元钱。昨天法官对我说他出不了那么多，其实……记者，我本不要这多钱，我只要这婚姻，我只要他人……

我实在不忍对她说出更明白的话来。比如他抛弃你了，你硬要自讨没趣，这有什么意思？比如，人是要有尊严的，等等。

我仔细打量了她。适中的身材，好看的鹅蛋脸，大大的眼睛，生活的磨难并没有在她的脸上留满四十载风霜。善良厚道的眉眼间不时流露着一种让人可怜的神情。真是让人哀其不幸，怒其不争呀。我说，唉，你为什么要这样自轻自贱呢？

她说，因为我不会生孩子……

我说没错，你是不会生孩子；但是这正如下锅前清洗鱼时，挖其肚里苦胆一样，将它完整地摘下扔掉就完事了，你何必要将它一而再、再而三地细细弄破，搞得"整桌菜"都苦不堪言呢？一个女人不仅仅只是生孩子，除了孩子还有更多的事可以去做呀。来一回人世也不容易。像这样的"痛"，宜于作精包装深藏，重重地沉没在海底，永远也不要它露头。更不必细细将痛苦碾碎了，放在舌尖一点点一点点去品尝。

三四个小时了，在我的劝说下，她终于也觉得破碎的婚姻不能再要了，也终于觉得人生中原本还有不少条路可以去走。她不会去做"那个事"了，她向我保证。

几天后，我曾接到过她一个电话，因为话机质量问题，说着忽然就中断了。只是最先几句话，就听得出，她心情松了，是想通了。

想通就好，了我一桩心事。

1998-11-8 匆，2021-7-13 修订　　让本性开花

跨越警戒线

来监狱采访时，我经常要一脚跨过地上那道宽约 20 厘米的或黄或白的警戒线。这里的"警戒线"，不是什么比喻，而是监所的真家伙。至今还记得两年前在上海监狱采访时的那一幕。

法庭设在监狱大礼堂。台下齐刷刷坐着各监房的罪犯代表。满目清一色的号服和台上悬挂的庄严国徽，让人感觉异常深刻。

当审判长响亮声音落定之后，眼看着两三百名罪犯同时被宣判减刑或当庭获释成为自由的公民，我心情轻松。在一种强抑狂喜的氛围里，我几乎是与他们一起分享着这即将获得自由的幸福。他们一个个喜形于色，蒙泪的眼眸生动无比，甚至身骨会不由自主地颤抖。有种生命里的真东西，在迸发强烈的光彩。

在这非同寻常的瞬间，这些人的命运正面临重大转折。他们将可以跨越警戒线回到社会。有的夫妻长别，将一朝相聚；有的父子相对，会恍如隔世；有的母女互拥又长泪如雨……人世间的多少哀乐悲喜事，正在他们内心滚动翻卷！

警戒线于监狱，是敏感字眼。囚犯走近这线之前，一定要站正身子，响着喉咙先喊一声：报告！等警官准允了方能近前。而在一般情况下，服刑罪犯都必须远离警戒线三米。

这线，有的监狱是用油漆画的，有的则用马赛克铺成。踏上去时，与平时踩路面的感觉毫无二致。但是，我知道对罪犯而言，这道警戒线就是不可逾越的大河，是禁地，也是雷池！

文明的暴力，在这特殊的时空，被抽象成了一条线。

看着这一群人压抑着兴奋又有点胆怯的脚步，在警戒线上前前后后走动的当口，我正从法庭赶到女监房采访。这时，女监所有的警官与囚犯，都知道现时是一个非常时刻。有人马上可以离开监狱。这些罪犯中，女囚有四十多人。这四十多名女犯，不，应该说这四十多个人，前面的量词"名"，以及那个"犯"，都将去掉。

这四十多个人的双脚，在这非常时刻，可以在这往日森严、泾渭分明的地界上一脚踏过去。

我也心情激动。看着这四十多个女人的脚步。她们穿着塑料凉鞋、高跟皮鞋、黑方口布鞋、粗牛皮高帮鞋、漆皮沙滩鞋、红色翻绒羊皮鞋、蓝缎圆口鞋、灰色旧雨鞋……在即将获得自由走向蓝天大地之际，她们可以穿上自己喜欢穿的鞋而不必受约束了。

看着这些脚步须臾之间就这样一脚将这条内容严实的"抽象线"跨过，心里掠过一阵快感，并伴着微微震惊。这种具有法律含意的跨越，我为她们庆幸。

她们的脚步，将画着警戒线的地皮，踩得"咚咚"作响，仿佛在问自己，悬在高墙铁窗之中的心，是否真的着地了？

我看见一位心情略显忐忑的40岁上下的女人，一边用眼睛看着端坐在门岗的警官，一边试着用脚小心翼翼地踩出去再踩进来，然后又踩出去，再站定，真是感觉澎湃，反差强烈；一位30岁出头的女人，垂着两手，站在警戒线的这一端望着门外发愣。过了一会儿，她又神经质地闭闭眼睛，再睁开来看看树丛上的蓝天，仿佛在对自己说，不是做梦，是真的，我马上就可以出去了。

门岗女警官始终微笑着注视着她们。这是她们日夜工作"产"出的成果，曾经的女囚们，获得自由了！但对于获得自由的她们，或许，渴盼已久的自由来得太快，竟一时激动得无所适从。

时值深秋，她们脸上挂满了汗珠；有的抖着手在签字，有人紧张得将肚皮贴紧着前排人的后背，等着领释放证明；有的兴奋得眼睛发糊，用双手将释放证对着铁窗外的天光，辨认自己的名字；甚至我看着一个50来岁的胖女人，提着小小的网兜，急巴巴地跑到这里又匆跑到那里，盲目在跑，她完全不知道自己现在该做什么……

目睹这群"幸福节日"中的女人，常年来悉心管教她们的女警们也喜形于色。只听得刑务主任黎警官对一名二十六七岁的曾某说，你出去后，千万别再与以前那些朋友接触了，你判十年，减刑后还剩两年半，这次政府宽大给你假释出去，你要争气在社会上活出个样子来，也好给这里还在服刑的同犯留条后路。曾某诚恳地一连点头说，警官你放心，我一定不会走老路了。她通红的脸上满是汗水，早已过时的硬领白衬衫上的纽扣扣得死死的，肩上挎包沉甸甸压着，硬领子往下扯着，而她却全然没有感知。

自由呀，你是生命中的生命，你是生命中无价的珍宝！

我迎上去，拦着曾某的去路问，你的被子、衣服呢？就带这一只包？我原本是无话找话，我也情绪感染。岂料曾某忽地站定，认真而决绝地对我说，我别的东西都不要了！我问为什么，她肩向下一塌，包"卟"的一声落地。忽又"哗"地一下拉开了拉链,我看见里面是一袋子的书!有《服装裁剪法》《量体大全》,等等。她用手擦去额头汗水说,我在此地的日用品、衣服等,统统都不要了!我要把以前的我,全部、永远埋葬在这里面了!

黎警官告诉我说,类似这事在监狱司空见惯。有的人在出去之前,从里到外都换上外面送进来的"干净"衣服。

有一句话叫做弃旧图新,用在这里也许是最恰当的了。

黎警官又告诉说,留下的这些弃物我们不扔,一律洗净晒好保存起来,以备接济一些无家属探望的犯人。警官的职业语言有思想高度也有实用的深度,让人感怀。

我又从黎警官那里了解到她先前告诫曾某的意思:原来身为抢劫犯的曾某,这次在她本人与警官的努力下,获得了法庭下达的幅度很大的假释裁定书。要曾某出去后"争气",是让里面的同类罪犯也能争取到宽大,早日回到社会。这大墙内的警官之良苦用心,可见一斑。

原在医院管财务的王某,穿着一件碎花图案的新衣,在人群里奔走相告。对于日夜相处的"同犯",说不上留恋也说不上惜别。一种复杂的愉悦,使她脚步轻捷。转身见到我这个记者,不问自言道:今朝没有想到,我真的好出去了!我开心得脚骨发软。

我问她,你是犯什么罪、判几年?她说我犯贪污,判五年。刑期原本还有一年九个月,现在我马上可以回家了。我从心里感谢,我会珍惜。她喜滋滋地告诉我,老头、儿子与女儿,今天一家可以吃顿团圆晚饭了。

在她闪闪泪花中,"平平淡淡才是真",是多么了不起的真理呀。

我看见女警官们在这一特殊的人群中,各自嘱咐着自己曾经"带"

过的人。怀着满腔期望，叮咛了再叮咛；又怀着几分忧虑，关照了再关照。她们那些显见激动的声音，是一些外人也包括我在内的不完全听得明白的话。因为每一个人都是一个世界，这些个世界中，千态万相，盘根错节，一把钥匙开一把锁。

约莫20分钟之后，这人群就变成了长长的队伍。四十多个人都是一式亮润的直发；都是没有丁点儿脂粉与饰品的打扮，都是手里提着包袋与简单的行李（除少数几个人之外），甚至也有手里仅捏一张释放证的人。她们刚刚褪去了灰色细白条的囚服，她们不再如以前一样，为求队列的整齐，而必须要根据高矮来排队了。她们就地站成了自然的一排，殷殷地望着前面的女警官，就等警官一声："您可以出去了。"

放眼望去，无意间瞥见远处监房的铁窗后，那些黑森森的眼睛。铁窗内她们的头颅相互交叠着，借着铁窗有限的可视面积，正向这头贪婪地望着。那情那景，震惊到我了！

这些仍在刑期囚禁中女犯的目光，正越过铁窗铁栅间缝隙，望着这头的"同犯"兴高采烈地办着出狱手续。她们心情复杂，羡慕交织着嫉妒，渴求交织着凄绝……有人将能回到自由天地，而她们却还关在这里……世界上原本有许多感情是无法用语言来表述的。

我收回目光，重新注视着我的采访对象们。

四十多个人组成的不得不在监廊中打弯的队伍里，人人心潮起伏。所有热切的殷殷幽幽又轰轰烈烈的期待，都在静静地等待着可以释放出去的那一秒。

那一秒过于严肃和庄重，似乎又过于轻松与温和。你看队伍前的女警官，就这么朝队伍前的第一个人点点头，这一点就如大闸开启，队伍就朝前面"唰"地飞快动了起来。

看着她们高高抬起脚来,再抬起脚来,跨越警戒线;再一步跨出,跨出重重铁门。跨出三号铁门、跨出二号铁门、跨出一号铁门,自由啦!

我和所有的警官一样,看到有人从高墙铁门里出去,总比看到有人进来要愉悦得多。尽管驻守在这高墙内的警官以法律的名义,对素不相识的罪人实施惩罚,是庄严的职责,也是神圣的使命;但是目送赎清罪孽的人步出高墙重返家园,更是人性的一份爽然放飞。

难得监狱大铁门前,从一清早开始,就守候着一大群喜气洋洋的人。在纷至沓来的嘈杂声中,随着一声"出来了!出来了!"的欢叫,人群中好一阵骚动。接着大铁门不是人们想象中那样,"哗"地一下打开,而是听到铁门下的马达转动的声响,大铁门在"嗡嗡"的机械响声中,沿着地上圆弧形的阴槽,缓缓开启!

获释的人出来了,出来了!

法律角色有了本质变换的女人们,顷刻间就汇入高墙外五彩缤纷的人流中。将先前的"历史故事"消融得无影无踪。

正值我感慨之际,后背忽遭人一击,并传来一声惊叹:"哟,吓了我一大跳!"

我一回头,见是一个曾经在女监当过实习警官的小姑娘。我问你为啥"介激动",光天化日之下,什么把你给吓着了。

她捂着仍在"嘭嘭"作跳的胸口,说,今天我有事路过这里,路上忽然看见一张熟悉的脸迎面一晃而过。再一想,不好!这不是我在实习期间"带"过的女犯人么?她怎么跑出来啦?我心里吃惊,正欲返身去追,可这时身边又见一个"女犯人"走过去,都穿着自己的衣服,我刚想一步站定问她,却又看见后面走来两个"犯人"……难道是越狱?我紧张极了,不由回头朝监狱大门望去,见那里有穿制服的人站着,而且很多。这时,我才恍悟:噢,原来今日监狱有减刑大会,她们是被释放的人……真是让我虚惊了一场!说着,她明亮的黑眸子里卸下了惊恐,轻松地吐了一口气。

我说,好!你没有白白实习了一场。

在这里必须说明的是:那年轻姑娘开始说及的"她怎么跑——出来了",这"跑"的意思非同小可,是指在押犯的"脱管逃跑"。如有此事发生,有关部门即刻"一级战备"四出抓捕,这是监所最严重的事故了。此姑娘在短短几月里练就的职业敏感,让人欣慰。可见监狱这国家机器,绝非等闲之所。

回头再看身边,凡经过监狱门口的出租车,无一不被拦下。或许是"出来"的人真是归心如箭;或许是物质生活进步,以车代步本在情理之中。

瞥见不远处两名女警官在马路上拦下辆桑塔纳小车。返身又帮着一个愁容满面的三十多岁的"新人"提着大包小包,送进那小车内,并且掏笔取纸又记又说,与司机嘀咕了好一阵,才目送小车开往远处。

原来,此人是安徽无为县乡下种田的农民。几年前,撇下车祸致残的丈夫,以及三个6岁、12岁和14岁的孩子,与人私奔上海做水产生意。后犯盗窃罪被判七年。因她劳动改造尚可,又念她家中特殊困难和应乡里领导的请求,今日也被假释,提前三年半出了狱墙大门。事前,女警官们曾与她在上海的亲戚联系过,但是不知何故,亲戚并没有如约前来接她回去。女警官告诉我说,她已关押了三四年,这几年中上海巨变,怕她一个会迷路;再则怕她一个人自己回去,还会去别处荡悠,不回家乡担起妻子与母亲的责任来。所以我们请小车司机一定送她到亲戚家中。我们还留下了小车司机的车号和电话,以便联系。

我听了深感疑惑,说好不容易能释放出来,她不回家去荡悠什么呢?女警官叹道,按常理应该是这样,但是她可能会是一个例外。女警官忧心忡忡地担起的这份额外的责任,让人一再想及这项特殊工作的难度。

待一群群人散开之后,监狱门口又恢复了往日的平静。车往人来,仿佛什么事也没有发生。我再度由监狱边门跨进二号门里时,只见一个五十来岁的胖大妈模样的"新人"吴某还傻乎乎地站在那里发呆。两脚之间,夹着大包。好几个女警官围着她说这说那,而她没有表情的脸上却一片茫然。我随即上前一步对她进行了采访。

你释放了,为何还不回家去?

她无神的眼珠子定定地望着我。我正欲再问时,她瓮声瓮气地说:"我想回到里面再住一夜。"

旁边警官和我都异口同声说,不可以!这里不是招待所,这里是监狱!

她闷声无言。低头看了看脚尖勾紧的两只大包。我说,东西没人会要你的,你尽管到外面去看看你的亲戚来接你了没有。她的眼珠似乎是动了一下,用浓重的家乡话胆怯地说:"我吓葛(怕的意思)……"

马上有人在旁边说,你当初杀人倒不吓,现在连出去看一眼怎么吓起来了呢?吴某听了毫无反应。也许这话所涉及的事情对她来说,已经是太遥远、太不足为奇了。在里面待了这么多年,不知该有多少人多少次地问过她了吧？

我走近一步问，你当时是犯了什么罪呢？也许是女警官知她反应迟钝，便代答："故意杀人罪，原判死缓，后来减成有期徒刑，再后来又减了几次刑后，直至今朝被减去余刑，当庭释放。"

我又问女警官，她余刑还有多少日子？没有想到警官还不及开口，这个木讷的吴某竟声音响亮地回答说："一年九月零七天。"

嗬，回答得这么精确。想必囚禁中人，对自由的渴望，永远是深刻而急切的。

我们都笑了起来。毕竟是释放现场，大家的心情都是轻松愉悦的。

原来吴某29岁时，跟奸夫（主犯）谋害了丈夫。当她听我向警官询问她奸夫处什么刑时，却听她冷不丁地蹦出两个字："枪毙！"那恶狠狠的声调，从她没有表情的嘴里出来之后，又恢复一脸茫然。

我当时一愣。这些惊心动魄的可怕字眼，深深烙在她的心魂里，永远不会磨灭。只要她还活着，哪怕罪罚已经相抵身心已经自由。

几个女警官守着她，为她设想着如何回家的办法。她关押了整整19年，案前与丈夫生有一子一女。但娘家与婆家及两个孩子对违逆天道丧尽天良的她深恶痛绝，始终没人来探过监。所有的亲人都与她断绝了来往。她在亲情的荒山野地里一个人孤独地走了整整19个年头。她自然也知罪孽深重，改造得十分努力。在坏女人集中的群体里，要争取政府的宽大减刑，并不是件易事。她终于渐渐寻回了人的良知。她感恩政府、感恩警官，她还没有适应法律在瞬间转换给她的角色。她把囚禁了她19年的监房习惯地当成了她的栖身之处，还想在"里面"再住一夜，不禁让人啼笑皆非。

我转身又去了别处采访。好一阵后进得门来时，但见秋日阳光下，有如下一幕：一名年轻女警官从红皮夹子里取出了几张钞票，和颜悦色地递近吴某的面前，对她说，你好好认一认，这是一张10元的钱，一个"0"，你看清了吗？这是一张50元钱，新出的票面，还有100元的钱，喏，就是这一张，有两个"0"跟在"1"的后面，记住了没有……说着，女警官又"嘣"的一声丢下个"东西"来，吴某忙朝地下一看，女警官即捡起来递与她面前说，这个"钢镚儿"就是一元钱，等于从前的100个一分钱的小角子……

吴某望着警官伸展在她眼前的手心，喃喃道："伊晨光（那时）有1分、2分、5分的角子，怎么现在变……"

我很感动于女警官们转换的新角色。前一刻还是她们眼中不可越雷池半步的囚犯，这一刻吴某便是与她们社会地位平等的公民与一位孤陋寡闻的老大妈了。

过了很长一段时间，吴某还是没人来接她回家。19年太漫长了，沧海桑田物是人非，她已无法单独汇入外面社会，我看见女警官人前马后又奔波了一阵，为她在附近招待所联系，接着就帮她扛着拎着，将她领往今夜宿脚处。

装有地槽马达的两扇监狱大铁门又"嗡嗡"地合拢关紧了。除了某种必要的含有法律意义的进出之外，监狱那两扇沉重的大铁门，永远是紧紧关闭着的：这儿没有欢迎，只有"拒绝"！

在监狱门口，只有紧紧握别，从来不道再见！

1993 霜秋匆记　2020-3-8 修订
深度，必须处于黑暗之中

又何妨

不知道到底是哪儿不舒服，反正觉得身体有诉求，一肚皮的憋闷要出来，就是找不到出口。喝茶，泡了印度红茶再泡杭州绿茶，都觉得不是味。咖啡也提不起兴趣。浑身不适，睡又睡不着，做事又不能专心。我问自己到底要什么。无解。索性躺在阳台的吊椅上，满屋的阳光啊，还不中意。于是对老先生说，我出去走走。他说你的腰痛刚好就出去啊，不过感到吃力马上回来。我说我用了两根腰带，放心。

对门就是康健公园。一群老头老太舞步轻盈。我也随音乐，慢四步雅雅地走……忽然觉得这样一顿一踮，腰要用力，免了。

小河边那个草坪的弯角角里，有七八个平方米模样。夕照烈烈，早把草地照得酥香温软。这里面少有人来，甚至根本没人会来。游人如不刻意探头抬足进去，发现不了这块芳草地。

正是深秋时分，看看太阳，刚偏西，但力度还很强。

忽然，我想躺下。于是我立马行动。草地上很干净，少人打扰的细草长得茂盛。趴在浓密密厚实实的草地上，感到被晒了半日的草地，暖乎乎软乎乎的。虽然气温不是很高，但毕竟夏日的暑气还在泥地下埋伏着。

我仰天躺下,展开四肢,闭上眼睛,尽情地享受阳光与土地。傍晚的公园里本来就游人稀少,我独享着大自然里豪华的清静。真个是"江山风月本无常主,闲者便是主人"。

仰望着天空。人的视角变了,一切都发生着奇妙的变化。想的也不是平日里种种的庸事俗情,至少我想起苏东坡了啊,只觉得心高气雅,凡事都会朝源头方向去掘进。探寻的取向变了。

良久抬眼,发现今天竟万里无云。桂花树上还挂着残败的花骨朵,有阵阵暗香飘来。我今天是非常视野,从下向上看,没有看到夕照打在叶子上的亮闪,而是看见桂叶背面,在阳光的照耀下叶脉清晰,呈半透明状,让人怜爱。偶有微风吹过,桂林里有枯叶萧然落下。

蓝天。绿叶。世界忽然纯粹而深邃。泥土与清风会让我面对自己真实的灵魂,有种隐秘的内在的需求,一下子穿过层层阻障,直抵心头。道不明理不清的莫名烦恼,正在自洁中净化。

踏上归巢之路的小鸟们,三声两声,渐行渐近地啁啾着,音律婉转,颇有"山气日夕佳,飞鸟相与还"的意境。哈,脑海里又来了个陶渊明。

感觉远处有人走动。是公园里的绿化工过来了,马达响起。粗大的管子汲着小河里的水,金珠银珠落盘的响声,滋润着河边那片小杉林。

我躺着,不为所动。用身体感觉着草地上被日晒所蒸发出来的那种微醺,那种微醺里原始的慵懒舒适。泥土草根里有种气息,撩拨着我,正与我在神秘互动。想起印度哲学家奥修的话,大意是:一个人必须能够成为被动的,并且享受,享受什么呢?享受微风吹过,享受云朵流动,享受鸟儿歌唱甚至只享受你的吸气和呼气,那也是非常美的,"去感觉自己"是一项奇迹;就在此时此地此刻,生命发生在我身上……奥修轻描淡写的这些话,不知怎的会如此深刻地留在我心上。

忽然,早时在家里那种无厘头的不适不安,渐行渐远。

我有点贪婪,深深地呼吸着。感觉身体正被这样的气息,洗刷刷,洗刷刷。

早先躺下时,心头蓦地袭来的那种轻微骚动感,已经远去。我知道这种骚动感正是渴求净化自己内心的前奏,仿佛大地、蓝天、风雨、阳光、傍晚的天空,把荡涤一切污垢的清新之气,慢慢渗入了我的心灵,永不离去的那种渗入。

静静地躺着,只觉得,生命之流流经我,宁静美好。

也许有人觉得奇怪,原本应千篇一律,游人只能是在草地上走的,怎么就这样子可以躺下不走的呢?其实只要在规范之内,想躺就躺,想坐就坐,听从身体内在的诉求,这就叫自由。有时享受自由,还要靠自己。呵。

可能有四十来分钟吧。只觉得身体的一侧有点凉意了,睁眼发现夕阳比刚躺下时偏了几尺。于是我慢慢地起身,让身体适应变化。

这时候,有一个念头蹿到我心里——我很想用我的双手和双膝着地,与这块夕阳镏过金的草地零距离,暖烘烘地爬一爬是非常必需而又迫切的。我批准了,我给自己充分的自由。

我一直对我的朋友们说,我们的待遇不是上面给的,也不是下面给的;我们的待遇是我们自己给自己的。这不,我现在又给自己待遇了——在这个惬意的场景中——让膝盖和手着地,在烘烘热的夕照下,在暖暖香的草地上,像大自然里那些肆意妄行的动物一样,爬了一圈又一圈……

像只狗又何妨？只要人像狗时快乐，人像猫时乐意，人像牛、像羊都不打紧的，打紧的是这狗、这猫、这牛、这羊的真身——你，愿意并且开心，就 OK 啦！

当我再慢慢站起来时，发现腰骨也比来时好了许多。而且精神焕发。

踏进家门已宛如两人。本来老先生还在担心我，看我神气活现地进得门来，也高兴得很。他讲就你浪漫，换个人，谁都不干的！

我也没想到这无精打采的一天，会由回家后立即写的这篇博文收尾。

       2013-10-28 天堂是人存在本身深处的一个地方

李局长,您去了哪里?

往往,您看我听着听着认真起来时,马上话题一转,用警告的口气下令说,你不准写哦!我问为什么。您不与我讲道理,很武断地说,"反正我活着时就是不准写"。后来我私下里打听过,这武断,不是针对我一个人的。想想局长权大也拗不过的,于是退了稿约。而今……李局长,您去了哪里?

知道世界上有一个精致的小盒子,那上面收存着您的名字,但我终究不相信,就"那么一回事"了。不管在往昔弹雨纷飞的战场,还是在今日改革开放热潮中的监狱农场;不管在驶往青浦野马浜的小车里,还是在上大法学院的清水湖畔,您总该是一如既往,神采奕奕地向我们走来。都说如果要一个局长上银幕的话,您几乎不用修饰,就可以直接走上去的。大家风度有时很难描述,但是您一出场,几乎所有的注解都不需要了。

记得有次一个同志为个人利益来局里,情绪激动,他说,这事我非得找李局长。说也巧,您正好从楼梯上下来碰了个正着。但是接下去的一幕却令我惊诧:那同志的冲动情绪,却立时化为乌有。平静地看着您从他面前走过。此事，我曾对李局长的秘书说起过，他说李局长身上有种人格魅力，在他面前一站，人的思想有时会得到一种净化。

这一说我有同感，李局长平时和我说着什么时，常常会用一句"我们执政党"应该怎么怎么的话，让人听了会产生一种崇高的情愫。比如一位长期受"四人帮"路线迫害的知识分子被平反后，见了李局长感激涕零千恩万谢。李局长却感情深重地对他说，这是您早就应该得到的待遇，您受了那么长时间的苦，我们执政党还欠了您。

您参加执政党是很早的。

十多年来，我有幸逮着机会断断续续在上海驶往安徽农场的小车里，或者在上大法学院的林荫道上，听您讲从前的事情：

那是1943年的冬天，你15岁。一场大雪过后就遇上敌人大扫荡。你们百号人马刚下山时，敌人就已经把大家包围了。突围中只冲出去二三十个人，其余的七八十人都壮烈牺牲，其中县政府的秘书也没能回来。敌情紧急，而发号施令的那枚县政府大印，一时却没了着落。当时你的双脚正患毒疮流着脓血，痛得连路都不能走。这时县长要你去找大印。接到命令后，你忍痛连夜摸黑上路，个中苦痛不言而喻。好不容易爬上了山头，只见凄凄戚戚的雪光映着满山横七竖八的尸体，你不觉得害怕，一个个挨着寻找他……

我问李局长，他是谁？李局长说，他是我县掌大印的秘书，叫许克明，言午许，克服的克，光明的明，我怎么会忘呢？李局长说着这名字时，他的声音充满深情。

几圈之后，你终于在雪地里找到了他。冰雪已将他衣服冻得梆硬。你在他的身上摸索着，翻遍口袋都不见大印。正寻思着，发现他身子附近有道血迹，一个激灵，你仿佛想到了什么。于是您又顺着这血迹找下去，终于在离他十多米处，发现虚掩的雪土，你赶紧扒开，哦，果然是大印！你赶紧攥着它下山，交到了县长的手里。县长高兴得很，将大印挂在你脖子上说：人在印在！你却回答说：人不在印也在！从此这个大印，县里就交给你保管了。

李局长望着窗外的远天，说得断断续续。过了一会儿，李局长又眯着笑眼对我说，县长叫魏维良，当时才23岁。我就想，再过8年，我也可以当县长了。说着，我们都笑了起来。也许是李局长又想起长眠在雪山的那些同志，又告诉我一件事：

那段时期被关在牛棚里时，你在床头墙上写了一长串人的名字。别人都不知道什么意思，其实都是已经牺牲的战友名字，你以此来平静你的内心。其中与你最好一个战友叫武潮，郭老师（李局长夫人）也认得，是同乡。后来一次斗争中英勇牺牲……

李局长在说这些事时，我一点儿也想象不出他在"文革"中受委屈的情景。我最早看到李局长，是在《上海法制报》成立初期，他戴着一副老花眼镜，正聚精会神地趴在桌上审核报纸清样。那时他的头发黑亮亮的，穿一件式样很老的中山装。

四五年前，李局长才六十出头。一天我突然听说，李局长病倒了，是在一次市里重要的会议上。会开始不久，李局长竟然坐在椅子上"睡"着了，并且还发出了"呼噜"声。这时原先坐在他旁边的卫生局局长正好去洗手间回来，她一看就觉得出事了！于是，立马就地对李局长进行抢救……几天后，我赶去他家探望时，李局长一身病容，但却执意出了医院。他面有愧色地感慨道，真是丢人！七八十岁的人都好好的，却要医生当场抢救我这个"年轻"人……

我想李局长真是太不善待自己了；同时却又在他"丢人"的感慨

中，看到他特有的、属于硬汉的英勇气概与无畏精神。

写到这里，又想起李局长一贯崇尚的"敢冒风险，鼓励冒尖，奖励第一"的思想精神来。有次我搭李局长车回家时，刚坐稳他就兴致勃勃告诉我说，白茅岭农场的中学篮球队，到上海来打败了上海94所中学，包括复旦附中、交大附中。第二年，不服，再打，又大获全胜。我特地赶去祝贺了他们。在李局长平静的语调里，总是让人感受到一种拼搏向上的力量。

现在全国范围内开展的综合治理，最早就是由上海司法局提出来的。1996年6月8日，我在军天湖农场听李局长这样讲，"十年"过去了，现在我们要全面修补，进行综合治理。根据三中全会精神，拨乱反正实事求是，面对现在的犯罪问题，除了罪犯本身因素之外，也有我们执政党、社会应负的责任，所以大墙内外要通力合作。

这些话听来真是振聋发聩。我后来写的大量的跟踪采访纪实文学，其实都是自己在深深领会了这些精神之后去做的。"我们社会应负的责任"及"执政党意识"使我陡增了一种政法记者的使命感。所以我在文章中，注重将罪犯作案过程与情节都处理成一种背景，因为经公、检、法、司几道国家机器的程序下来，作案者的罪与罚，已经画上了等号。我着眼的是"我们社会应负的责任"，这在当时是个盲区。我觉得在法律结束的地方，文学应该开始。所以我的系列采访手记一经发表，社会果然报以热烈的反响。

我每出版一本书，总是第一个给李局长送去。他慈眉善眼的样子，用手翻翻书页，或者高兴地把书拿在手里翻翻看看，眼睛笑成两挂弯弯的月亮。

记得最后一次给他送书是1996年的春天。我出了一本35万字的

《一个政法女记者的手记》。那一天是李局长、郭老师和我相约,去植物园看郁金香展览。在小车里,我把这本书递过去时,李局长说,哟,这么厚。他翻着对我说,是我们当初给了你去监狱采访的特权。

我十分吃惊。因为时至今日,我从不知道。在上海所有监狱采访时,我只是不时被监狱干警们的"红烛精神"所感动,也不时被一种执政党的意识所激励,我长年追踪四出采访,确实很深入很细致,而监狱各级领导对我确实也非常支持。或者说上海的任何监狱、任何监房以及任何罪犯,我的采访,都能被准允。

李局长坐在副驾驶座,笑得很欣慰。他侧脸用浓重的家乡口音对我说,还得多写呀。

1988年的新春,有日我忽然收到一封由印度政府发我的邀请信,请我参加在印度博帕尔召开的亚洲诗会。因我的人事关系在司法局,上海作家协会不能办。

想想司法局派人出国,一定都是法学家,怎么也不可能派诗人出访的呀。而且时间紧,只剩一个月了。上海作协外事处处长徐铨说,就算中国全部绿灯,那印度签证也要两个多月。怎么可能去成?当时许多人,都认为我去不成印度的,我也深以为然。

此事被李局长知道了。他说印度政府邀请的是中国诗人,我们自己还分什么分?!陆萍的公派出国手续由我们司法局来办。我不禁喜出望外。局里很快就为我办妥了公派护照、往返机票,包括服装费、补贴等。而印度驻华大使馆则在我去的当天为我做了倒签证。这事在上海文坛曾一度传为佳话。不想临行前,我意外收到印驻京使馆的来电,问我为何不去上海机场确认印度为我提供的往返机票。司法局得知后十分意外,李局长也欣喜不已。后来司法局还是去退了我的机票。虽然局里终究没有为我破费，但我内心感恩。

后来过了好多年，李局长秘书告诉我，当时我去印度的事并非我知道的那样简单。材料报上去后，市外办却不批。原因是司法局怎么能派一个诗人出国。李局长得知后一早电话打给司机，让接了他直奔上海外事办公室……很快，我的公派出国批件办了下来。

后来我又接邀请，去韩国和日本出席世界诗会时，李局长早已离休了。可我还是告诉了李局长，李局长眉眼笑得弯弯的，心眼里一派快活。去日本前那次，我与他告别后已经走远，却又被他再度叫回。他笑呵呵地说，小陆，我请您去饭厅食堂，咱点几个菜，为你饯行。那次饭毕临别，你再次扬手对我说：小陆，给我看着点啊，千万别把自己弄丢了！我每次出访，局长都要这样对我说。

当今编辑书稿，读此，有种感动比山高比海深。生命中的这些瞬间，是人间最美好境界的抵达。我在向前奔着跑着时，知道背后有许多双热诚的眼睛在关注在期待，其中有一双最亮最闪的眼睛，就是李局长。

而今李局长，你是去了哪里了呢？

此时此刻，我回忆着你的音容笑貌。打开的笔记本中，你的精气脉息扑面而来。那是在种种会议上，我坐在下面做的记录。你常常是双臂交错着双肘搁在桌子上，身子前倾，像谈家常似的说着话。有时就干脆从主席台上下来，在我们座位间边走边说边穿梭。你发言从来就没有稿子。现在我随手摘几段重温：

"我要批评的人，总还对这人抱着希望。"

"谁当了先进，什么都得先进，这不是逼着人装假吗？"

"至今我国政法学院没有开设一门'劳改学'，我在会上及司法部多次提出过，现在这个任务，我看上海应该承担下来！"

"不要他对你不好，你也对他不好。这不是搞买卖。厚道些，不要尖刻；宁可人负我，而不可我负人。你对我不好，我仍对你好，叫别人永远欠你的账。"

"拍马屁的人，都想骑上马的。"

"青浦三个学校，都是当年动工，当年招生开学的。当时我那里也不请示，请示三年也没人答复；不请示，三年也没人过问……凡事不能言而不决，决而不定。领导就要在争议中决策，在事态纷繁不清大家都没有把握时拍板，这才能体现出领导的胆略与勇气。"

"官僚主义的惰性，是写好发言，总结套话，甚至连简报都写好了才开会，这是对我们的讽刺！"

"一个人，太看重钱就不值钱了。"

……

李局长，今夜，我仿佛又看见你风风火火地奔走在监狱农场的水泥路上。有次李局长与常年在农场工作的财务科长，同去一处叫"花果山"的地方。上车后那科长说他不认路，李局长说，那我给你带路……

又听人告诉我说，早在1983年，李局长来司法局还不到一周，忽接电得知军天湖农场发大水。李局长在次日清晨6:30就出发，先车，再拖拉机，又划船，再步行，从宣城到场部有41里路。而后又去白茅岭农场，在齐腰深的水里摸索前进，当时还发着烧的李局长到目的地时，已是深夜一两点钟了……我知道现在的交通，早已今非昔比，但那段历史却刻在许多干警的心中。

又有次，我跟李局长下农场去采访。在一处搞糕团承包的小工场里参观后，李局长赞扬了几句。后来回到住地时，当地司机捧出几木格糕团欲往李局长房间送。李局长站在车边沉下了脸，目不转睛地看着送糕人的动作。空气顿时紧绷。来人尴尬地赔着笑说，李局长，让你尝个鲜的，下不为例，下不为例。

李局长还是沉着脸，转头问，谁要买？要几斤？人都摇摇头。他又回身问我，陆萍你要买几斤？我说我不要。李局长说，拿回去！声音硬得像块铁。据说从此再也没有人敢送东西了。

想起一件近事。那天是1996年1月28日，我写的长篇纪实《黑色蜜月》改编成话剧，在上海兰心大戏院公演（由现代人剧社制作、方亚芬领衔主演）。上午我去给李局长送票。李局长高兴得一定请我在他家吃午饭。郭老师就炒了两个菜，一个是胡萝卜炒香菇，一个是红烧粉丝，还有一大锅鱼汤。

李局长说，为什么不搞成火锅？说时迟那时快，郭老师刚离席去拿碗，李局长已出筷将鱼挟起，并将胡萝卜和粉丝统统倒进了汤里，这就是我们的李局长……

在那天下午，李局长还与我谈起一个叫徐立的女同志23年来受苦平反的事。这位老同志从事德译，对于所受的委屈，心平气和，只是要求户口能早日迁回。李局长知道了后亲自去了徐立的家，到了家门时，见要爬五楼，又觉体力不支。他让司机代他上楼看望问候。

徐立激动得立即下楼，大家在小车里谈了一会儿。接着李局长又去了七支队找厂长问处理的情况。结果几天内所有问题全部解决。

李局长在与我说起这个与他素昧平生的老同志时，是那么动情。我曾在李局长的客厅里看过徐同志的来信，信字里行间那份深刻的平静，让我在感动中久久无语。其时李局长在客厅里来回踱着，忽而驻足，用右手在空中竖起食指，对着我声色俱厉地说："这就是我们没有做好的事！"

在这一天，我怎么会知道，李局长的余生只剩下 511 天了呢？

记起有一次我得知你又病重，便急急忙忙赶到华东医院。但是病床上空空如也。当时我欣喜不已给您留了条，说寻到这里扑了空，证明您身体已大大康复了，见了空病床真比见了您本人还高兴。后来我知道，您将我留条上的话，开心畅怀地告诉了好几个人。

李局长，那么您现在又去了哪里了呢？我总是不能相信您就真的安下心来，歇在一个精致的小地方了。我想，您只不过在我们看不见的地方，干着你还想干的事情；或者，您还在赶路，去一个很重要很重要的地方……

李局长，您慢着走噢，一路保重，走好！

1997-6-29，2020-6-6 重读修订
光辉温暖亲切宽和妙理达观

多稼路

65路公共汽车,在一派煌煌灯光之下,徐徐停靠在多稼路站头。

我在多稼路长大。一见路牌便亲从中来。娘家路因造南浦大桥已有几年不通,今下得车来,一时辨不清东南西北。抬头只见新建的南浦大桥,凌空盘旋、气势恢宏。夜空中蜿蜒的桥身亮着闪闪的灯光,如游龙腾飞。桥下夜色,就显得别样情调,似乎踏进了异域神秘的领地,让人满目新奇。

我紧步向路边最暗的小路走去,料定必是多稼路无疑。因为多稼路是上海南市区里最狭最窄的小路之一,环顾四周,却全是陌生的店门房舍,不由让我驻足生疑。难道30年在多稼路厮混长大的女儿,到了多稼路站,还得问多稼路在哪里么?

只是急急惦着和父母兄妹们的欢聚,和那桌正热气腾腾的美味佳肴,我还是正视现实,向果摊边一位五十有余的壮汉问路。

"多稼路,你要找几号?……噢,这样……"壮汉地道热情地细问之后,便十分肯定地朝前甩出两只手掌,夸张地转动着手腕对我说:

"你走到前面三岔路口,再……"他的指掌在空中带劲地划着大弧,为他拥有世界第二座斜拉索桥下面的指路义务而荣幸自豪。刚才我左顾右盼踯躅不前时,他仿佛就看出了我的心思,一直友好地迎着我微笑。也许,在他眼里,我决非最初的迷路人。

不想,我走了才五十来米,眼前就豁然开朗!原来这里是薛家浜小菜场。小时候,曾多少回在这里走过,上学、玩耍、买豆腐、拉煤饼,沿店还有个公用电话小窗……真是今非昔比,一切都变了。

恍惚间,想起一件事来。二十出头的我,时有诗作见报,那时兴在作者名前印我"国棉二厂"的工作单位。这就使我有机会收到全国各地来的读者来信。但我脑子里绷着"阶级斗争"这根弦,就断了回信的念头。

一次在市里赛诗活动结束后,有位高个头的文学男青年,"对号入座"在评委席上找到了我,说要请教。然后热情提出要送我回家。我没有坚决推托,但事实上也无法拒绝。夜上海宽阔的长街,原本无门也无窗。我们走走说说时,他忽然将早先写好的地址纸条塞给了我。但我们交谈内容绝对与时代合拍,从我写的纺织厂诗"牵银丝泻瀑,令白云吐雾",到船厂工人的诗"汗珠摔地碎八瓣",等等。

快到多稼路时,我的礼貌用语,仍然没能抵挡他很绅士的热情。他说:"我一定要送你到家门口。"我还未及作答,脚步却已经拐进多稼路的路口。

忽然听得他"哟"了一声,我便发现他直瞪瞪地盯着路口一侧看。先以为是什么碰痛了他,但是后来马上醒悟:路口有一家很破旧的烟纸小店和大饼摊,它们共享一个转角门面。最是那破败的瓦檐与将倒未倒的屋墙,被三根圆木棍以40度的倾斜姿势支撑着。油条摊外,圆木棍已被无数人摸得油光贼亮。

他很快缓过神来。我也意识到他似乎受了某种意外的打击。

依旧走路。毋庸讳言，我强烈的自尊已经受到了深深的伤害。尽管居家路口的破败潦倒，不是我的过错，何况我的家远在里头。解放初期，母亲用"两根条子"买下房子、包括房里一套法式柳桉家具时，周围还是一片荒地。与我家对门的那座小洋房"223 号"，是这条路上的亮点。后来从外乡拉着家什的板车、黄鱼车来上海谋生的人群，在这儿渐渐搭起了栖身的窝棚。后来又陆陆续续建板房、造砖房。再后来有人门前架阁楼、屋顶开天窗，几个年代下来，多稼路沿途变得凹凸不一，终成穷街模样。

作别时，我礼节周全谈吐依旧。只是未到我真正的家门口，早早就与他挥了别再了见。

第二天，他受到了我特别的"优待"。其时我借调在《解放日报》副刊工作，遂将文艺部给我的两张杂技票装进信封投寄了他。

人的情感就是如此复杂与脆弱。自我幼时认路起，就成为多稼路标识的这三根圆木棍"拐杖"，在后来的日子里，不再如以前那样显得可亲可近。看到它，总会隐隐萌生一种压抑与羞辱，以至有时梦中，它们还会幻化成狰狞可怕的怪物。

现在，一切都荡然无存，埋进记忆的大海了。都翻成无可寻觅的历史了。

"拐杖"已从我心头拔去，原地更新的街面，鲜亮整洁。想起那指路壮汉自得夸张的手姿，我情不自禁地又次回头，仰视那夜空中壮观无比的"斜拉索"大桥。

一种属于精神重荷卸却的快感，淋淋漓漓地在心头漫过，使寒冬拂面而过的老北风，也变得异样温柔。

1985 冬草，2021-7-24 看校样，闻狂啸风声"烟花"肆虐

读画速记

1 /

看着陆廷的画，思绪翻飞，激动不已。更会长时间出神，沉浸在这些画面中，有时会让人洗心革面，有时会令人自我消融。

画的这些古书、狼毫笔、印泥、瓷器、老篾竹篮、刚摘下的葡萄、抽绿的新竹、待收割的稻穗等等，都是有着生命的呼吸，有着气息的流转。画着它们时，陆廷身心里喷涌而出的，亦是他自己的精气神息。

他的灵魂中有粒坚实而神奇的核，持续不断地给他灵感力量。

原本是粗糙的画面啊，平常的画笔啊。再是一边的木桌上，尽是些无比杂乱的刮刀啊颜料啊，都横七竖八地躺在一只大木盒里。很多人都到他画室现场看过、摸过的啊。

怎么就活生生地在他手下，变成那活生生的具物了呢？为什么不说"静物"而说"具物"？实在是因为那物已非那物了，而是赋予了一种神性。

神性何来？静静想着时，觉得就是他内部的那粒"核"给的。

核的厉害，我其实不是从当今世界上的"核武器话题"中感知的；

更具体的却是来自他内在灵魂里那种强大的能量，强大到可以让人想到"核"这个字。

站在空旷安静的大展厅里看画家陆廷的油画作品时，心中老有写点什么的冲动，但面对画面，我的文字却显得何其的苍白无力。最好有条小板凳，让我坐在油画前面细细想，细细看；看看再想想，想想再看看……心里有涌动，却落笔无能时，想想看看也是一种安慰。

看不出名堂，因为我不懂画。但是我懂油画家弟弟陆廷的品性，他有大天赋，过人的毅力和坚韧，而且桀骜不驯，执着走自己认定的路。对，不回头；而错，也不回头。即使是错，他也会在日后把错走到头，走到头也就是走成对了。如把岁月像报纸一样卷起来后打个洞，此洞即将万千之遥聚一点了。所以，原本对错的两极，是会重合的。有点虫洞的意思。哈，扯远。

他在这四五十年来的面壁与穷究，追寻色彩，叩问世界，探究生命。在油画田野、在画坛，已经让他长成了一棵极其名贵的大树！

因为感慨太多，只能想到就写，先眼面上给我冲击着的抓其一二，速而记之。

2/

画家陆廷的静物，一眼就让人认出来。个中功底的强盛，甚至有种攻击的力度。即你不看不成，非得驻足，且行注目礼。美到极致的东西，往往具有暴力倾向。市面上流行一句——"抓人眼球"，想必就是。想想"抓"，再者"眼球"，多可怕！当美达到一种常人难以企及的高度时，人经后天塑造的文明修养包括含蓄、委婉、温文尔雅等，便疾疾退去而一露人之本性：因非抢非夺便无法满足，所以暴力跟进。

这是美的极致张力之衍生。

这幅《橘子》，当然也出自陆廷之手。简洁的画面，微妙的色彩。但是简洁中的丰富，纯粹中的涵盖，微妙中的表达，岂是文字所能了的？

每个细部的描绘，每处明暗的叙述，不同材质所固有的不同肌理，不同材质的肌理在相同的光照之下所呈现的那些千变万化的表情，只有画家手下的那支神性的笔，在调色盘上"舔舔揖揖"，然而在一个瞬间，神秘完成。

什么叫"神秘完成"？

你走近看，也许什么也不是。画面上曾经的"鲜亮的光头"，似乎只是一堆杂乱；于是又走远。又看。又再次走近，甚至忍不住用手悄悄去摸。

不想，意外的感觉令人诧异，甚至有些许失望：画面上那"鲜亮的光头"不知哪去了，手感只是——糙糙也。

这时在你心里，忽然神秘大揭晓：颜料以其物质之状态，呈无规则的交叠，且高低不平起起伏伏。如此而已。

可是你稍稍退后，再一步远看：忽然被吓了一大跳——啊，这画出神入化。

或者，你蓦然回头，无意间一瞥："啊……这画……这么鲜活！这么灵动！这么逼真……"

"逼真"这个词，是想不出词时被逼着蹦出来的。

其实"逼真"算什么？这画中之物，似乎早就不再是具体的一只橘子、一盏茶、一本古书、一支狼毫笔了。画家已将其笔下的这一切，除了鲜活、除了灵动、除了逼真，还有很多很多东西正弥漫其间、濡染了四周，让你看了再要看，让你不舍离去。

到底是什么东西吸住了你的魂魄呢？摸不着，看不见，但却真真切切地感受得到。我觉得那就是画家将这一切，都悄悄赋予了神性。

我想，这大概就是"神秘完成"吧。

同样是一幅画，有时看，甚至连像也不像，有时看，像得你瞠目结舌。

为什么会瞠目结舌呢？就是在"像"的外延与内在，画家伸展了很多很多蕴涵，形成了一种场域的张力。你只能用心去体悟、去盛载，无法语言。

2012-3-22 醉在神性里的画笔，2021-7-25 修订，狂风作恶郑州水难

大瀑布·翎羽·心经

踏上美国国土的第三天傍晚，目击了世界七大奇迹之一的尼亚加拉大瀑布。它是世界第一跨国大瀑布，位于加拿大安大略省和美国纽约州的尼亚加拉河上，一直吸引着人们到此度蜜月、走钢索横越瀑布或者坐木桶漂游瀑布。

度蜜月之说，是因为当时拿破仑的弟弟曾带着新娘，不远万里搭乘马车来到过这儿，让宏伟壮观的大瀑布，见证他生命的欢愉和幸福。回宫廷之后，他大肆宣传大瀑布的神奇壮美。后来，来此度蜜月之风在欧洲盛传并成为时尚。

呈现在我们眼前的大瀑布，远非事先想象，我有种被吞没被连根拔起的激动。当我镇静下来之后，觉得人来到这里，应该是人的生命入世的一种礼仪。

350年前一位叫路易斯·亨尼平的法国传教士发现了这一大瀑布。后来美、加两国在河的两岸建造了码头。人上游船便能下到瀑布底，仰头欣赏大自然的仙景。游船中"雾中少女"号最为有名，当时我们就搭乘这一艘。

我摸着游船的栏杆，想起这艘"雾中少女"的来历。听说300年前土著印第安人震慑于自然威力，每年收获季节酋长当众对天引弓放箭，箭落时离哪位少女近，这少女即被选为代表并被盛装上独木舟。舟中装满谷物水果，从上游顺着激流坠入飞瀑中。激起的瀑布雾气，便是少女化身。"雾中少女"由此而来。土著首领肯定不会让自己儿女去送命的，最是那贫穷可怜的美少女，被冠以隆重名头葬身汪洋了。

大瀑布跌落的悬崖，是接近水平的大理石地质构造，所以瀑布一泻千里地爆发，冲出7公里长的峡谷，巨大水幕仿佛怀着深仇大恨，从天的裂口里，一倾而下。水天苍茫。无可逃避。极地世界的震撼，敲打着人的灵魂，然而又让人无比着迷。尼亚加拉瀑布落差巨大，100多米高的浪花和水汽，极其丰富的水离子弥漫空中，刺激人的中枢神经，产生亢奋。这一说有理有据，而我也有这实践经验。这瀑布的三个部分从大到小依次为：加拿大境内的马蹄瀑布、美国境内的美国瀑布和新娘面纱瀑布。由于地质原因，三瀑姿势不一，柔美轻盈与激情万丈，遂成奇观中的奇观。

踏上归途时，正值夕阳西照。回望轻暮中的大瀑布，何其壮观也。

知道关于大瀑布的许多冒险故事。1901年密歇根州的女教师安妮·埃德森·泰勒，将自己和一只爱猫装进一个木桶里从瀑布上冲下来，为学校集资，结果她和爱猫毫发无伤，可也没获得多少资助。2003年10月21日，一名叫科克·琼斯的美国男子跳入尼亚加拉瀑布，结果奇迹般生还，但却被罚款2260美元。逃生大师威廉·赫尔也曾在木桶里放了14只汽车轮胎和厚棉垫，有20万人观看他从大瀑布上翻滚下来。许多杂技表演艺术家也来到这儿一展身手。1859年，法国走钢丝演员查理·布隆丹从一条长335米，悬于激流汹涌处上方49米处的钢丝上走过。至今没人破他纪录。2005年"高空王子"科克伦用一根27公斤的竿子平衡，表演走钢丝。还有，一名61岁加拿大老人，在大瀑布上空一根钢丝上一天两次行走，为儿童慈善团体筹集资金。还据说曾有16人采取了保护措施，跳入尼亚加拉瀑布，但只有10人生还……

我们从"雾中少女"号船上来后，浑身透湿，惊魂甫定。总觉有神喻天启，在我的心魂中打开。果然，几乎同时，脚边我突然发现有一根精致美丽的大翎羽，长40多厘米、宽8厘米，毛管粗且坚硬，羽毛由浓渐淡，闪烁暗褐色的光泽，最是毛管一侧的毛长，另侧稍短且淡，如屋上瓦片般留着层层覆盖的痕迹。我捧手心正细赏时，美国导游惊奇不迭问我："哪里有买？"我说："是捡到的啊。"他狐疑地四下张望，不信这支灵羽会平白无故地降临人间。

回国到家后，外孙子澄拿着这根翎羽在他自己身上比画了很久，并自信满满报告研究结果：

"外婆，不可能是大雁身上掉下的，难道大雁比我人还要大？一定是苍鹰身上的羽毛，是一只大大的雄鹰！"说着他夸张地伸展双臂在客厅里飞旋起来。

现在，这根来自北美尼亚加拉大瀑布上空神奇美妙的翎羽，静静地插在东海之滨我家最显眼的红木花几上。她身上蕴含着世界极地的美色，于不动声色中给我无穷的遐想。

我在这支神奇的翎羽上方挂着装裱精致的匾额《心经》。

望去真是"所至得其妙，心知口难传"。每每在其之下用餐或闲坐时，总想虽然"口难传"，但笔可记——一支在万里长空翱翔过、搏击过的神翎妙羽，如祥云般烘托着东方文化精髓中的至高。

2014-7-2　求物之妙如系风捕影

我的"梦乡小站"

熟视无睹，是一种境界。

当我的书房搬回原屋时，居然没让匾额"梦乡小站"也复位。她其实没有挂在墙上，而是以置入的方式，在我心壁生了根。

似乎要追溯到四十多年前的上世纪70年代。一隔为二的小屋，上面还透光，无法静心，更不能亮灯至夜深，怕影响外间老人休息。至于书房一说，纯属浪漫奢望。有我在三十多年前处女诗集中的诗为证：

"夜，七点，无可奈何／我收起笔尖下／蓝黑色的翅膀／思绪还在打旋／打旋的思绪／在这十平米的小屋／不知该栖在何方／……／那属于我的静静的思索／那叠着希望的蓝图／那洒满星光的文章／……／抖落出一个强烈而酸苦的向往／假如那一天／我能有一间书房／哪怕只有四平方米／甚至没有一扇小窗"（《梦乡的小站》福建人民出版社1984年174页）。

当时社会背景是"到农村去，到边疆去"的"一片红"时代。我下班后到入睡前这段宝贵时间，正是小屋闹腾高峰。柴米油盐的交响曲和老人孩子们的忙碌笑谈，占据了全部空间。无奈之下，我只得给我的梦乡设一个站头——即晚饭后马上蒙头睡觉,到夜深人静,全家都沉沉地进入了梦乡,我再悄悄起床。将台灯遮掩着,在露出的一线光亮中,任思绪汪洋恣肆……有时思绪撞着了灵感,一路留下的踪迹,都变成笔下的诗行;有时思绪枯涩恍惚,只是呆呆地缩在笔头里流不出来。不管如何,反正天亮前我得重返被窝,在"梦乡的站头上搭车"再睡,以保持第二天上班充沛的精力。

"没有小窗",甚至也没有"四平方米"的写作生活,持续时间很长很长,二十多个春夏秋冬里,我已经把这个披星戴月的梦乡站头,当成我独享的空间书房。而书斋名"梦乡小站",自当非她莫属!

当年的电子技术,连电视都还处在黑白阶段,哪有今天的"空间"穿越时空的辉煌?我只好把这个虚拟的书房匾额,挂在我的处女诗集的封面上。这就是我的第一本诗集取名"梦乡小站"之缘由。

时代进入1986年。我曾经虚拟的梦乡小站上,迎来了真正意义上的太阳。

上海司法局慷慨地给了我三房一厅。著名书法家曹齐奋笔挥毫赠我墨宝"梦乡小站"。四个大字酣畅淋漓,墨趣横生。匾额竖写繁体,半人多高,配框上墙,立马满屋生辉。我的朋友们常来这儿聊天,说坐在这匾额前,大家都得气得灵。我和舒婷,都还在这幅字前面合过影呢。

这间有南北大窗的书房,通透明亮,可以搁下很大的写字台和两个大书柜。我在这个"梦乡小站"里,写下了很多作品,除了诗,还有纪实文学。当然还有更多名目繁杂的稿约,如电视剧《女强人》中的女主角内心独白啦,电视直播的《十月阳光》朗诵会的策划统稿啦,还有大型会议《一品大百姓》的演讲稿,等等。

当记者，是我的主业，而诗，则是跟随着我灵魂行走的贴心小精灵。

最先是由知识出版社出版了我的诗集《细雨打湿的花伞》，而后香港繁荣社出版我的两本纪实文学《狱墙内外》。

过了两年，上海文艺出版社出版了我的诗集《有只鸟飞过天空》，是王辛老给作的序。过些年，广州出版社和上海的人美社分别出了我的纪实文学，用现在的话来说，也可以说是非虚构文学《黑色蜜月》和《一个政法女记者的手记》。后者是徐迟老给我作的序，序二是余秋雨关于我写作的谈话录。

紧接着又出诗集《寂寞红豆》，是由上海人美社出的一套"当代作家豪华礼品书"之一，还有赵丽宏、陈村和孙泽敏，共四人。

在这房子待的最后一年，即1999年至2000年，又由上海文艺出版社出版了颇费我心血的非虚构文学集《走近女死囚》。22万字。共三篇，每篇七万多字，分别名为《情爱黑洞》《吻别死神》和《魔鬼之恋》。不日后，我将开一个公众号，让这些"惊世、警世、醒世……在人的出世和入世之间，让我们深深思索现代人的种种心理误区和生存盲点"之文字，让更多的人读到。不知愿望能否成真。

怀着感恩，我非常满足生活所给予我的一切。时时刻刻不敢有一分钟的懈怠。

没想到美好的岁月还在向纵深发展。2001年，我在家附近买了一套140平方米的商品房。因为新居窗户多且大，反让墙面失了疆土，原先的大匾额已不成比例而无法上墙。

著名书法家江显辉贺我乔迁之喜，看准了我家书房的布局，提笔展纸，以他独特的文字架构和笔墨功力，一拓书法传统之界，灵秀超俗地将"梦乡小站"四个字步入意境,并精心裱装好送到我家,让人心生感动。这颇见现代气息的书法魅力四射,方匾上墙,顿时给平铺直叙的空间,提纲挈领,让人心神一振。

书斋"梦乡小站"这枚印章,是我家大弟陆明近年新治,三十年过去却宝刀不老,其章法稳实可亲,结构严谨惬意,刀工娴熟自如。他年轻时是金石篆刻发烧友,而今已入花甲,尽管细微处有显眼力不济,但还是凭心力宏观布控,刀锋峻峭,把个"梦乡小站"处理得乡风野气,几可直达灵魂家园,又似乎在一目了然中隐含机关。章的用料是上好的新疆伊犁冻石,似乎暗暗储存着精、气、神,别看小小印章一方,却是我家能量的核集结。容下回展开。

岁月荏苒,家中新生命的降临,提升了我的级别。我且主动退让,连同"梦乡小站"这块方匾,暂且驻扎我的卧室。

岁月再荏苒,新的完整的小家庭如成熟的豆荚爆裂,在泥土里重筑了一个窝。

我又回到了原点。于是桌挪柜移,插电接线,打理整顿。当写作成为我生命的一个组成部分,曾经的标签与附属,都已与我血肉相连——我居然没将我极爱的那块方匾"原拆原迁"。

当编辑再度来电催稿并问我有没有书房匾额时,我居然边接电话边在书房巡睃着说,手头没有,让我找找。搁下电话回到卧室时,蓦见那匾额"梦乡小站"赫然在墙!

熟视无睹——是不是一种境界了呢?呵呵。

2015-2-13　出本无心归亦好,白云还似望云人

你是一羽灵慧的青鸟，今天已经抵达永恒

蓉子走了！忽刺刺里来的哀思与惆怅笼罩着我。不写点什么下来，就无法平静。

"你完成于自己于无边的寂静之中""一朵静观天宇而不事喧哗的莲"。蓉子您留下的诗句在我心头回旋，从前天、昨天到今天。曾经在一个房间内无话不谈啊，你像我知根知底的老大姐，所有的话题都畅通无阻，每次见面都紧紧拥抱！我读你的诗，你读我的诗，我们互相签赠，曲径幽道，自会直抵目标……你温文尔雅，静气软语，但眼中的那份炽烈真情，让我领略到了你内中的精神与永恒。

你是一羽灵慧的青鸟 / 今天，你已经抵达永恒。

那头"诗屋"的灯会亮，你的先生罗门会说："外面是不能不随夜暗下去了 / 而灯屋里 / 那光自重叠的光中亮起。"虽然这是诗国伉俪您与罗门营建"灯屋"后罗门写灯屋的诗行，但此刻读来，仍然让人得到些许安慰。台湾著名诗人蓉子，本名王蓉芷，出生于1922年5月，在2021年1月9日仙去。享年百岁。她先生罗门已早她四年离世。

2018年4月30日，是蓉子在台湾养老院的最后一天，翌日便随

侄回国，叶落归根，到了江苏故土。家住台湾的诗人方明，那天特地去养老院看望了她，深情辞别。前天，收到诗人方明的微信，知道蓉子走了。悲凉中，种种与她的交往浮上了心头。

在第三届世界华文诗人大会期间（1996年10月），我有幸与蓉子同住一屋。只要与她一握相遇，我的澎湃就收潮息涛，随她慢说轻走中，到了人生的远方。

去年当我知她回了中国故地后，还请方明转信问候，并转发我与蓉子数度相逢的合影。

只是年岁"强硬"，不言盛景，不叙喧哗。

我也只是表达念想而已。生命的马车狂奔，不意间到了大站。

知道生命的马车狂奔时，终会将人一生中最美好的东西，不得不随意搁置、处理，甚至抛却。想象中，就是前尘往事，岁月飘忽，到了一瞥了之的时候了。

人生就是这个样子了。轰轰烈烈、热热闹闹、有声有色，抛物线一样收尾，至慢慢沉寂。

有"中国勃朗宁夫妇"美誉的她与罗门一生没有子女。但在台北闹市泰顺路家中，这对将一生献给了缪斯的用生命写诗的诗人，在1977年创办了诗坛著名的"灯屋"。灯屋常是高朋满座，诗词遍地。这是一处既现代又后现代的艺术殿堂，一切全是屋主亲手打造，永远的青鸟蓉子和这艺术殿堂守护神罗门一起，在这里慧悟灵思，奏响生命的乐章。书屋里除了雕塑就是书，连通往四层的楼道四周，也是书刊林立。灯屋一角还有个顶天立地的灯塔。他俩说，一生除了灯塔引领精神，或者精神灯塔照耀之下的诗，他俩别无所有。

听了有点悲壮、有点决绝，是大收大获，也是大潇大洒的感觉。

1999年，在台湾高雄两岸诗人诗歌研讨会上，蓉子她签赠我一本书《只要我们有根》，她的手迹娟秀灵逸，是国文课本的作家精选，台湾文经社出版。她的诗清丽婉转，如春日轻风，内敛深情。在低吟微哦之际，对生命及大自然的礼赞，跃然纸上。余光中赞她是"开得最久的菊花"。她与罗门四五十岁时就辞去收入优厚的公职，专注学问。余光中曾在他俩结婚四十年的酒席上说，当今社会，物欲横流，家中有一人写诗，就很贫困了，两个人同时写诗，便可想而知。对于诗国伉俪用生命浇灌诗行的纯粹、灵悟与自觉，五十多年来，得到海峡两岸诗坛的钦佩、激赏与尊敬。与太太同岁的罗门是台湾重量级的诗人、诗评家，现代、城市及战争，是他笔下的主题。

　　1999年我随中国作协组团去台湾作两岸交流期间，听得他说："诗与艺术，将人类与一切提升到了美的巅峰世界"这一句话震撼到我，在蓉子的介绍下，我有幸与罗门合影留念。

　　近年来，我曾经的诗友、老师、密切接触者，都先先后后回归了天地。心中总有恍惚，一时无法安心写字，只是胡乱翻找回忆，所思所忆心随笔至，那么就让现刻的这些字，表达心中对我崇敬亲切的诗人大姐蓉子的哀思悼念。愿永恒的青鸟远走高飞，在诗国诗屋与亲密的伴侣罗门相遇，一起再在诗的天国翱翔。

　　收笔之时，让我再次回忆蓉子留在我心中的这几句诗：

　　"特别是树／总是无限宁静地立着／时以风的翅膀激扬它们的翅羽／触及了一种飞翔。"

　　蓉子，你是一羽灵慧的青鸟，今天，你已经抵达永恒。

2021-1-18

生活中有些物事,不必都打开察看,只要能走过
路过,你的心总会接收到她神递过来的信息

辑二

了知生命大纲

了知生命的大纲

和关小琴的一次彻夜长谈,让我终生难忘。那是一次触碰生死、探访生命边界的交流。

在油画家陆廷工作室,忽然看到墙根搁着一长溜油画,室主告诉我,这是关小琴最近画的。关小琴是新加坡人,女油画家,也是我们的好友。

站在画前良久,我先是惊讶,而后释然。画面上透着一股灵气,生动鲜活,飘逸出俗,最是渗出的那种意境,纯粹干净,从容澹淡。我觉得小琴作品里的笔触色彩、线条块面、明暗铺陈,都透着一种悟道,仿佛生活中真正的关小琴,至今才隆重登场。

历经生活磨难的人生,常常会有惊人之举。以前对小琴的印象是她一直在"打理屋子"。这些年来,她在故土购得几处屋子。她打理得很精细,屋前屋后、这边那边,甚至空间分割、家具造型都是她自己动手。屋子摆弄折腾完毕,然后就出租,屋子交给房客。

有一次,她带着我们一行四人到她空关的屋子去。浴缸边沿,我惊见一条水灵黝黑的鳄鱼正趴着,细瞧才发现是个陶质工艺品!小琴收拾的屋子，客厅雅致，居室温馨，最是那林林总总的摆件装饰，件件精心，艺术甚至已融进筷角碗边。我觉得如果只是出租，房客要的也只栖身空间，对艺术饰品并不在意；但是小琴她在意在乎，甚至很执着。

但见她这次在长街短巷觅得的宝贝，大部分都摆放在南国的空屋里了，登机回新加坡时，带回家的只是后花园高高果树上摘得的两只木瓜。

记得有年冬天，她带着我们到广州佛都的小摊市场淘宝贝。一天下来，大家都累得趴在沙发上动弹不得；而小琴她却捧着个湿淋淋的家伙凑到灯光下，让我瞧。

嗬，是一只刚刚淘得的彩罐！曾经灰头土脑湮没在摊架一角的小东东，原来是件神态夺目的极品！没曾想这小小的艺术光焰，竟让她马不停蹄地不顾劳累，情切切地用牙刷牙膏，清理了陶罐的所有缝缝隙隙。她将之置于墙壁一侧，那角落立马平地生辉。

出发前，她常常会在屋子里的"工地"上挥汗如雨，额上扎着头巾，手里抓着布条，猫腰踮足地穿行在瓷质、银质、玻璃什么的工艺品间，打包装箱。她小心翼翼呵护有加，大包、中包、小包，她不忍脆弱的艺术，在运送中受伤。即使是辛苦活，她还是那样优雅。她优雅，并贪婪着。比如在浙江丽水，满眼的龙泉青瓷让她爱不释手。正当店主包扎时，她会想起两个朋友，说，给我包三个吧；未等包完，她看着那青如玉、声如磬的瓷品，又说，再加三个！但见要扎死封口，她又会坚定地要求：老板，扎十个吧，我要！

我们知道，一定又有几个朋友闯进她心里了。这一幕其实不该用"比如"，她几乎是"常常"。她的肩头永远背着一只又轻又软又坚实的大包，时刻准备将天下之爱收入囊中。

内心对艺术这份充沛的爱，在很多时候，她常常以这种"质变至量变"的方式输送。我在她的"贪婪"中，能感受到她内心的快乐，一种与人分享的畅意喜乐。

对于关小琴，我不时起着疑惑：关小琴打理屋子的起点是什么？而打理屋子的终点又是什么？难道仅仅为钱？不。

难道买下房子是起点，而终点就是去收屋子后园那两只成熟的木瓜？或者讲，没有起点没有终点，这么做的"做的本身"，就是小琴的全部？

从生物意义上来说，人与动物几近没有区别。中国老祖宗仓颉造"人"这个字时，就"一撇一捺"，没有头脑思想，只有两条向前走的腿，"走"就是人的全部。这和印度哲学家奥修说的"活过"，有着异曲同工之妙。

生命原本是个过程，而快乐幸福却是一种内心的体验。小琴作品中的田野、房舍、草叶、河塘，甚至现实生活中的屋子、青瓷，就是这个过程中的全部快乐体验，小琴的全部追求，其实就是一个过程。她在过程中享受，在分享过程中快乐。她悟到了生命中至关重要的大纲。

所以小琴她耐得寂寞也耐得热闹，耐得清贫也耐得奢华，耐得付出也耐得获有，她更是耐得磨难也耐得成功。

她心平气和地在世界上做自己想做的事。她飞来飞去，忙得整天脚不沾地。如果她忙的全部收获，仅仅是两只木瓜的话，那么寻找一个方式，将木瓜记录下来，就该是小琴内心的一种渴望。

一个多月前，我收到她在机场打来的电话："我要办个展了！"她喜悦的声音里，我感受到她内心灿烂的梦想，正在以个展的形式变成现实。在画家陆廷的画室里,我们那天有约。晚上九点,小琴搁下了手中画笔,风尘仆仆地赶来了。她无限感慨的一句话,让我豁然开朗——

"嗬,我从来没有这么静心过!一个人,待在一个这么大的空屋里,安静画画。这是我一直想要的那种感觉。"

这一瞬我切实感到,她生命的全部重物,就在这次画展的举办中,找到了支点。这个支点来得太迟,也太艰难。但她终究可以有所依托地旋转起来;旋转起灵魂的渴望,也寻得了一次坚实的落脚地。关小琴毕竟是一个华人,血脉中奔腾着黄河也奔腾着长江。她出生的土地接纳了她这颗移居海外的艺术灵魂,对于她来说,该是一座多么奢华的里程碑。

所以当她确切得知今年在"上海城市艺术博览会"一个五星级的场所可以举办个展时,她义无反顾地扔下了一切,只身飞往远在千里之外的一个空屋子,拿起荒废有时的画笔,静静地向天、向地,以油画中的轻溪大海、晨岚霞云、翠叶白鹭、远山近岸等,托付着自己的精神和精神里的全部家园。

小琴她刚刚明白,自己生活里曾经所有的屋子、所有的艺术品,包括所有的梦想和憧憬,其实都是来自内心深处渴望艺术、崇拜艺术的一种零零星星的释放。

屋子的起点是艺术,屋子的终点也是艺术。她憋着劲也松着气。她的全部追求终于"水落石出"——

艺术,只有艺术,才是她生命的大纲和主题。

序《关小琴绘画作品选》2013-10-28 凌晨 2:45 康沁苑

在云冈石窟前

大同云冈石窟。都是石头实体,从中凿洞,凿深再大,成一间;再向上凿,拓展,凿成更上一层的一间,前后左右如此类推。要知道石窟中的佛像、佛殿、法坛、石阶,包括摆设的法器等原料,原本统统都来自一座山体,等于是将整座山"透雕",万一凿误,不可能重新来过的。"万一"的瑕疵是不能出的,可见其高难之程度。不过,这仅仅是我到了此处后的第一想象。一定还有无数不为我所知的呈几何级倍增的难题、困厄、复杂和艰险。

大门在下面,仰望大佛时,佛顶上头就应该是暗的。但是你看,我们祖先的处理,真是高明,那上头不是凿有纵向长方形的洞口吗?对了,那就是整个洞殿里采光。这让巨大佛像的额头上也圣光柔亮。人从下面的大门洞进得里面,只看见柔柔的光线从上面映射进来,显得静谧恬然。石窟中的窗,是如此完美圆满,唯有惊叹。

我拍的云冈石窟照片,一般外面是看不到的,因为不是佛像的典型,而只是宏观内里的稍稍有点远的小细节。但是我却觉得这也是石窟的精华所在。整座大山在开凿时,应该不能有任何差错。因为就这么"一块料",每座山都是自然界的唯一!

蓝天。流云。我仰望。

我在再仰望中,眼前的真实,莫不让人五体投地,我们的老祖宗是这样完美无瑕地抵达了理想中的境界。

在我有限的认知中,开凿石窟这个难题属于最大,所以这雄奇神妙的云冈,也就一再耸立在我的脑海中,并让我一再一再地想起。

为何佛像脸面上竟然光洁如玉?那时并没有抛光机之类的器械,何况如此高大上,即使有,那怎么上去加工?我没有研究过其中真正的为什么,或许上个百度再加个研究,总是能找出一点答案来的。但我没有。我们祖先的智慧宝藏是无法穷尽的。

无法穷尽我就不去穷究所以然了。我只是站在那儿,任凭万千思绪飞翔。

或许是因为没有互联网的关系,老祖宗们全神贯注,心思恒一。我觉得现在的互联网,其实也是坏了很多的事情的。

封闭的空间,或许更能容纳浩瀚。

内在的空,更能盛载无限!

完成这些杰作,需要怎样的抱负、怎样的志向、怎样的毅力?毕竟是在一两千年前的朝代呵,那时有没有灾荒?有没有突发事件?有没有遭遇可怕的疫情?

然而即使是有,又能怎样!老祖宗们的辉煌业绩,就这样在我们面前堂堂皇皇地摆着。他们超然物外的精神,他们擎天柱地的魄力,我们的老祖宗们是这样的有担当、有胆略,智慧淡定,得如此大成就,真是可歌可泣。

站在那里,思想的边缘界限,拓展再拓展。不禁让我想起北宋理学大师张载的名言：为天地立心，为生民立命，为往圣继绝学，为万世开太平。

名言从心头一遍遍滚过，然而再仰头细看细思。在那些神功展示的天地之间，总有中华先贤的那些精血与心力的结晶，在闪光。

收神往回走。汗颜不已。其实是连汗颜的资格也是没有的。我内在有个声音在告诫我。

忽然又看见一边石洞殿的石壁上，有个龇牙咧嘴的大洞。或许被岁月的风雷击破，或许是其他什么原因，总之是洞外的光线倾斜而入，让洞内的石佛，意外地沐浴在阳光之下。

原生原态的呈现，让人感受到了一种历史的真实。

浩浩荡荡的气息在我面前隆重走过，我仿佛穿越着时空，与老祖晤面。

一个人在心里无声地说了好多。

我尽情泼洒，我也悉数收纳。在我的认知内。

仿佛是场灵魂盛大的洗礼，我经历了一场神圣的仪式。

我不再是先前的那个我了。我得气得灵，步出洞殿，只觉眼前云天愈发高远……

2013-6　旅途上读奥修，让我前所未有地富有

追忆徐迟老

我在灯下哀哀地坐了很久。书桌上放满了这些年来你寄给我的书信。我一遍遍地读着，热泪盈眶。

你在1995年8月19日的信中说：

"我这一阵子忙着过第二次生命，在回忆录里过生活。已经又回到1956年，正在云南大理洱海边，我写一首相当长的抒情诗的时候。"

"……我独自吃牛奶咖啡鸡蛋面包，然后打开计算机写作，看书小睡、散步（在房间里）……成绩很大。论写作环境，少有像我这样的作家，寂静、孤独，是最佳状态……"

你在1995年12月17日的信中写道："偶译一首诗寄上看看白相相。"这是一首"印第安美人朝露歌"，四段32行，用电脑打的复印件"沿着泰密阿密的大车路，他们歌唱你……"

还有那本沉甸甸的40余万字的《江南小镇》，你自1914年写到1949年的回忆录。扉页上印着毛主席写给你的"诗言志"，照片中有一张戴望舒的结婚照，年轻的你作为男傧相站在戴望舒的右边。还有你的那张大照片，睿智的眼睛，开朗温和亲切的微笑……

却怎么会突然接到广州的一个电话,野曼老师告诉我说,徐迟在今天(1996年12月13日)凌晨不幸去世了!

我不相信,马上一个电话打到你武汉的家里。电话里得知,你一直住在医院里治疗心脏病、肺气肿,白天还好好的,突然就这样了……

我握紧电话筒的手里尽是冷汗。我真后悔近来没给你写信,也没给你打电话。为什么你会走得这样决断这样惨烈呢?

正泣泣时,余秋雨正好打电话进来,我哀哀地将这个不幸告诉了他。他震惊着,并一连串地问我——为什么?为什么?我"为"不出"什么"。良久,余秋雨的声音平静了,说:也许,这是对自己命运的一种主动和把握,一种对生命的从容。

去年6月3日,你在上海打电话来,约我去看米罗画展,同行的还有你的女儿徐律老师。我们一行三人,看得兴致勃勃。

上海地铁通车后,我一直坚持不乘。连作协和轨道交通部门合办活动,要我写地铁的诗,我也压抑住自己,没到现场去感受,而仅仅参考了照片。为什么?因为经受过造地铁一号线时交通的磨难。早上出门,到报社都会过了午饭时间,整个上海就像个巨大的停车场。现在地下蛟龙腾飞,我不舍得在一个随意的日子,去轻易挥霍第一次乘坐地铁的美妙感觉。但这一天,徐老你来了,我们同去现场隆重开乘,值!

在约定地点一见面,我就说,上海地铁通车了,我们一起去游上海的"地下蛟龙"吧。你立时两眼放光,握着我的手还挥起来摇了摇说,太好了!去!于是大家兴高采烈,一路上你万千感慨,大赞盛世。

下得地梯楼道,大堂明亮宽畅。那个感觉里还有的感觉,就是不一样呵。我们进了车厢欣喜地东看西看,人性化设计,舒适温馨。快到下个站时,徐老您还不时站起,一边握着拉手环,一边倾身看行将亮起来的站台,环顾周遭,一脸兴奋。

出了地铁后你对我说,陆萍,我今年已82.5岁了,我们都要准备好两张通往21世纪的通行证。我问,哪两张啊?你说一张是英语,一张是电脑。英语我还要提高,电脑我刚学会光盘,但发展快要不断跟上去……

边走边听,徐老这一说,让我汗颜不已,深受震撼的我,霎时暗下决心要学电脑(几月后我成了全报社首个电脑写稿者)。及至下个月的7月2日,我陪徐老父女又同游了甪直的保圣寺,欣赏了国家一级文物珍藏——唐代著名雕塑家杨惠之的作品"八尊罗汉"。从久远年代散发出来的丰厚润泽的文化韵味,使我们的心情充实而愉悦。

出了八尊罗汉的殿堂,外面刚下过一场细雨。闷热湿润的庭院里,满眼青翠,鲜花怒放。空气清新得有点甘甜。徐老你高兴地甩起了大步,用一口标准的上海话,朗声赞叹:"阿拉的好江南啊!"你瘦高个子,步伐稳健,那高扬的胳膊,仿佛正将好江南一拥在怀。

转了一圈,不想在一处花草茂盛处,我们同时看见左侧有个圆墙门。上面写着"叶圣陶墓地"。你忽然神情严肃,目有精光,大步流星地走了过去。口里还念叨着:

"嘿,圣陶!我的老朋友,你在这里啊!今天真是意外的收获!"我们也一起跟了过去。那天同去的还有上海监狱管理局局长朱济民、我先生陈新彪等。我知道一些关于徐老与叶老的深情交往,心中满怀敬意。大家前前后后看了一圈,在圆洞门前一起合了影。其时我从你的步态心情中,觉察你心里或许正波涌浪卷。

正想着,你对我说:"陆萍,我想一个人进去立一歇(沪语:站会儿)。"我们马上退后去了。只见你慢慢上得石阶,站定。再往前走近一步。你深情地拍了拍墓碑,又慢慢放下手来,交握在身前,背对我们凝视远方……在我的感觉中,仿佛是偶然遇见了老熟人,一时感慨万千,却又不知从何说起……

两天后,在你回武汉的候机厅。你慈颜苍老,但目光炯炯有神,临别时紧紧握着我的手,并定定地看着我说:"诗要写,报告文学也要写。你采访的领域,是人世间的大场面啊。"说完又重重地拍了拍我的肩头,眼里闪烁殷殷期望:"你一定能写出更好作品的,我相信。"万万没料到,徐老这句话,竟是给我的遗言。

重修此文,已经是 25 年后。之所以我写作至今,或许就是徐老的遗言能量加持了我。

你和蔼亲切平易近人。1994 年 8 月深圳,在世界华文诗人大会上,第一次见到你之后,我们便成了忘年交。读你的书,你是我心目中的巨人,但你用上海话不时叫着我的名字,让我坐到你的边上来,我的拘谨才一点点消失。再后来就熟悉了,像个友情深厚的家乡老朋友。甚至有天,你在上海华夏宾馆,我说着关于监所的采访时,你忽然来了兴致说,陆萍,到你家去看看你的采访本。于是我的书房"梦乡小站",有了一张与您的合影。

现在,是收到你噩耗的第 5 个小时,我又一次打开了你的亲笔手稿,这是你为我报告文学集《一个政法女记者的手记》一书,用蓝色钢笔写下的序。

我翻着徐老的手稿,多么熟悉的精气脉息迎面扑来。我一遍遍读。想起在诗会上他第一次给我签名的情景,也用的是繁体字。"迟"字的最末一笔，夸张，翘得高之又高，以至将全名包抄形成半圆。那日徐老签完后，我看得出神，一旁的邵燕祥老师笑呵呵地对我说，陆萍你好奇是吧，他签名都这样啊……

只是这次选编散文随笔集出书，无法将他的手稿照片发在书上。徐迟老师的手迹，有点像当下许德民新创的虫书，散落着自然生态的韵味。

徐老的手迹，而今早成绝响。绝响老是在心中回荡，点点滴滴有关徐老的一切，在日月交替的缝隙，在昼夜过渡的片刻，一幕幕在心中翻动。而且这些年月来，无论什么地方，只要有徐老的信息，哪怕长篇大论或者只言片语，我都要读着收存着。知道南浔建了个徐迟纪念馆，知道里面有一尊徐老的雕塑，那眉眼间的神采飞扬劲，给了我很多宽慰与欣喜。

徐老终究还是那个"猜想"中的模样，尽管他发表"哥德巴赫猜想"的时代，我还与他无缘结识；而今这雕像又让他回到他生命中最辉煌、最俊朗、最浪漫、最伟大的时刻中了，当然更重要的是，他仿佛定格了我的一个梦——我心目中徐老的模样。

1996-12-13 泣笔　2021-3-27 整理　时间是水平的，永恒是垂直的

监狱里的新荷诗会

窗帘是碎布拼接的,一色黄花图案,透着温馨情调。狭长的房里灯光明亮。天花板是由500多根废弃日光灯管拼联而成。一个俊秀的年轻人握着话筒,面对屋内几十双期盼的眼睛,正在用诗句倾吐新春佳节里的思念:

"很想在细雨霏霏的黄昏/悄悄打开那册发黄的记忆/越过高墙走过岁月/把曾失落的微笑再度寻觅/很想让时间埋藏/许多创痛的秘密/很想凑近你的耳边偷偷告诉你/特别的心情,在新年里送给特别的你……"如果不是诗句的提示,谁会想到黄花窗帘遮住的竟然是铁窗,而这里又是大墙电网深处的一个角落呢?

无疑,这角落里的人在思考,对人生、对明天、对自由。这些人所思考的主题,比起当初在大墙外,不知要严峻、要深刻多少倍呵。

我是应监区最高警官苗建军邀请来此。此地是上海市监狱七大队正在举办迎新年的"新荷诗会"。警方以这种开放的、柔性的、新颖的方式,转换以往大墙内教育的沉重与传统,或许会更有利在囚禁深处的罪魂,触发感悟。作为一个自由公民,我愿意被邀请,来这里倾听、来这里感受。这些年来，他们的《新荷诗集》，已出版了二十多本。苗大等警官们的这份不渝、自信，同样深深感动着我。

优美冷峻又富有哲理的诗句，仍在囚地上空回荡，心灵高层次的撞击，闪烁着无形的火星。我在翻阅油墨芳香的最新一本新荷诗集。忽然，在目录"《苦果》张雅丽"一行，停住了目光。

我有些吃惊，这个曾使全市人民指指点点议论纷纷，被两度判处死刑，又被高院裁定为死缓的女囚张，居然是诗《苦果》的作者。

死刑。女囚。似乎无法与眼前这个手执话筒，声音轻柔，皮肤白嫩的年轻女子连在一起。但听她自己写下的诗行：

"梦幻人生／催生了一个无言的故事／无论怎样的诱惑，怎样的想象／通过忽明忽暗的思绪／我相信／在日与夜的交界处埋伏／等我失足／曾经珍惜护持的面具已碎裂成泥／一切皆因一个虚无缥缈的爱。"

她几乎以生命全部作为代价而换得的这番彻悟，我已无话可说。美丽的少女与可恶的罪孽，非常地同于一体，这是无可置疑的事实。

诗的鞭子，由他们这群曾作贱挥霍自由的罪人们，自己举起来一鞭一鞭地抽打自己的魂灵……

我从他们的眼睛里，读到了他们的忏悔和清醒；从他们颤栗的神情中，我读到了他们的痛苦和渴望；同时我也读到了他们的灵魂正在一点点净化、人格在一点点健全。辞旧迎新以这种方式进行，可谓其本质意义的真正体现了。

黄花碎布拼接的窗帘，废弃灯管组合的吊顶，这些变废为宝的细节，是这样富有象征意义。并深深地烙在了我的记忆之中。

1997 夏追忆　石中火，梦中身

烈酒情怀

两岸诗会的下一个议程将在高雄进行,当中的插曲是去日月潭。日月潭在台湾的中部,四面环山。从高空往下看,被山一隔为二的湖面,形状一如太阳,一如月亮,故得名日月潭。车在高速公路上飞驰。由台北到台南,二百公里左右。多年来两岸诗人神交已久,而今有幸喜聚宝岛,一路上大家兴致勃勃,乐从心来,欢声笑语不绝于耳。

窗外一派浓绿,盛夏的大自然,正情到深处。

车至半途在嘉义附近,台湾朋友说这里的凤梨驰名世界,必去一尝。于是他们下车张罗采购。望着台湾朋友们辛劳的背影,心里冒出四字:"烈酒情怀"。这些天来,他们恨不能将台湾所有的好地方,都让我们去看,恨不能将所有好吃的,都让我们去尝。

到阿里山时,天下着蒙蒙细雨。我们从原始森林里出来时,台湾朋友谢太就守候在树下,递我们每人一碗"烧仙茶"。烧仙茶是一种果豆样的东西,煮成后如糯米羹一样黏稠,那"茶核"嚼在嘴里既糯滑又香醇,在略感有些饥渴的山野中品尝,真是妙不可言。(一校此文时,忍不住补字:前日路过某街角奶茶店,二十年来首次发现大陆有

"烧仙茶"。迫不及待哦,上去就要一杯。30元。要最好的并非真想喝,而想追味当年。结果很扫兴,悔不该品。)

记得前几天我刚下飞机进得宾馆,台北诗人、笠诗社副社长庄柏林连夜来看我。一进门就让我尝他带来的水果,它既像土豆又像莱阳梨,他告诉我叫"蕃石榴",做成易拉罐饮料叫芭乐。他当场以拳掌将之击碎,放进嘴里嚼给我看。那种真切满怀的劲儿,真让人感动。我马上学他样子吃。原来它皮极薄,白乎乎果肉有点儿脆,里面还有粒粒小硬籽儿……我们见面一定不是为水果,奇怪的是我们大嚼一通后,他竟又给我讲起台湾的种种水果来。

还记得那天夜半在台北街头涂静怡请我喝米浆,粗粗的麦管插进带盖的高杯,吮一口,立时一股暖流带着新稻的米香直抵肺腑;还记得有次在一处豪华的西餐厅,幽暗雅致的烛光下,我们一排溜坐开,台湾诗人请我们享用正宗的法国大菜。最好吃的鹅肝,我就在那儿品尝到的……

还记得的事情实在太多,我无法都一一说来。看,台湾朋友们已一个个徒手捧着、提着凤梨,上车来了。凤梨都已去皮削成了长条,装在食品袋里扎紧着,还一人配一小袋细沙般的椒盐,要我们效法品尝。下口前要先将此盐沙撒在黄色果肉之上。看着那细细盐粒均匀地沾着,心想这凤梨还不就是菠萝么。我一向对这表皮粗糙又凹凹凸凸的果品兴趣不大,因为它在我故乡上海的街头比比皆是。家里吃不了时,先生常常将之切成片状,用糖腌着放在冰箱里,然后一准大家都忘。每次想及便已霉迹可疑,只得弃之扔之,如此这番。

眼下台湾诗友们是这样热情推荐我们品尝,我当然是一口下去。真是不尝不知道,一尝吓一跳!那浓甜的汁露,那酥香的口感,那丰沛的水分，完全不是我早先的想象，滋味美得我简直不相信这就是我叫做"菠萝"的东西！我现在写着时，就馋涎欲滴。

过了这村就没那店，世界上最好的凤梨就出在那一小块土地上，我们真是三生有幸。

说来也不怕人笑话，我看着那小小塑料袋里剩下的椒盐，想这凤梨这么好吃，是不是因为它的缘故？细细研究过这椒盐，被炒得粒打粒的，又细又精致，我舍不得扔了还带回上海。这几天，在刚起锅的青菜上撒上一点，嘿，那种咸鲜劲，回味无穷！

无穷的回味由此及彼伸展开去。尤其是在深夜、在重读文晓村等人的作品时、在再次端详你们越过海峡，给我邮来的众多照片时，烈酒情怀的台湾诗友们又一一在眼前闪现。

哦，这被乡愁浸润的、被思念炙烤的、被我们华夏五千年文明共同熏陶的台湾同胞呀，我到底还是在美丽的回忆中，被你们情怀中的烈酒，醉了。

1999-8-12　透过宁静的首度洞见

鬼地方

在一条黑黑的街上，有冷风吹过。周遭都不亮灯火。也没有店名，更没有门面。在街上最暗的地方车子停下。下来前后察看。乌漆墨黑中似乎影影绰绰有城门似的建筑。走近一步，死胡同般的深处墙上，隐约见有九宫格的设置。细细近看，上面有九个拳头大的洞口，洞底是1至9的字样，反着幽幽青光。

后来想到这该是密码洞。去吃饭的人非要在预订时取得密码后，用拳在青光洞里捣六个密码才成。捣对了，那个紧闭死寂的厚门，才会悄无声息地缓缓打开。天知道只有鬼，才想得出这样开店。其实这地方是上海巨鹿路某号。

进得门去，如豆的烛火亮在黝黑长桌一端，大概是前台吧。几个精瘦小女子从上到下一律黑衣，**静声细气**地接待着来客。我们长时在黑暗中寻找着进来，眼睛也已基本适应。放眼望去，整个大厅以及四周包间都在一片黑暗之中，只有屋顶稀朗朗地打着几柱弱光。我们被小姐拉扶着，黑灯瞎火地摸索着上楼。

上得楼梯，但见左侧的墙上，有鬼火般的东西在闪烁，料定那是给上楼客人的微照明，肯定也是最安全的地方。于是我便一脚踩去。岂料，那鬼火立马悄悄发声："对不起。"

我一惊，抬头一看是个人。一身黑衣黑裤还黑发结，左肩与右脚上亮着如绿豆般的荧光灯。我抬头举目四顾，一时鬼火流窜，才知那全是服务员。

每张桌上，因淡色桌布受高处微光而反射出更微弱的光，更成了食客的照明。所有客人都在黑暗中，鸦雀无声地围着桌子用餐。天知道在吃些什么。

人，大约会在黑暗中身不由己地关闭亢奋，从而自动进入安静模式。我们落座后，尽管新奇感十分强烈，却没有往常一样的粗声大语。黑暗中，空气仿佛有种巨大的吸力，把我们的感觉压到最微弱的界线上。

一个小西瓜大的冰臼中，被挟出了十来小块的乌笋，半寸铅笔大小。我们六个人，每人两小块；一盆醉鸡约有十片，大小如一元人民币，也不知是何味。已近晚上九点，我们来饭店似乎也并不为了来填肚，只是好奇心的驱使吧。

所有上来的菜，都是极小的量，一块豆腐，只有平常豆腐的四分之一，上面撒着指尖大一撮小虾皮。小琴她优雅地分成六份，优雅地放入每个朋友的盘中。更是那饭，每人一盅。中式碗茶盛着的，打开一看，真是亏得鬼才想得出来，真正是一小口，连半匙也不到，上面有半张青菜叶加粒米碎肉……据说是中菜西做，但也太那个鬼样了。在一只大菜的方盆中作大点缀的鱼冻，分盆东、盆西大小两块，大的如中指甲盖，小的则如黄豆。

因为菜量太少，以至筷头伸出去后，实在无食可挟。一个朋友将收回的空筷头,当作"小菜一口"在嘬。菜盆边角那一小撮葱花,和有模有样矗立着的十几根姜丝,也成了我们每人一筷一根挟食的鬼东西了。平时开玩笑说"吃你个鬼",就是没吃的意思。眼下鬼是这样待客,领教。

但是也很奇怪,食物极少,我们大家细嚼慢咽,悠着"享用",到点时却也感觉到吃得撑撑的样子,至少是有饱八分。更是我们都笼罩在黑暗里,无形之中点点的光亮,会把物件打造得线条齐整,光线会塑造另外一种安谧,而且看上去,环境异常雅致。我想细究个所以然出来,却看不出桌椅的质地与好坏。每款菜的量虽然极少但并不便宜。每款价钱都与外面正儿八经的大店不差上下,鬼就这样子把人的钱给弄去了。

厕所更是让人摸不着头脑。走到里面,眼前都是顶天立地的封闭式大门,并形成一个开口的大圈围,一律的黑色中,没灯,没字。没男女之分。我站在那黑圈围中,这儿推推没动;那儿按按也没用。我想了又想,没辙。难道也要用密码?正疑惑着,忽然有门向外打开,里面用完了出来一人。才明白,这鬼把门轴装在正常情况下的另一侧了。出来的那人几近是耳语般对我说,初时也无论如何打不开,后来在鼓捣中才无意打开的。我朝她神秘地点点头。

进得厕所,发现里面的空间大得惊人。而洗脸台却极小极小,如飞机上厕所那样精致微小,浮雕一样吸在墙上,洗手盆小得只有碗口大,洗手时不能肆无忌惮张扬开来,握拳式地意思一下就完。有坐式马桶,也有男用立式便器,鬼已经不分男女了。但这个不能小,小就装不下了哈。

一会儿,听得外面又有人在左左右右地捣腾了,如当初的我。我开门,捣腾立止。他看着我,发现是女人,犹豫着。我朝他低语:"不分男女。"他欣欣然入内。

奇怪的是,我们都欣喜着却没有怨言,并且尽自己最大的容忍,愉快地接受着。大概这儿的"颠覆式""反常式""鬼界式",是一连串有趣的游戏,来客不是"吃货",本意就是猎奇、就是"尝鲜"吧。虽说创意是无价的,但也太极端了。极端到"体验式"的地步。来这儿吃饭,只是个意思而已。怪不得新加坡画家小琴,晚上八点半车到我家门口,神神秘秘地让我一定跟她"去一趟"。

去一趟做什么?体验而已哦,并不是正餐时间。但见她呼朋唤友的那个劲,这家鬼店一定是让她和她的很多外国朋友着了魔。但我估计这样的店家是开不长久的(事实果然)。"民以食为天",她这点"食",能撑天吗?

因为没有光亮,所以,所有的装潢也省去了,成本很低就可以开张。我倒无意追究鬼省下的钱,而是开在黑暗中的饭店,会有种不安全感。

因为黑,卫生工作可以马虎了,俗话说,"一白遮百丑",这地方倒是"一黑遮百丑"了。比如玻璃不擦,台面不净,眼睛根本看不出来的。当然看不出来并不是断定卫生不好的标准,小心眼了,打住。

进得这鬼地方,我想,如此低成本唬人,食材简省之余,这儿应该是极端的高级和卫生。但发现事实却并不怎样。洗手间里,并没有预想中的清芬,我细细查看,还发现墙边角有脏迹,墙上还有蹭上去的大脚印……

这个鬼地方,幸好没有灯。

2009-3-15　黑暗是光的不存在

杰克逊小镇

从美国西部盐湖城驱车出发到大提顿公园和黄石公园，落基山深处的杰克逊小镇是必经之路。得名"杰克逊"，是因为美国第七届总统杰克逊，当年才花了 1500 美元，从法国人手里买下了怀俄明州。到了 1890 年，此州就成了美国的第四十四个州。美国人崇尚权力和金钱，喜欢用总统名字命名，所以这个小镇就成了"总统"，而小镇的飞机场，也叫"杰克逊机场"。

这个小镇之所以引人注目，主要是街心有个"鹿角拱门小花园"，1960 年，他们忽发奇想，用了大约 7500 只货真价实的鹿角，在公园的四角，搭建了鹿角拱门。当然，半个多世纪以来，鹿角拱门肯定经过多次完善，不断改进，才成今天模样。

站在湛蓝的天空下，仰望宏伟的鹿角拱门。心里想真的都是鹿角吗？当下真假乱象丛生，确实都有点不太相信，真见有人忍不住上前用手指触触碰碰。我也迷惑啊，掏出随包携带的微型放大镜，贴近鹿角的横断面，侧眼上前去研究，将个局部放大看。真的就是真的，直感已肯定是鹿角无疑。又见一边的英文警示：抽走一只鹿角者，罚款

250美金。

这里地形是两山间一个较大的平地,能挡风。多少年做牲畜毛皮交易的西部牛仔们和来来往往的商人,就在这儿驻营扎寨,逐渐形成了一个据点。

大提顿公园和黄石公园里栖息着大部队的野生鹿群。冬天大雪覆盖生存环境恶劣时,它们也寻寻觅觅来到这儿避寒躲雪觅食,因为这儿的生存环境相对比较好。到了次年春暖花开时,大批鹿群又要回黄石和大提顿。只是春季,鹿们总要进行一年一次或两年一次的"脱角",所以,这季节里一时鹿角遍地,甚至多到无法收拾。时间长了,还有虫蛆蠕动,空气中充满腐败气息。当地有个国际慈善机构叫"扶轮社"(现在我们中国也建有分点),就组织人们,特别是组织儿童,去拾鹿角。

这是一件有趣的事情,也是一种公益。孩童们很是喜欢。所以一搞就有轰轰烈烈之势。捡拾而得的鹿角,就摆在中心公园拍卖。只是常常供大于求,至"角多为患"。有人就想出了这个绝招。与其堆着既占地方又不雅观,何不索性将之堆个名堂出来,鹿角大拱门的起意终于生成。

无数根洁白的曲里拐弯的鹿角经处理后,再进行错综复杂的交叉、盘根错节的纠缠,组织成七八人方能合抱的鹿角柱,再慢慢搭成拱门模样。拱门下建有底基,我站那里拍照时,约与我同高。那精美雅致的角质气韵,散发着一种宫殿的气息。初来乍到,一眼瞥见蓝天之下的白框门式,突然会有一种隔世的恍惚。"惊艳不已"是给人视觉最初的冲击。

冲击之余的景色,却更加迷人,也给全世界来这儿一睹为快的旅人以莫大的惊喜。现在这鹿角拱门，已成了杰克逊小镇的名片了。

湛蓝的天空。洁白的鹿角。散发着远方和诗的神秘气息。也让我们有了此行的目标感。特别是鹿角那自然弯曲的线条，只只独一无二的造型，更是鹿角细巧优美的尾梢相互交织密实缠绕的骨架，让拱门风情万种。能到此一游，真叫人打心眼里满足。

鹿角大拱门全部用料，除了鹿角还是鹿角。不知怎么样的技术处理，才会缠得如此紧密坚固，用手推推，纹丝不动。我们踩上它的基座，那鹿角大拱门才刚够上我们的背景。我们扬手张臂欢呼，倾倒快乐。尽情尽性的享用，是一种生命流经自身的极致。

再回眸时，阳光斜斜地射将过来，透过缝隙照进拱门鹿角群的深处。那幽光的折射在白色的鹿角架里交相辉映，深邃而又神秘。我不禁再次回头走近，又好奇地往里瞧了又瞧，尽管一无所获，却又觉得心满意足。

近旁是大圆木建造的小屋，令人想起童话里"熊的一家"。圆木粗壮笨拙，很适合熊的大掌厚背。西部牛仔小镇上的铜雕，当然也是鹿为主角。巨大的鹿角骄傲地竖起，张扬着它们的野性，也流露着少有的温柔。

坐在这儿体验，想象当年的景象。日常平静中，牛仔们的身影是如何出没闪现，狩猎交易；一有情况，牛仔们又是如何骑马横枪，绝尘天下。

我们与"熊"对视。这些可爱的雕塑，肌理粗糙，形象大意，但神态却非常逼真。那个被无数人摸得发亮的铜熊鼻子，也被我反复地摸了好几下，凉凉的感觉让心过瘾。不知"西部牛仔之最爱"为什么是熊？难道他们轻捷机灵，非要用熊的笨重来平衡？

我们在美国西部，经常会看到熊们的踪影。

记得我在科罗拉多大峡谷时，就在快餐店门口和一头粗木草草雕成的彩绘老熊合过影。在黄石公园不远的小路上，我们看见一只真正的熊踩下的脚印！一定是脚下这块水泥地还未完全干时，夜半一只饿熊出来觅食，留下的证据。我们一团的旅人曾长时围观着它，七嘴八舌的议论，构划着熊们的生活。

西部牛仔在山下的路口对不守交通规则的人，会直爽爽地在牌子写："小心枪口！"给人感觉真是又尖锐又温情。像知心大哥的训诫……

我们就住在这个半山腰上。两天的进进出出，总是远远地看到这些童话般的房子。靠近山脚下，那清澈的水是蛇河，闻名世界的漂流活动就在这个点上举办。山上恬静而美丽的白顶房子，据说就是滑雪运动员住的。

那天我偶一抬眼，看见了坡上的雪道。先生当时双目炯炯，声音里充满觅宝成功的喜悦："噢，原来是这个样子的，电视里不知看了多少遍！"

那是徐徐向上倾斜着的山坡，两边是整齐的小树杂木，独独当中活生生空出宽宽的一个坡道。干干净净一马平川。没有一点人工的痕迹。据说那坡度刚好是滑雪需要的，而那个坡道也是自然天成。冬天下雪了，一片白茫茫。在这儿进行滑雪赛事再自然不过。也许，这正是滑雪运动的起源地，雪坡的倾斜度，长度、宽度恰好。后来所有的人工滑雪道，一定都是仿它而造。

眼前的铜雕上仍是一个牛仔骑马横枪。西部牛仔的图腾，小镇上随处可见，还在怀俄明州所有私家车的牌照上出现。记得在我们自己国家时，说到西部牛仔，就立即想起身上的牛仔裤。此裤一套，一身的干练劲立马袭来。

车在向黄石公园进发，大提顿公园的景色实在诱人。半途司机停车，我们在落基山下的蛮荒野地里东张西望。我看见很多枯朽的树枝，乱七八糟地横着，捡几根看看，曲弯有型，力度蛮强，细赏其纹理也极其优美。一时刚从杰克逊小镇过来，那儿大堆鹿角形成的气息尚未从心海中退尽。于是，我将两根树枝架在头顶吆喝，权过一会鹿角瘾，却是被眼疾手快的老陈摄到留了"证据"。时值初夏。画面上是：落基山上皑皑白雪，落基山下生出一对"鹿角"。

再一次明白：待遇是自己给自己的。不是单位，也不是儿女。待遇如果变成一个数字，哪怕再"巨大"再"肥胖"，也不过是上锁抽屉之中的一张薄薄的纸。拿出来换成机票，换成座位下面的云朵，生活立时就五光十色。

才明白日子原来也可以这样过。天有多高，地有多厚，世界有多精彩，一定要置身现场，才有资格话语。

2015-12　生命只是两个空无之间的一个片刻

上海纺织博物馆

去澳门路红子鸡附近的上海纺织博物馆,参观了一圈。冒着40度的高温,吹在脸上的风是痛的,摸着栏杆也烫手。打开车门一探头,如钻进一口热锅。

上海曾经存在过的纺织行业大厂,包括隶属于纺织行业下的大大小小的"作坊",如今都无声无息地"躺"在地上。躺在地上的意思,就是一个个厂名,刻在纺织博物馆门前的大片地砖上。挤挤挨挨密密麻麻。要找一个自己熟悉的厂名,真还有点难度。

"躺"在地上,寓意深长。或许就是纺织行业的脚步在上海走过的历程,这个意思就比较暖心;或许就是过去式了,不重要了,所以刻在地上也无妨,即使遭人践踏;或许这么多厂的故事,展馆无法容纳,设计者以这种艺术的方式忽略;但终究还是最先进入观展人或路人的眼帘,如刊发在报纸头版,也算一种高规格待遇了。

历史是残酷的。曾经纺织厂的轰隆、轰动、轰击、轰鸣、轰响、轰轰乃至轰轰隆隆轰轰烈烈,我将电脑字键窗口所有的形容词都搬上去了,眼下却一律销声匿迹,静成铺地的砖石上被凿出的工厂名字。

想起自己当年写纺织厂生活，发表在《解放日报》上的一些诗句："十万纱锭飞旋／震动九霄雷库／牵银河泻瀑／令白云吐雾……"那是多么壮观、多么生动、多么充满激情活力的岁月啊！

踩着这些纺织厂的名字，走进博物馆时，心中五味杂陈。历史就这样毫不留情地翻了过去。连同上海五六十万的纺织女工的青春热汗，连同她们的叽叽喳喳、灿灿烂烂的一段生命。

纺织厂博物馆里有一句说法，叫做"壮士断臂"。为了适应飞速发展的社会需求，纺织厂面临社会大局的变动，只能是"自我灭亡"。这个情景在当局，仅仅是宏观框架上的一种布局手段，而当落到一个个正在翻班的女工身上时，就有身心崩溃的碎裂感了。

我有个好姐妹，车间支部书记，永远的赤胆忠心，永远的党指向哪里就奔向哪里。说要奉献，她每天提前两小时上班；说要献血，她袖子一撸立马走进献血队伍；说要义务劳动，她带头放弃休息来厂大扫除……但是，忽然有天，说要她带头下岗回家时，却一下愣住，久久回不过神来……

不过，也很快，一时在社会上颇为亮眼的"空嫂""月嫂"等，都是这些纺织女工下岗回家后的华丽转身。所以我的无数纺织姐妹们为社会的倾情付出，就该是眼前这座颇具规模的"上海纺织博物馆"耸立的意义所在。

在"壮士断臂、自我灭亡"中，灭亡的更有那种高分贝噪声的轰轰烈烈，以及在轰轰烈烈中的"淋漓汗水"。

俱往矣。这一页翻过！

馆的硬件不错，看得出是花了血本的。这么多在历史上举足轻重的纺织厂，一夜之间倒闭，应该有悲壮的情色，大投入并不为过；只是软件上尚显欠缺。特别是文字上的表达有点疏漏，比如歌唱家胡晓萍照片下就是这几个字"歌唱家胡晓萍"，馆主表述不清，歌唱家社会有的是，为啥独独将胡晓萍请出来。我熟知内情当然明白，她本是国棉25厂的工人，是时任该厂的党委书记张锦绣同志力排众议，将之放出工厂。一个"放"字很能将当时的情境构筑出来，与"放"对应的是"关"，事情就是这样。

本人当时也是被"关"在上棉二厂里很多年出不去，因为本人的照片也列在胡晓萍的一侧，谓之"女诗人陆萍"，照片是从我的第一本诗集里复制下来的，下边还展排着三本拙著《梦乡的小站》《走近女死囚》和《迟到的忏悔》。

其实我写的远不止这些，但我觉得作为馆藏，更重要的是我在1972年写的那首歌词《纺织工人学大庆》，上海交响乐团演奏并灌录唱片全国发行。发行量达成千上百万张，这在今天听来，简直是天方夜谭。所以这支歌有代表性。当年的歌词曲谱，是由国务院文化组革命歌曲征集小组在全国海选。正式发布上演的全国就八个样板戏，十支革命歌曲，长城内外及至街头巷尾全是这些节奏。我每每听及就受了鼓舞，因为本人那时正在接受"审查"。莫须有的罪名，也历练了我的人生。

那歌旋律欢快轻灵，作曲者是印染厂工人，叫袁德才。其时我也在纺织厂当工人。词、曲的作品，都要出自工人之手，才够得上"作品的纯粹"，这似乎有点荒谬，却是那个时代的真实。不过，这首《纺织工人学大庆》的歌，年前央视的新制下载播放时，已经半个世纪过去了，但周遭总有耳熟能详的人，立马呼应感慨；毕竟是一代人的集体记忆，更是一个时代的符号，有着不容略过的意义。

纺织博物馆似乎还缺些更到位的导读前言之类，文字功夫稍欠。馆的总体布局很不错，有些点缀真是别出心裁，设施更是让人受用，地方大，环境好。只是有些主题馆并不怎么靠谱。商业思潮下的一些"走题"，也在情理之中。但"主题馆"不如唤"走题馆"似乎更正确。一笑。

那还是去年秋天的事了，上海政法学院25周年校庆时也想做陈列馆，听说投资有几千万的上海纺织博物馆很不错，学院宣传部就去借鉴参观了。不想其时我正在这个学院写文章，他们回来就告诉我，说里面看到我照片及作品陈列。当时我却不知有此事。

出得馆来，已是四点。街上还是骄阳似火，烫得让人窒息。我们找了个地方休息了两小时，方踏上归途。

满心里为上海有这么一个纺织博物馆感到欣慰。举手致敬。

2007-5-6 上线匆记 文字是盛载内容的坚不可摧的容器

让北欧的风吹过我的头发

北欧大地提供的背景基础好，硬是将个照片衬得色彩明媚。49人的新大巴，在旅行途中只坐我们18个人，想来这样的机会从此不再。照片很多都是隔着车窗玻璃拍的，大巴车窗干净，司机几乎每天要擦。住的地方不错，吃的也很带劲。西餐的排场大得很，为啥要强调我们东方人的习惯而不去享受一下排场呢。我倒蛮习惯，每天早餐，两杯现榨果汁加蔬菜沙拉。

已经让北欧的风吹过我的头发。让北欧的泥土沾上我的鞋子。曾经走过许多山山水水，但我不得不承认北欧山水之辽阔高远、之惊心动魄、之出乎意料、之至纯至粹。

特别在挪威那闻名世界的峡湾——盖朗厄尔峡湾。我看见几十米高的积雪断层，是如何从我眼前一一掠过，我目睹北欧春深的温暖，是如何让千年积雪点点滴滴地融化，先化成盈盈的透着神秘的青绿色冰水潭，再转身汇成天河狂瀑，水雾飞腾，烟气茫茫，在悬崖峭壁上怒号奔走！

在挪威那纯真原生态的冰河、冰川的北极圈地，可以同时看到水的全部形态即液体的水，气体的雾，固体的冰，以及介于非雪非冰非水之间，映着天光，一如仙界的神秘冰川。

耳畔一直响着挪威人的一句话——永远保持自然界的原生态。

我们亲眼看见即使是在千年不化的冰川上，除了简陋的一条道路，其余什么也没有。路边有间箱子般的小木屋，墙上草草写着"1030"米的海拔高度。海拔不高，但不要忘了其纬度呵。

回到了中国。上海我家。时值北京时间上午十点半，而在丹麦才凌晨四点半，天刚亮。一直坚信自己不会有时差感。我许多年来的弹性工作制，允许我的作息安排，从属我的需要。起床不管何时，都是我的早晨；而睡觉不管多晚，哪怕曙光已现，也是我的夜。但是这次却很反常，黏黏糊糊地欲睡非睡、欲醒非醒，昏昏沉沉，反正不能落笔干活。

时差，是不是像影片中那种植入式的广告，已经与人体黏合了。

我对女儿说，出国回来有两个感觉：一是怎么觉得家里很暗。我家在众多人的口里，一直以明亮著称的呀；再是我感觉到自己在呼吸，尽管睡在自家床上很舒坦。

有句话说，你感觉到身体上的某个部件在工作时，就说明某部件碰到了状况。北欧空气还是属于原生态的那类，跟人的本源同频，所以融合几近一体。特别是丹麦，天蓝得让人窒息，花艳得让人心碎。那个国土上所有花坛草地都不设一篱一栅，碧鲜灵灵的奇花香草，活活就在平地上支棱棱地迎风摇曳。天上飘浮着的大朵白云，简直就是以童话中的标准克隆过来的。

在丹麦的首都哥本哈根的街头，我在安徒生的铜像下，瞻仰着他的神态。安大师的脸向左，眼神非常投入，仿佛正执着于他的发现。于是我也朝左看，企图发现：到底是安徒生写了童话呢，还是丹麦本身的童话世界造就了安徒生？

世界原本就该是北欧现在的那个样子的。天蓝花红云白，空明纯净如万年不化的冰川，所以花朵呼吸着这样的空气，自然也艳丽无比。设什么木栅铁篱呢，地上长花长草是大自然的事，小时候我们看童话时，不就这样的画面吗？

安徒生是现场"写实"。安徒生时的世界就是童话世界，童话自然也就成了安徒生。

丹麦哥本哈根街头的安徒生铜像，每天不知有多少天南地北的人前来观瞻，谁都可以抚摸他的膝盖皮鞋，摸摸他的手杖和他手里的那本书。高度塑得恰到好处。铜像上那些被摩挲之处锃亮锃亮，在阳光下闪烁着迷人的金黄。

在街头初次放眼，乍一见安徒生铜像时，就一愣。觉得怎么会在露天街头？再一喜，感到如此世界级大师，说见就见上面了。再是一种亲切呵，大师原来与我们如此零距离。

等诸事走完上车，心里犯着嘀咕：想起码得有个馆所或者有个殿堂什么的，再是门票之类等等。再一想，我已身处丹麦，我不在中国，思维要转过来，也算是世面呀。拍了一千多张照片，回来都不及细看。刚才偶然找到了我在其中的"证据"——站在安徒生身边的照片。于是匆匆上网，强烈发表。我要表达我在现场，就如本文，好歹要挤进行将问世的这本随笔散文集。

编辑此书时已经是 2021 年 1 月 5 日，全球疫情肆虐，世界性禁足。真是庆幸疫情前的十年中，频频走出国门周游了天下。今后，还有放胆远足寰宇的可能吗？回答是犹豫的。

2012-6-30 匆笔　2021-3-30 扫墓归来修订

失踪

今天在224路公交车上,一个满头是汗的老人,心急火燎地向司机打听着什么。

我听明白了。老人今年80岁,老伴也80岁,但她患老年痴呆症,早上吵着要去公园,就陪着去了。回来时到公园门口,老头对老太说,等我一会儿,我去"小个便"。不料出来便不见了老太的人影。于是老先生飞步出门,正好224路公交车匆匆从他面前开过,蓦见老伴的脸在车窗内一闪而过……于是,他急匆匆赶到车站,上了我们同乘的224路。

我对老先生说:"你别急,乘到终点站时,再找一找。"老先生说:"到终点站要一个多小时呢,等我到了,她又跑了呢……再讲,她半途下车,怎么办?"

我说,跑不到哪里去的,如果终点站真没有的话,你再请调度室同志帮忙,用微信告诉所有224公交车的司机,让每个司机都在自己开的224车厢里帮你找。

老先生一把擦去白发上滴下的汗水又说:"如果老太不坐224路了,怎么办?"老先生的思维总是爱偏离幸运一端。

我知道恰恰是在那一端里，藏匿着他的深情厚爱。

我说："那也不要紧，你就马上报个警。现在是网格化管理，网一张开就不得了，这网跟渔网是一样的，网住了，你说鱼逃得掉吗！警方一定很快就能锁定你的老伴的。"

老先生讲："那我也心不定的，我总要出去找的。"我看老先生还是胸部起伏，手足无措，在位子上坐也不是站也不是的样子，嘴角还泛着白沫星子。我讲："老先生别急，你先坐下来再讲。"我一边硬拉着他坐下来，一边又对他道："你千万不要靠你自己一个人的力量去寻找，你力量太小，再讲你也80岁了，你没事，你老太回来才有好日子过。"

这一句倒是起了作用。他声音明显松了下来，一屁股坐实了身子，把手绢放进口袋说："好的，好的。"老先生感激地抬眼看着我，满怀着希望。仿佛我的话里，有他老太失联的踪迹。

我说："这样，你自己先去吃个早餐，不要急晕了，再出什么事，那可就没有人管你老伴了。你自己要放下心，不会出什么事体的。"

"她不识字的，也不知哪站下车，身上也没有一点钱……"

我说："不要紧的！在上海怕什么？你丢的不是一个小孩，小孩倒是恐怕有人要拐骗，你的老太不会有人要，恐怕全世界也就你一个人要……"

"是的，是的，也就我一个人要。"这时，满车人都有点释怀，笑了起来。有人道："那就好了啊！老先生！"这时，老先生自己也呵呵地笑了起来。

我想这就是人的一辈子。一辈子里的感情重几何。

2016-11-8 灵感敲门

小小自然界

在江河里，它们大概也是这么个生活。鱼缸的水是去年九月装进去的，至今没有换过，水底铺有一厚层的细砂砾，在什么书里看到，这样会有净水功能。且不去动它，大半年来我们从不喂任何食料。鱼缸中想必已生态平衡。

这只颇为骄傲的小河虾，是大年初三在下锅前一瞬，挑了两只小的扔进了鱼缸。旁边有人嚷嚷，不行不行，没有氧气要窒息死的！

我说，那它们在江里河里怎么活？也许这次买回的倒正是野生的河虾，否则这么多日子过去，两只虾怎么会都活得好好的。

是日晚餐后，我照例观赏"海洋世界"时，却发现这只虾正趴在螺蛳身上，用前面两只大钳，将个吸在玻璃壁上的小小"螺二代"攥于嘴边狠命吞食。可是咬不动，螺二代绿豆般大，对虾来说，还是太大、太重、太硬。我不知在这儿出生的这只小螺儿怕不怕，但知道虾它一定很饿，太想饱餐一顿。

发现如此生死攸关的惊险情节，我太想与人分享。可是当我拿来相机打开的刹那，螺二代却挣脱了死神，幸运滚落。

我看着它慢慢地在水中悠然下沉，忽又为虾感到遗憾。

这一幕，还吸在玻璃壁上的螺妈妈一定目睹，且惨不忍睹。它是这儿的螺一代，也是本缸元老。我专门拍了螺妈妈的两只眼睛，与动画片中差不多，好像庆幸中带点忧伤，还蛮夸张的。

其实，螺一代吸在壁上也在觅食。将个玻璃壁上生成的薄薄青苔权当美食。凡它移动之处，便把青苔舔食得干干净净，留一道曲曲弯弯的迹痕。有书上说，它本是水中清道夫。

所以鱼缸本来就不用清洗。还有水草，不断生长也不断被鱼儿享用。更有无数微生物，食物链环环相扣。哪还用人操心！

我对热带鱼缸十分喜爱。到了花鸟市场，常会呆呆看着，半天挪不开步。但一想到要换水，要氧气，要通电，要保温，要喂食，便念头顿消。再讲，我最痛恨伺候鱼缸的那些拖拖拉拉的电线，有这些劳什子缠着，就像用仪器伺候的医院病人，一点感觉也没有了。所以，我每每只是饱饱眼福就开路离去。

忽一日，朋友问我热带鱼缸要不。我也如上面这番略说几句，只因盛情难却，便留个尾巴委婉地说，待会我来看看大小吧。不想才一会会，门铃大作。门一开，一只大鱼缸就赫然在目。当然还有那些发热管、线板、温度计一大堆。犯晕。

想来这个"弃婴"一定是非我莫属了。朋友说他要出国，时间很长，说你就慈悲为怀吧。

在东阳台上足足弃置了将近十天。

某日我终于发了狠性，将鱼缸来了个彻底大清洗。许是因为朋友放食，鱼缸生态极不平衡，混浊的水里，三两条热带鱼艰难地苦捱光阴。

我果断地摘去令人犯晕的线板热管们，只留顶板上一只日光灯。旁人说热带鱼会死的。我说那就养锦鲤鱼吧。向来我不重名贵，只求生命的蓬勃，热爱一派葱绿。养花也是如此。

　　在我眼里，花也罢，鱼也罢，没有贵贱之分，都是自然界高贵的生命。既然自然法则能淘汰了它，那它就是来错了地方，回非洲去吧。

　　我缸里的两只虾，研究下来许是一雌一雄，如果能在此结婚生子，也不枉我一番心思了。有五只青螺，我只计元老不计次生代了，因为已经数不清有多少个小螺、小小螺了。估计它们世世代代都能在这儿生活下去的。

　　五条活泼泼的锦鲤鱼，早就替代了那生活不下去的热带鱼了。它们在我这个小世界自由自在地生活着。也优雅精致，也灵性怡人。水草碧绿，鱼尾艳红，山石相宜，一派悠然自得的水中田园风光。

　　大青河卵石，来自前几年的新疆；两只海胆，来自去年夏天毛里求斯的海岸，那个高耸的峻岭，是黑沉木，来自上海曹杨路花鸟市场。随意搭配，也会成就一个自然疆域。它们都用各自的灵气与鲜活，为我营造一角满足，一隅福地，偶尔也会触动我的灵感。

　　每每欣赏就满怀感恩。

　　　　　　　　　　　　2011-9-28　真理总是在宁静中被了悟的

生命诗性的体验之美

时间：2017年9月26日。地点：上海政法学院礼堂。台上赏读嘉宾：毛时安、陆澄。他们精湛的赏辞，点亮了今天的主题。

节目单：生命诗性的体验之美——著名女诗人陆萍新诗集《玫瑰兀自绽放》《生活过成诗》再版诵读会。上海作协诗歌专业委员会、文汇出版社、上海市朗诵协会、上海政法学院联合主办。全场分四个篇章："精彩日常""瞬间永恒""生命觉悟""成色足金"。

宽大的电子屏幕上滚动播放着嘉宾的视频采访：中国作协副主席叶辛正在说："祝贺陆萍，陆萍与我是同时代的创作者……"上海作协副主席赵丽宏在说："大家都欣赏她的诗……"《萌芽》原主编曹阳讲："陆萍50年来不断在创新，成就令人瞩目……"海派文化研究中心主任李伦新热烈祝贺并认为陆萍的诗蕴含海派风格；诗人田永昌说"激情和哲理是陆萍作品的魅力"；评论家孙琴安接受采访时，画面背景是作协的爱神花园。他拿着手稿对着镜头正在说："海德格尔说：'人，诗意地栖居。'陆萍有诗说，'把生活过成诗'……陆萍有一种本事，她能从普通的日常生活中……"

作为今天的主角，陆萍有幸置身于如此宏大的场景之中，不觉有点晕眩。面对台下500多名与会者,她清楚记得1992年的11月23日,陆萍的诗歌研讨会,就在这儿的国际会议厅举办,时任上海作协副秘书长的毛时安主持。与会诗人作家有:王辛笛、任钧、赵长天、冰夫、于之、宁宇、毛炳甫、赵丽宏、王小龙、郭在精、郑成义、张烨、孙悦、曹阳、孙泽敏、姜龙飞、沈栖、张敏华等等。其中,毛时安、宁宇、王小龙、孙泽敏四位今天也来了,更有嘉宾张健桐、冬青、金瑜、周伯军、郭在精、古心静典、成雅明、季渺海、梁志伟、陈放、成莫愁、郦帼瑛、周稼骏、朱耀华、梁栋等等。

陆萍没想到三十多年后的今天,幸运再次降临,在上海高校最顶级的礼堂,进行现在这场新诗集再版的发行朗诵赏读活动。

上政团委陆岿书记说:"我目睹陆萍老师诗集出版后的盛况,《生命诗性的体验之美》等评论,在《文汇报》《文学报》《新民晚报》等发表后,中国作家网、《光明日报》及全国多个核心网络和五十多个官网、平台转发转载,而这《生命诗性的体验之美》也成了今天盛会的主题;想当年校园奠基,作为记者的陆老师在场;校庆25周年,陆老师又撰文在《文汇报》发表;正是这缘分,陆老师的新作再版的首发活动,在我们校园举办,这是一份荣幸……"

上台嘉宾之一的陆萍,作了感恩发言。上海作协诗专委前主任、诗人宁宇在发言中表示祝贺并回忆陆萍成长过程。文汇出版社总编辑周伯军在发言中盛赞高评,说"两本诗集在短期内再版是一个奇迹"……

大会结束后,等待签售的队伍从台上一直排到台下……精致的舞美设计、优美的钢琴配乐朗诵、时尚灯光塑造的朗诵者队列、光电背景下的艺术效果,让今日的诗如此美丽。

上海作协诗专委副主任杨绣丽为今天活动,还亲自制作了精美的邀请函。

用一个宫殿总结

置身其间,一个终极之问总在耳边悄然响起:你从哪里来?你到哪儿去?你是什么人?

然后我自己回答:我从东半球太平洋西岸的中国来。我到了伊比利亚半岛的西班牙。我是凡尘肉体的人。尽管很可笑,但我却如此傻过。

所以要拍照。拍,连同在内的我。我要表达:此时此刻,我在现场。

在西班牙阿拉伯式宫殿中,阿尔罕布拉宫并非最重要者,但却是保存得最完好的一例。这座孤立的宫殿位于西班牙南部的格拉纳达,处在格拉纳达城东南山地外围一个丘陵起伏的平地上,由格拉纳达王国的摩尔人君主兴建于九世纪,并保留了摩尔人的建筑风格:其厚重的、堡垒式的外形即是为了抵御外人的入侵。

阳光下的宫墙。壮观。厚实。华美。单单那墙上宾客赶来时系马用的实心大铜环,铿亮之余还铜绿斑驳,一千多年的岁月沧桑里,让人感受到人间这等非凡的气派,建筑时曾当作防御工事,但也艺术情调满满。

总想置身其间。时间再多一点再长一点。能在这种神妙建筑的宫殿里,哪怕仅仅是站着,也该是生活中一抹高光一瞬奢侈吧。在宫里漫步时,时见大理石地面优雅地陷下一个10厘米深、40厘米直径左右的圆柱物,其中埋有水管。我看见时正突突冒着水花,犹如深山老林中兀自冒水的泉眼。细细了解之后,才知道这设置,原来是缘于摩尔人的"水饥渴"情结。

在这个集城堡、住所、王城于一身的独特建筑综合体中,人们可以看到,伊斯兰艺术及建筑的精致、财富,微妙地达到了最后的顶点。

宫殿中的"桃金娘中庭"是一处引人注目的大庭院,也是阿尔罕布拉宫最为重要的群体空间,是外交和政治活动的中心。它由124根雅致的大理石列柱围合而成,当中是一个浅而平的矩形反射水池,以及漂亮的中央喷泉。在水池旁侧排列着两行桃金娘树篱,这也是该中庭名称的渊源。

我总觉得这个取名,太随意草率了,树篱算什么呢?植物而已,要么它曾承载过什么重大机密,抑或有不寻常的来头,植物两排实在不是庭中要物,为什么要以它命名?不得而知。

渐行渐深,出现在眼前建筑给人的感觉是:不胜繁复地描绘。不厌其烦地诉说。不甘寂寞地辉煌。那种华丽奇美,只能置身现场去全身心感受,笔下的文字无法表达。

阿尔罕布拉宫内每个细小的地方,都精致到让人不忍的地步,甚至美得让人心疼。它们就像植物,不管长在深山老林还是居家庭园,不管有人照看还是没人在意,都严格按照自然的律条来生成的。所以,每一细脉微茎,哪怕在放大镜下,那纤毫间精细的枝枝脉脉,无一潦草随意。眼下的宫殿建筑就是这种带着神性的"植物规格",任何细节建筑,哪怕是屈居墙角,也照样精雕细镂,毫不含糊。

桃金娘中庭,说说这水池是反射水——完全是因为它能将整个最美建筑倒映在水中。其实,如果说是方形水塘,似乎更好一些。"水塘",就有清新的田园风,空灵;而名"反射水池",则显工业气,浊重。

同样是蓝天、白云、宫殿,在水中倒映出来,则比地上的实体,更生一份迷幻和情趣。在情趣与迷幻中,我还会平添一种感觉:那就是神秘的伤感。伤感情绪在整座宫殿里丝丝缕缕地散发,让人会追问这座宫殿的前世今生……是的。看过关于这座宫殿的悠远凄迷传说。也成为我感觉生成的大背景了。

现场的那种美,似乎具有暴力倾向,不由分说地就打进你的心,令人生畏、生痛。也许,这就是震慑,比震撼更不讲道理吧。

以前只知道那首脍炙人口的《回忆》,那个关于失去了阿尔罕布拉宫后浓密黏稠的伤感心绪。万万没料到这个"东西"竟然就这样粉碎了我的预想。

有种被击垮的失神与迷茫,就是这个阿尔罕布拉宫的魅力。

阿尔罕布拉宫,对水源的引进和应用,几近达到顶峰。这种顶峰源自摩尔人的出身。他们世代居住在南非,沙漠。少水。酷热。对水的无比饥渴而让摩尔人生出对水的无上崇拜。

后来,他们踏上了伊比利亚半岛,并在这片土地上一代代繁衍生息。

当他们到了可以用一个宫殿来总结生命感悟的时候,水——在他们脑海中便占位最高。摩尔人会不厌其烦、不怕其难地将他们心目中最需求也最崇拜的水,作为一个重要系统,活生生置入宫殿的布局。

他们从雪山将水一步步引来，暗中通过那些管管道道的输送，九曲十八弯地在宫殿中时隐时现。走进阿尔罕布拉宫，最醒目的便是这些淙淙流动的水。喷泉、水池、池塘、小溪、水盆，甚至你走在梦一般的长廊里，什么地方也会冷不丁凹下一方，有水在里面淙淙流淌。你随便弯身，便可掬水一捧。

　　最是水——还悄悄流进了寝宫。床前榻后，精致雕琢的大理石盆中央，一注小小活水，正轻轻地冒着水花。任凭主人享用。这些不见来路也不见去路的水，将整个宫殿弄得无比生动无比鲜活。我想摩尔人肯定在此刻得到了极大的心理满足。

　　水啊，摩尔人崇而拜之的水！

　　崇拜是什么？崇拜是边缘行动，是极端举措，是极致也是顶峰的代名词。

　　崇拜是两极间的追寻，也是生死界的顿悟。

2017-11-22 　桌有咖啡鲜花

庆祝过往生命

没想到程乃珊竟头也不回地走了！有点惊心。心中长时间哀泣。

皮肤洁白，微胖，永远是一副保养得很好的样子。或者是太累，太费心思写作，但想想也未必。一定是老天有要事请她，非她不可。

老天总是对的，人类无法说什么，说什么也没有用。还是用西方人的观点吧，这比较想得通——人走了，活着的人为她"庆祝过往的生命"。英国人在前几天送别前首相撒切尔夫人的葬礼上就是这个样子。大家盛装出席，席间还大笑出声。特别注意到撒切尔夫人，是因撒切尔夫人与我老妈是同一年差一月来到这世界的，离世也仅差 15 个月。

女首相推动过世界前进的轮子，是个成功的政治家；但作为一个母亲，她却很失败。我老妈是芸芸众生中一个普通女人，却凝聚过一个大家庭，是个成功的母亲。女首相晚年健忘，甚至忘了先生过世这件事；我老妈最后一天还头脑煞清，热情为钟点工阿姨指点租房迷津。

女男爵撒切尔夫人上天时享受带有军誉的国葬，七十名士兵为她送行；我老妈的葬礼，没有请"一条龙服务"，而是全由她养育的七个子女亲力亲为，跪送她上了天堂。

同样是一条生命，同样是一个女人，同样生活在同一时空。她们各有各的使命，都完成得很好。自老妈走后，大凡触及终极大题，我总绕不开我的老妈。

前几天目光忽然停在《新闻晚报》的截稿消息上。心中悲凉。长天走了！心中一连几天的空茫。现在程乃珊又走了，所以我索性开了电脑上博客写字，心中那些个话啊，想说写不全，想憋又闷得慌。

手中这张与程乃珊的合影是在三十多年前。那时多好。但多好的那时我们都没有荒废岁月。我想对乃珊讲，你已经尽责了，只是还不曾好好真正地消停下来，享受生命本该有的尾章，你走得太匆匆了！

还记得90年代初的一天，我们一起在作协东厅接待东亚国家的外宾时，我们俩分别收到外国女作家们赠送的礼品。接待结束，我们在内间打开看，我是一块白的呢料，手工绣着粗重的单线红花。你是一块花料，非常薄，却沉，有质感。我说，你这块料子做裙子倒不错。她说，陆萍，那我们换一下。说着，我们就着身腰上上下下地比试起来。这些情景还历历在目呢，怎么忽然就前尘往事了。

记得还有一次，座谈结束后，我们一起和外宾在锦江饭店用晚餐。我说你们作家写起来，音容笑貌、举手投足、洋洋洒洒真真切切的一帮人，非但具体，还琐琐碎碎的一大堆事；我们写诗，来无影去无踪、尽是思绪流动，更是连个人影都没有。

你说陆萍，所以我们写小说的人叫作家，家中无人是不行的；而写诗一个人就够了。我说您真是高见！闻所未闻啊。果真就是"作家"和"诗人"的区别。乃珊，你说得太好了。所以，诗人永远是孤独的、漂泊的、流浪的；而作家呢，就是坐在家里，后方很坚实，一如你先生老严，那样稳稳地成为你的大后方，为你记录会议活动、帮你寄信，随时提供你所需要的一切……我们交流得很开心也很尽怀。

和长天最后一次见面是在作协东厅接待塞尔维亚的作家。那天阳光明媚。我们相互交流了很多。翻译刘参赞,曾在我驻塞大使馆干了十三年。那年我大使馆被美轰炸时,他当时正在屋里,慌乱中逃出时不慎摔伤了脚。他的浓重的南方普通话,让我们想起那场灾难。长天拍着他肩头说,大难不死必有后福!在作协后花园那个著名的爱神喷泉前,十人合影。长天微笑着,那种谦谦然的随意,不动声色却尽显一个人的气质。我本站在长天左边,长天说,陆萍你站前排去……

去年中秋后的一天,我站在家里的北阳台上,凝视着远方的云天。不知出于何种感应,我竟然会很坚持地给赵长天打了手机。历史上,我没有给作协领导打任何电话的先例。

长天给我的全部感觉,就是睿智温暖光辉宽和。

传来他亲切熟悉低沉的声音。我说,我是陆萍。他说我一听就知道是你。我说,你在哪里?他说在医院。我心中一惊,但仍平静出声问为什么?他说生病了。我说人偶然去一次医院也是需要的。他说住院了。

我不得不问了,要紧吗?他说这次病不重,但也不轻。

话说到这里,似乎应该结束了。事实上也结束了。我只是在心里搁着这事。也没对任何人说。想过段时日等他好了,我一定要请他出来,喝一次茶,聊聊天。

我不要理由了。写诗讲究顺应内心,对。没想到这次竟是诀别。

那天,我还对长天说,想起你的小说了,你在我编的《上海法制报》副刊上发表的连载《没有惭愧》,真是写得太好了。小说里,他善解人意的心思语言,会让人产生零距离的亲切与温暖。

记得有次在作协东厅与外国作家座谈。赵长天在介绍到我时,他说他很惊讶女诗人对瞬间感觉的敏锐捕捉，他要我当场朗诵一首自己写的诗。我犹豫着。他用上海话鼓励我出场，说，就朗诵那首《冰》吧。后来推不过，我真的朗诵了，长天入神听着，我有点感动。事后，他告诉我他读过我刚出版的诗集，说你捕捉情绪的能力真是好。这之后，我在电脑的一次偶然搜索中，发现他在某个地方的发言，对我点名道姓时也这么说了。想起他的很多往事。一件件。一件件历历在目。

有次，他和上海作协的一帮朋友白桦、叶辛、毛时安等来我家小坐。进门后他弯腰脱鞋时笑着对我说：陆萍，不好意思哦，我的袜子上有只洞……那种真实谦和，实在让人难忘。长天很支持我主编的副刊。90年代他给过我一篇文章，题目叫《嚼头》。原来他牙齿掉得很早，吃东西已没有"嚼头"的享受。这让我后来在吃萝卜干、海蜇头"乞粒夸辣"大嚼之时，老想到这是"嚼头之福"；再是他告诉过我，他父亲重病时，他惦着不要轻易服止痛药，这样药效可以长一些。哪知忍着剧痛的父亲，仅仅只服过十二粒中的一粒之后，便永远离开了世界。赵长天那个心痛啊，说才知道，生活原来是这个样子。

长天这样平和这样低调这样温情的人，别开生面创《萌芽》"新概念作文"的人，竟然也会离开我们。生活原来就是这个样子！

赵长天，没有想到你突然就这样走了！长天你温暖的光芒永远。

程乃珊，没有想到你突然就这样走了！乃珊你朗朗的笑声永远。

为庆祝你们"过往辉煌的生命"，我狠狠心，我抹去眼泪，隆重地点燃了心烛——愿逝者在天堂安息。

      2013-4-4 天昏地暗 生命比死亡大，死亡应该是它的一部分

缘分

我想，缘分如果有形状，一定是圆的。她伸枝展叶、构筑情节，不怕穿越漫漫年岁，总有一个理由拥你入怀。

从没想过我要到法制报社工作。尽管我一直对记者职业十分景仰。还是在上世纪七十年代初，我在纺织厂做工，对文学却痴心不已。毫不夸张地说，当时上海的《解放日报》《文汇报》以及电台、出版社等，凡有发表纺织厂的诗，总有我的份，甚至全国播放的十支革命歌曲，其中《纺织工人学大庆》的词，也是出自我手。

那时作品署名总是"上棉二厂陆萍"。在特殊的年代里，能发表诗作的园地，也就只剩几张报纸的副刊。因此我厂门卫师傅们，天天为我收着天南地北读者的来信。

一天我暗暗欣喜，因为这个来信者就在我家弄堂。他才16岁，初中毕业等分配，后来我们成了好朋友。

1988年我应邀赴印度出席国际诗会之前收到的邀请信，也是经他"破译"助我出访成功。当时有个细节，上海作协和我局外事处的译意都是"来回费用均需自理"，而小段私下给我的译句是"来回费用均由东道国他付"。并说邀请信的文字功力见差，但意思肯定是此。

要知道一字之差，或许就是成败之别！最后由我上级司法局办理公派手续并购买好了来回机票，结果却还是退了。因为出发前两天，印度驻华大使馆一等秘书找到了我，问我为什么不去确认印度政府给的双程机票。果然是小段译得正确。

认识不久，小段他被分配到小铆钉厂做工去了。我婆婆是宁波人，常对我说"下午铆钉厂'小顽（小伙子）'来过了"。

老人当然不可能想到，这个"小顽"在三十多年后的今天，在中外律师界已颇负盛名，盛到美国尼克松都曾给他写过亲笔信。他在海外学成后报效祖国，成了中国一号"海归"人物，回国创办事业。前些天电视里热播的《金牌律师》，出品人和总编剧就是他。

他是谁？他就是赫赫有名的"段和段律师事务所"的创始人——段祺华。

记得当年我们常常在一起研讨文学。他勤奋聪慧颇有悟性。并在我的力荐下，很快有诗作包括有中篇小说在文学杂志上发表！

再后来，到了1976年后，万物复苏，百废待举。

一天，在我家的北窗前，我对他说："小段，你去考华东政法学院倒蛮好的，法律总是处在生活的裂缝和社会的边缘，涉及社会深层和灵魂暗角，写作素材多……"后来他就考入了华政。

五六年后的一天，正在华政读研的他，在我们家的弄堂口对我说："陆老师，现在《上海法制报》正在创办，你去倒蛮好的，我已向上海司法局局长推荐了你。局长讲你的老师不用考察。"

后来就一纸调令，我直接进报社当了副刊部主任。

现在回想起来，缘分乃是冥冥中的注定。是身不由己、是理所当然不得不拐入的一条人生轨道。

2014-11-30 灵感没有地址

手稿

昨夜，偶然在一个手稿拍卖网上，看到了我写于四五十年前未曾发表过的长诗手稿。

岁月立时倒转四十年，回忆的大海里翻腾出那些闷热的深夜，青春的蒸腾，热血的澎湃，盲目但有力的脚步，那些真真切切出自我手的文字……落笔的时间是"1970年五一前夕"。幼稚难看的笔迹，又带我走进如梦的昨天。

盲目，有时是一种力量，而且还是一种巨大的不竭的能量，只要你还没"醒"过来。

时年二十出头，天降大任于斯人也。以为肩上扛着世界的重担，也学"挥斥方遒"，也学"指点江山"，也不知有多少个日日夜夜，可以说正在把生命的全部，结结实实地绑捆在"革命事业"上。信手挥写着的"史诗"浩浩荡荡，空头呼喊的口号，意气冲天；那种豪迈激昂，一泻千里，那种盲目自信，所向无敌。一脸的严肃正经。一腔的豪情壮志。就是不知天有多高，地有多厚，也不知可笑为何物。

眼下我惊骇。我也不可思议。

我的这些曾经视如珍宝的东西，怎么忽然就脱手散失，流传出去了呢？后来长长的日子里，居然也没牵没挂，没觉得有什么丢失啊。直到今天在网上发现，才想起青春期间，确实有过那么一回事；同时也飞速想了几种可能，然而聚集汇总，渐渐地有了指向。肯定是在疯狂的年月，一位密友无端家中被抄，而我的"大作"，或许恰好就在他的床边案头……

再次想到一句话：世界上发生过的事情，总会留下蛛丝马迹。

在接着的百度搜索中，我惊喜地发现了我的更多"散失"。孔夫子旧书网店、拍卖网店等都有我漫长岁月里曾经留下的"踪迹"。哪怕我在报社任职副刊部主任时随手写下的约稿信、退稿信等，现在都是有价的"珍品"了。有本我的诗手稿汇集本《前进集》，蓝印纸手抄复写、廉价白纸、自行装订。拍卖网上将其品相如是描述，上端有鼠噬缺损，书口与边角有折痕。少见特殊年月诗稿手抄本　青年女诗人……自编诗集，不失为一时代印记。钤印：陆萍、祖国万岁、敬祝毛主席万寿无疆。

有种青春热力呼啸而来。也有一份亲切，动我情怀。要知道这些金石篆刻的印章，都是出自我大弟陆明之手呵。手抄本50元起拍，曾8000多人围观，经37次竞价，最后以420元才成交；还有那些我签名钤印的拙著，价格是原价的四五十倍。甚至有本1985年福建人民出版社出版的《梦乡的小站》原价0.82元，网上却卖到120元，是原价的146倍。且已——名花有主了。

签名本和手稿等流落旧书市场及街头，或许是由于搬家、换房，或许是特殊年代的政治原因，或许是书主年事渐高失能或者失智，或者更是小辈们、保姆们的重新洗牌……毕竟半个世纪过去了，随便她们流落何处，我总愿意想象是一次意外，一个偶然，却也让这些"我的东西"，有幸开启了崭新的旅程。

只是感慨生活中真有那些懂行的人，在扫除旧思想、树立社会新风的年岁头，在车水马龙的快节奏都市，能这样地淡定这样地从容。他们是怎样的胆识和眼力，在废纸一堆的垃圾中慧眼识珠，精心挑出，隔手替我妥妥地保存了呢，唯有欣慰。

至此，我不应感慨而真该感谢以至感恩了。再卑微的东西，只要有了相当的年份，不说社会，就是于我而言，也是一份珍宝了。

拍卖的长诗手稿，只展示了封面，封底，目录。一眼上去，是多么眼熟呀，特别是那张毛主席的新闻纸图片，我还记得是从《人民日报》上小心翼翼地剪下，一时没有浆糊胶水，还去锅里弄了饭粒亲手黏上的。

那么多的年头过去了，真该写点什么了。没体会过的"回忆"里，原来藏匿着那么多的"宝贝"。

距离是美。

2019-12-28　月色如银　观博而约取

广西的山

广西的山无以计数。海拔都差不多在1100米上下。地图上看就一丁点路,但要走到那里,却是千折百回,没完没了。

那天我们一清早上路,从全国著名的长寿村广西巴马到广西乐业市,小车在崎岖险峻的山路上整整奔走了十个小时。半路上汽油告急,至傍晚,翻山越岭后终于找到一个地名叫"凌云"的国营加油站,不想却大门紧闭。有村民告诉我们,因为修路,汽车进不来,加油站关了有段时间了。

我们的车停在加油站前一块平地上。举目四望,峰峦浩渺,暮色沉沉。在我们目力尚及的方圆十几米范围内,唯知前路已逶迤进深山老林,所谓"路"已没了踪影。

有种恐慌霎时袭来,让心惴惴不安。

不安也得上路。前时群山绵绵复绵绵。出了一山却又进了更深的山。

"怎么还没出山?油倒快没了……"听到驾龄28年的老司机在自言自语,我硬是振作精神,故作声音轻快,递他一粒话梅糖说:"大不了住这里过夜得了。没事,再问问看。慢慢走。"心里明白这一路上地势险要，峰回路转，总得安着心情为上。

弹尽粮绝正走投无路之时，一个村民说："附近没油站了，但是山民家有高价油买。"一听此话，我们眉开眼笑，如释重负。这里的民风淳朴，正规店里卖八元多点一瓶的，这里才卖十元。我们乐不可支一口气买了十瓶，道过谢再上路。

或许，有了油，等于吃了点饭有气力了。至于进了多少山又出了多少山，只有这里的山知道。这里的山路真是纠缠得前所未有。连导航仪也失灵了。电子小姐一直在叫："往回走往回走。"

往回哪有路可以走？不理"她"。有时听得心烦想索性伸手关了，但却又不敢。

最好的判断，来自吃饭喝汤的我们。电子小姐吃的是电，关键时刻不能和她玩。

我们马不停蹄，一直往前开。满眼是林林总总的山头，远近高低，这山那山。"横看成岭侧成峰，远近高低各不同，不识庐山真面目，只缘身在此山中。"苏公《题西林壁》的妙句，活生生写实着眼前景况，不过这时我却没有心思揣摩山石的造型，也不拿"此山"与庐山比。马斯洛对人需求的五个层次论居首的"安全需求"，这时主宰着我的思想。忽然想起有一段时间没闻"往回开往回开"的声音了，司机一查，原来是导航仪的电子小姐失语。于是又惴惴。下车，拿手机往周围拍一下山势环境，重新让现代高端电子技术修正我们的小车定位。

一会儿，电子小姐好听的声音又响起来了。一看导航仪上的图形，着实让我吓了一跳。山路不是90度转弯，也不是180度，而是360度，甚至是720度转弯再转弯，忽前忽后，忽左忽右，忽下忽上，仪器上显示的山路，竟如一团乱麻！导航仪是居高临下视察取得的图像，图像便是乱麻般"死缠烂打"的投影。山路要么上下重叠、要么左右错位、要么前后倒置,怪不得电子小姐也无法导航了。面对广西的山,不是说"开错了,往回去、往回去",就是不干了无语。眼下是到了"电子人"也不干的时刻,有种"恐惧感"就分分秒秒在抽枝生芽。

我们是自驾,五人一车。大家看到图像后,都让自己停了停神。判断现在肯定是到了山路最纠缠不清的大山深处。出路总是有的,就这样慢慢向前走吧。相互鼓励一番之后,继续上路。

每当电子小姐失声,我们就必得下车重新定位一下,再出发。坐在后排的我,假装轻描淡写地与司机说笑,不时出手陈皮和焦糖话梅。与其说想给司机心理暗示,倒不如说是在安慰自己。自己手心已被自己的担心捏出了冷汗。行程中我整个身子均不着后椅背,紧张地扑向前座,与司机说着轻松的话。两眼死死地看着前方,尽管前方一点也不好看,除了清一色的山头还是清一色的山头。

前面并没有路,路往往在路"没有了"之际,突然在大拐弯的当口,才蓦地——惊现。司机的车技近乎在耍杂技。

我的心悬着,午饭晚饭没吃是小事。茶没喝更不足挂齿。我们四人担忧的尽头是恐惧,舍此就天下无大事了。

我们相信前途是光明的,而不管道路是如何曲折。问题是再曲折,我们也要走出这山呀。终于,晚上 11 点半,有了光明的前途,车前隐现万家灯火。

大山啊大山。才明白,我已经有了这辈子最深刻的领略,叫"广西的山"。

2014-12-31　原来答案并不重要

神圣、神秘、神之所在

在我们还未走近这建筑群之前就被告知：里面不能拍照！也好，断了用相机的念头，也能有时间用眼睛用心神来欣赏即将呈现的场面和景象。

我们是从西班牙格拉纳达乘大巴到马德里的。埃斯科里亚尔王陵在马德里西郊大约50公里处，视野十分开阔，这个宏大的建筑也叫圣洛伦索修道院。在1557年圣金丁战役中，他们打败了法国侵略者后，菲利佩二世下令，历时22年修建而成。

该建筑将宫殿、教堂、图书馆、慈善堂、神学院、陵墓等八位一体组成了一个庞大建筑群。走进每个厅堂甚至扫视每个角落，扑入眼帘的都是精美的油画，满墙满顶。最让我难忘的是拱形屋顶四个转角处，还会各自伸展开一个套角，套角里面也全是延伸主题的配套油画。色彩恰好，灯光相当，明暗合适。相信每个画面都有出典。画艺高超绝伦，惊艳无比。在我想象中，所谓艺术盛宴，就该是如此全方位铺陈开来的样子。美得让你心惊肉跳，精得让你出其不意。

美轮美奂！这是人心在被美击中时说的话。

走廊是闲处。两侧是顶天立地的巨大书柜,放着经典书籍。书籍虽历经岁月却不见岁月风尘。我们正在排队,缓慢移动着脚步。我沿途用目光,一本本反复抚摸书柜中所有书的背脊。没有打开,却也感觉得到了很多。生活中有些物事,不必都打开察看,只要能走过路过,你的心总会接收到她神递过来的信息。

古老。神秘。权威。永恒。应当是这儿精神世界中的关键词。

教堂穹顶的绘画,一眼望去,半圆柱形画面呈现出立体生动的异常感觉。似乎是有画家专门从事"穹形画"。平面作画的油画家恐怕没有资格上这儿画。许多90度的转角、多少墙面与房顶的渐次圆润的过渡,画家都恰到好处地给了形、给了彩,给了线条和块面。抬眼看,人物形态逼真,一个个栩栩如生,场景氛围浓厚,我们不及走进油画故事,走马观花,就已经让人目不暇接。

有时停下脚步,在这不寻常的巨大空间,仰望天穹。无论色彩、场域、还是视野气息,那种一体之浑然,唯有惊叹!整个是屋顶与墙壁连成一体的油画。游人目光正惊骇聚焦,据说是一位帝王化作一缕青烟,进入天堂的瞬间。这是永恒的一瞬,也是大极大限的一瞬。这一瞬,油画所呈现出的意味,正在与众人心眼里的思绪交融汇合,似乎正捕捉到生死之变、天地之奥。

看看这一幅油画的细部。衣服的皱褶,器皿的肌理,人物皮肤的润泽感;伸手可触的云,无形的气氛。可以想见的故事。画面把整个建筑,都催化成了某一个"事件"的组成部分。这就是西班牙的教堂,无可言说的神圣、神秘、神之所在啊。

画面与建筑物的契合,可谓天衣无缝。精美的油画里发射着的艺术光焰与魅力,这力之强大,仿佛是画面硬生生地支起了整个穹顶。

之后，发生着故事，再发生着故事的续篇……

全部参观完之后，我们来到了一个地下通道。再高贵的帝王，在享用完了人间阳光之后，就由这条路通向了地下深处……但是比起我们中国的清东陵来，这样的铺陈，就太寒碜了。进得墓道时，尽管有股寒气直逼，但是所有的参观者都不想放弃，还是全部下来了。

帝王们的灵柩似乎比实际尺寸要小不少。原来他们离开世界后，要先放在地下十多年，直到皮肉毫无踪迹之后，就将一副白骨放进去。是不是这样比较卫生、永恒，也比较精简？这在中国怎么可能？中西文化的大差异，让我一不小心就被震撼到，就被亲眼目睹。

出得地下墓道，就觉得地上阳光，特别深情可亲。窗外的草坪，修剪的样式也是颠覆东方思维的那种，三角、方块、平顶和矩形。马上掏出封存的相机拍了一通。

人一定要出来到世界各处看看。一些你思维视野之外的东西，会给你意外的冲击和惊喜。总想留点回国后可以想象的参照，这一眼不同寻常的绿地，日后一定会让我重温回忆深处的那种迷乱和灿烂。

走出宫门。曾经的辉煌，就全部关进记忆中了。

2015-12-2　阳光如金　金戈铁马，气吞万里如虎

玫瑰兀自绽放

翻看昨天所写,总觉还不尽善尽美,推翻毫无怨言,觉得再累也是享受。有时修改简直完全走题,我任凭思路像顽童手里抛出的一只铁圈,一路飞滚中任何细小的干涉和障碍,都会让其戛然而止或半途夭折。那么,何不让其一路狂奔,在她必然的路径上,出落她的本意呢。

树上凋零的花瓣,谁能作主她精准的动向?它每一根风动的线条都如婴儿般的纯真自然。如玫瑰兀自绽放,不受时局、场合等一切人为因素的牵制,瓜熟蒂落,顺其自然。我愿意生命的脚步,就这样子走过。

诗不是事业也不可能成为我的事业,她只是我的心跳、气息、血流和脉动。

互联网突如其来,多么幸运地降临到我辈身上。试问茫茫大地浩浩长空,中外史上哪位君王,享用过天下如此的奢华?体验过人间的这番神奇?

要知福惜福。博客成了我生命的仓库。我常去那里搁下我背不动的情感，不管是欢乐惆怅还是苦痛幸运，能有地方搁置喘息安放心魂，就一身轻松；博客成了我冥冥中的精神家园，可安置我五彩缤纷的寻常和深奥莫测的感知。

当书写成为繁重劳动而挑战我的体力时，毫不犹豫，我选择五笔盲打。在电脑前闭目冥想、捕获灵感、飞指击键……这个时刻，我觉得灵肉两界于我，已归为一体。100年前爱因斯坦的导师、获诺贝尔物理学奖的普朗克，以他毕生的研究得出结论：世界上本没有物质，只有振动的能量。这能量振动频率的大小便决定了物质的有形和无形。频率最高的是看不见的灵性世界如头脑里思绪感悟，最低的则是看得见的实体世界，如桌椅笔杯，包括人体。

2013年盛夏的一天，我们上雾灵山。一路上那种小花的黄，带着金属片的铿锵。在同行作家刘保法和漫画家戴逸如的指点下，知道这花与一球毛茸茸可以吹得满天飞的蒲公英是花与果的关系。就在这时我动念，想把十多年来写下的诗选编成集，就像铁圈滚出去时碰到什么改变了方向一样。尽管那时我并不知道三年后，我的这些诗将遭遇幸运。

我相约自己也承诺自己。选编工程悄然开始。只是爱折腾的我，总是横生枝节。明明为查实某个细微节点，在繁杂的资料中奔进往日某条小巷，却会在半路上见了什么而沉溺其中不能自拔。待抽身回转茫然四顾时，才想起自己的初衷。

在全然放松的日子里，诗像野草在松软的泥土里长了出来。当然，初衷会在日后想起，像郑板桥书法"乱石铺街"一样，乱中有序。

前无目标施压后无期待催促，千奇百怪的想法就会不期而至，让你异想天开、让你出其不意、让你水到渠成。灵感一旦激活，关进小匣子也会对你挤眉弄眼，你无法抗拒。

写诗于我，通常是一挥而就的事。那轮铁圈一旦抛出，一路飞奔的诗行，自会一步不落步步跟上，到头来还停在那里，等气喘吁吁的我前来验收。这份感觉来去无踪。有时我特意泡上好茶，让书房里诗意盎然，她却半月连影子也不闪半个；有时我忙得前颠后簸灰头土脸时，她却见缝插针露你个笑脸。只是这些诗的整理，花费我大段时光。永远的不满足，让我改到第七次或者第十九次时，蓦然发觉，还是最初落笔的那首为好。

没有感觉时就是没有感觉。发自悟觉最深层的灵感，就像另种"玫瑰"、另番"兀自绽放"。她自在天然，她的无目标、无方向、无意义，其实比有目标、有方向、有意义还要来得执着有定力。

去年夏初一天，我博客上忽然来了个陌生的"老陈评诗"。神秘的老陈与我素昧平生，三四千字的文字，却通走我的昨天今天。文中那份深刻独到，切我诗思、潜我心魂，瞬间让我从另种视角刷看陌生的自己。文学生涯中，再也没有什么能比收到这样的大礼更让我感动兴奋。

而且自此"老陈品诗"十天半月地更新。细察得知还有个神秘的陌路知音"小雨"，她在我千余博客里上天入地，为"老陈评诗"选送诗目和资料。"老陈品诗"仿佛有种穿透，不断破译我心灵的暗码，甚至让我的朋友们感慨、惑然。微信跟帖：

如《上海诗人》执行主编、诗人季振邦写："老陈比一些所谓自我感觉非常好的诗评家高明太多了。"诗人密友成雅明说："被老陈这么一评，确实有那种气息味道……欣赏老陈鞭辟入里的精彩点评。"及："诗歌呼唤高水准的诗评家，引人领悟妙处。"《文汇报》副刊《笔会》主编、诗人田永昌叹着："陆萍，还是不要弄清楚好，有一个对你的诗和人如此了解，又如此专业，千载难逢。留一个美好悬念，如诗……"

及:"老陈身份神秘莫测……不一定是民间的,陆萍,建议你设法与他联系一下……"

入秋后,两本诗集获基金会资助出版时,我向老陈发信:"我想在书的某处,有名有姓地推出你,请问该如何介绍?"

没想老陈回复:"我和小雨的初衷就是和陆老师你交流学习诗歌,这样就够了,有心得,彼此意会,各有快意,夫复何求?"这一瞬,仿佛诗神在前。诗的神圣,莫过于此;诗的最高形式,莫过于此;诗的殿堂模样,莫过于此。

后来知道,"小雨们"与"老陈们"也是素昧平生,都属天南地北的神往神交,在诗的神坛顶礼膜拜。精神世界里的这种纯粹与虔诚,让诗永远雄踞文学的宝塔尖;让诗,清高体面;让诗,富有尊严。

半世纪来,我将最旺盛的精力、大段的生命,全部投掷到文学这个无底洞里。真正是个无底洞啊!光是"没有最好,只有更好",就以一种"没顶式的侵吞",填满了我生活的全部空当和所有缝隙。

生命沿途写下的文字,其实就是自己与这个世界、与身处环境,更是与自己的不断和解、协调时签下的一份份备忘录和合同,这可以让自己的心,在苍茫纷繁的世界里得以安顿。安顿而已。

诗集《玫瑰兀自绽放》后记2017年1月21日于梦乡小站

补记:核定本文时,三年已过。陈胜辉撰写的专论《陆萍诗歌赏析》已由上海文艺出版社出版,其推介公众号后跟帖如潮。2019年8月23日,上海炎黄文化研究会与傅雷图书馆等举办了"诗文盛景文坛佳话——陆萍诗歌赏析会",小剧场内座无虚席。主办方请老陈空降舞台与我首见,一时激情相拥终生难忘。

玉树临风

避寒潮，搬得屋内，她便伫立在我的案头。其名"玉树临风"，植于手掌模样大小的椭圆形紫砂浅盆内。本是一株寻常植物，时有我加工痕迹，当然与风雨合谋，也深得岁月滋养。至今已有三十余载，在丝绒般的一片绿苔上，她枝干疏朗、沧桑遒劲、精壮饱满，出落至此，也算是自己的一份成就。

遥想当年，我亲手摘得一小段枝干栽入土内，而后茂盛无比，生绿绿乱簇簇一蓬。一日我忽来灵感，将之杆下的叶囊一律摘去，有意放着参差，等着其光秃秃的顶端，慢慢生出绿芽。不久又将顶部也截去，为的是让泥土下的根专心供养"树干"。不几年后，果然。有朋友一眼上来，便说："好一派椰林风光哟！"心里遂春风拂面。

每当凝神注视之际，便往事如潮。

她和我一起经历了这三十多年中的风霜雨雪和三十多年中的阳光春风。每当成功或者失望，每当沮丧或者烦恼，在举棋不定或者无可奈何之际，她如果"当值"，便常常是我凝视的对象。"当值"是指在我惆怅不已或者得意忘形之时，她正好被我从阳台外搬至书房里我视线可以扫及的一角。在我家的众多植物中，她是年岁最长的一位，也是我岁月的见证与陪伴。

我的很多秘密、很多应对、很多苦衷、很多欣慰，包括很多的不堪、很多的高尚，她都知道。我和她仿佛可以互通，她能进入我，我也能进入她；我们都有密码，外人无法知晓。

和这株植物的感情，语言无法抵达。她简直就是一部关于我的活档案，但她只顾收纳，守口如瓶。以至比瓶更甚，即使将其碾碎，也只有一摊将我全部消化完后的水渍。外人休得她万千了知之一。

要正儿八经写点什么时，往往要热身。上面的碎文，理所当然地成了我热身时的"汗水"。我一边看着她，一边用手指在键盘上稀里哗啦。界面上不断出现了我心里掠过的句子。还有什么比这更快乐呢？

看她今天蓬蓬勃勃在我案头的灯光下起着劲，给她上面这些字，权作互动。

2016 三九严寒　有雪　阳台牡丹盛开
物质是一堆原子，自我是一堆思想

平衡与卸却

曹小航是一名检察官,也是诗人和作家。我曾经是政法记者,也写诗写文,所以对她的情怀了解得比较深。

由于从事职业的性质,在很多场合、时刻,常常会被逼到人性的边缘。比如说小航在审查一起重大刑案,里面犯事的人总是与"火坑""地狱"沾边。毫无疑问她当然是依法办案,但办案同时作为一个常人,在面对"火炕""地狱"中的疑犯,自己的灵魂同样也会受到严厉的拷问,当然也难免会被"地狱之火"灼伤。

《法的语言》中就有这样的诗句:"一把尺/厘清是非曲直/定义善与恶//一把剑/割断情与法/划清白与黑//这是舍与得的抉择/这是生与死的天问/一字一句都是生命。"

别小看这几行诗,这是集检察官、作家、母亲、女儿于一身的她,肯定在办了大案要案后,脱下了制服走在回家路上,内心涌出的纠结。

伤痛之下,就成了这类诗的温床。在法律结束的地方,文学应该开始。所以小航很忙。

或许小航办过这样的案子,或许没有,但这不要紧,因为性质是一样的。否则出不了"这是生与死的天问""一字一句都是生命"这样的诗句。这样的诗句能够出来,也是人性被灼伤的疼痛,给我们的反思。

妇产科医院总是令人欣喜,因为是目睹新生命来到世界上,会给人带来愉悦。但公检法机关就不一样了,它对人实施囚禁、剥夺、惩罚,人性会受到无形的压抑,这是深层次伤痛,当然是在抽掉法律意义的前提下。文学要探讨的就是永恒人性,古今中外人类共有。我觉得她最近几年来开始写诗,是不是出于一种下意识的自我疗伤,或者是自我救赎?我觉得这是一种平衡,也是一种卸却——心头重荷的卸却。

比如她笔下的诗《双面》中有这样的句子:"身体游荡在人间/排着队伍寻找灵魂……接受或者拒绝/日与夜的交融还在/善与恶的转换还在/无论你飞到哪里……你藏在我的背后吧/让我担当你裸露的欲望/而你必须证明/我是可以飞翔的天使。"在《天空》中有这样的诗句:"幕落下了/我们把脸擦得很黑很黑……该上场了,你说/于是我们抹得很白很白。"

这种矛盾的纠结的,钢性的温情的,直面的逃避的,反正日夜不得安宁。诗就是从这些地方开始滋生萌动。

小航生性敏感、思想尖锐,能够将一个检察官的感受,在诗中直达要害。

如《奶奶的乡村》:"夜 下手很黑/每个屋子星星点灯/金钱不因血亲柔软/一份份谋算/都是刀光剑影"……在她的《画室中的插花》中:"一把剪刀/至尊红颜/薄命在绿叶白瓶/纠结春天。"

一把剪刀,至尊红颜,这是两个不同的画面,但在她的手下,卡嚓一声，组合成了"画室中的插花"这样一个场景。"剪刀"与"红颜"联在一起，我想这也与她的工作经历有关。寻常物事中她能看到常人看不到的另一面。最后二句"血色芳华／一日胜却一季花开"，诗里又倾注了她悲天悯人的情怀。

寻常日子，在常人眼里什么事情都没有发生。她的心里却在天翻地覆。这是一种感觉方式，对于一个诗人万分重要。诗，历来不是靠情节取胜，而是写出一种人类共同的情感体验，让大家在更高层次上产生的共鸣。这首就是。

还有一些诗句我比较喜欢，如《今时梅雨》一首中："船陷在岸上／锈蚀的铁链扣住了时光／雨／忽而狂暴　忽而淅沥／芳菲落地／都是归宿"；在《中国古巷》中的这几句："半堵城墙／画个门框／给历史留一条退路"，都给人遐想的余地。

小航热情真诚、努力刻苦，爱事业爱生活，富有责任感；同时也充满才情热力。现在，她的有些诗还在生活现象的碎片中飞翔，有些思考已经有走向人性、走向生命存在的本身，但或许生活节奏太快，或许执法工作太忙，一切还有待沉淀。相信不久的将来，她的诗作会以更丰满成熟的姿态，出现在大家面前。

序曹小航诗集《一米之外》　2019 盛夏

感谢文学,她像一条严厉的鞭子,在我半世纪生命行走的过程中,让我的灵魂不曾倦怠

辑三

终归诗酒田园

被艺术命中

在磐安乌石村的小径上遛达时,整个村似乎没有啥人,家家门户畅开,三五鸡群随时进进出出。

我们顺着小村的细径,遛得很深。这地方有种神秘的气息,在召唤人心,仿佛是生成我肉身和灵魂的老根一样,带着亲切和温暖。满眼都是石头建筑。石头垒成的房子,石头铺成的路面。石头表面是浑一色的土黄,里面却是墨一般的乌黑,乌石镇的名字可能由此而来。

天下着细雨。我们觉得去看旷野的两株枫树,还不如深入村子里去看看。小村都有过曾经,曾经的曾经。辉煌与败落都写在沉默的乌石里。

我们与乌石默默对视,无言。

顺着一条拖泥带水的乌石碎阶下去,却是溜到人家灶膛间了,门口堆着柴禾。没见着人。几只鸡闲情碎步,东啄啄西啄啄寻找着吃食,就像当年我妈妈的好婆家养着的鸡一样。这些幸运的鸡,还是在原生态的环境中诗意地生活,不像其他一些地方,统统关在大笼里等吃等喝,被工业化的程序指令着,按部就班完成生死循环。

站立良久，周遭还是不见一个人影。这里是老村，肯定是要搞旅游，知道一切旧建筑不让再动。新村造在路边，是清一色的层楼农家乐。前时我们经过时，就像看见老肥肉一样，立即"蹭"地逃开。

眼前浑黄一色。却给人一种清澈见底的踏实。哪怕再黄再浑，我也会悠悠然地自得其乐。浑黄的乱乱的柴禾堆外，我顺手从脚边捡起一段枯柴来。

不想被艺术命中！

只见这段枯柴虬枝盘曲，造型完美，且婀娜且峥嵘；土色的浑黄带着一种乡人的厚重，投怀送抱式的枝干走向，亦苍劲亦古朴；仿佛千年一回在这儿守望着我、等待着我。

像所有电影中的情节一样，我在它生命的最后时刻，鬼使神差地一步赶到。

这是一支本真。浑然天成。艺术有时就是这样简单。因为本真离艺术最近。岂止？艺术与本真，是一个血统。

回家后，正值种"小肉肉"世风日盛，不想一日我也被疯狂卷入，且渐行渐深，以至陷落到忘我地步。白天黑夜地狂觅可栽"肉肉"们的器皿。

在这大背景之下，这支精气神兼备的虬枝，就成全了我的艺术追寻。在栽"肉肉"的基础上，我加设了情景连带风情。或几茎绿枝兀立，半座山石遮荫；或一簇红叶投情，三五翠蔓戏风；或养眼或润心，或出景或成趣；但面对手中这截可雕之朽木，统共就两三分钟的时间，一个微盆景就赫赫然气势张扬。

看，它正竭尽全力忘情投入、赴汤蹈火地在做着什么。内里的这种呼之欲出的精神，正是眼下我们灵魂中无意识的投射。不是黄婆卖瓜自抬立意，而是看着看着时，感受到它自己跑出来的那种精神。

女儿一见大眼睛闪亮，忽道："这些枝头上以后会长出芽叶来吗？"

我哈哈大笑道，已经是灶膛前的柴禾了呀，你还叫它咸鱼翻身？

女儿敏捷，说，妈你以前不是写过一首诗吗，其中有一句就是"即使是柴禾，我也想让它发芽"？

我更哈哈了。双重的成就感突突袭来。这情景与下面说的事一样：一次画家陆廷的油画作品展览前，赵丽宏前来看时，竟然抬手想擦掉那葡萄上的水珠。假可乱真呵。

这盆就是我做的肉肉微盆景。好一派风情豪气，满当当的正能量，诉说于每人。

2013-6-11　科学是对自然的一种暴力

野菊花

进得屋来,满屋一股烈烈清香。遂挨着每间房里都走了一遍,没见什么异样。到得厨房喝水时,忽然想着什么,回头朝客厅里看,才发现台上多了一大捧刚刚离土的野菊花。

欣喜不已。知道是钟点工小王来过,一定又见园林工修剪,为我悄悄留得送来。

捧着野花先去自来水龙头下冲洗一番。立马翻箱倒柜地找出一只细陶浮雕花瓶,将之插入。陶瓶是墨绿与粉蓝渐变色,配上大捧小菊花,立马层次生动,气韵丰美。最是那股子的田野的清新扑面而来。不甘放在客厅里,又提着到书房、到南阳台、到卧室……

试了好几处地,不甘。还是安在写字桌电脑一侧。近距离,在我眼前定位。顿感天造人意已至最佳。

原来六七十岁的人,跟六七岁的小小易差不多呵。一日,小小易得一心爱之物,把玩不定。到非午睡不可时,他将之放进床底下;看着觉得容易暴露,将之取出又搁进抽斗;想想一拉又会让人看到,马上又转移到他自己房间,转一圈之后,决定放在了门背后,再把门板盖上墙面。

但见他放心的笑容还没退去,却见他立即又进屋取出,捧在手里对我说,外婆,这些地方,小王阿姨都会看到的,我想还是放在我睡的枕头下吧?

我说,囡,外婆在书房里,不是为你专门准备了一只大柜吗,为何不藏那儿?

外婆,你不知道,因为柜子是我的,所以最容易被人发现哦!

哦,小心眼玩得不小啊。还逆向思维!我辈当刮目。平时他收藏的小盔甲、金图片、圆铜板、短铅芯,一时三刻找不到时,我们就讲,大约小王阿姨打扫卫生给扔了。大凡听到这话,小小易就知道事情已到天涯海角,不再纠结。

可是我现在还纠结哦,不是怕别人看到,而是怕自己看不全,看不尽兴。大有千年苏东坡"只恐夜深花睡去,故烧高烛照红妆"的意思,只是现代不兴红烛,写到这里,我已经拿放大镜,把一朵雏菊看成了一轮向日葵。

且又打开电脑噼啪有声,屏幕上便有句行,水一样流淌出来:

"清冽芬芳/这是来自泥土的问候/明丽响亮/这是出自秋天的气场/和大自然零距离/人,会少很多杂念//哪怕就一刻/一刻放飞/去趟远方。"

2011-9-15　云轻风爽　同类能够感觉同类

悬空寺

悬空寺门口的简介上写"占地 125 m²"。到底是垂直占地面积呢，还是占壁 125 平方米？似乎"占壁"更正确些，"占地"至多是它在地上投影而已哦。不过我等外行，率性一说，当不得真。

从照片上看过悬空寺，无数次，诸多神奇疑惑，想必早就被自己渐次消化。但当我真正走进"现场"，站在悬空寺下面时，我还是惊骇不已，仿佛是被一种神秘的力量吸住，整个心神就附着那面非同寻常的山壁上了。我对自己说，没错，此刻我与悬空寺负距离，走近并且进入。

于是，我内在的神魂恭敬肃立。

知道悬空寺里每根木头、每根柱子都是有着 1500 多年历史的文物，不得不让人望而生畏。但是，却可以活生生地用我们的目光，以至是血肉之躯的手，那么奢侈地抚摸 1500 多年前的文物。

何为大饱眼福？何为奢侈享用？眼前就是！

悬空寺远看就如镶嵌在山壁上的一组浮雕，轻巧精美。走进里面却发现玄机重重，供奉着释道儒三教，禅房殿堂一间不缺。悬空寺是面对峻峰，凿石而建，山寺完全悬空，巧借插进大山石洞的木柱作基，再方向垂直着"趴壁"建成。

明朝王湛初对此寺有诗："谁凿高山石，临虚构梵宫，蜃楼疑海上，鸟道没云中。"细品个中每字，诗句里奥妙无穷，而现实中的悬空寺更无穷奥妙。像经年雪藏的醇厚酒浆，够我再三细品细尝。

悬空寺又名"玄空阁"，取"道家之玄、佛家之空、形貌楼阁"而得名。整座寺院，上载危岩，下临深谷，楼阁悬空。在仅仅一百多平方米的面积上，巧构各类殿阁40余间。其建筑上不在巅，下不在麓，依势就形巧俏幽伏于峭壁之上。玲珑剔透，又凌空欲飞。诗仙李白观后，醉中题词，徐霞客叹为"天下巨观"。是世界自然文化的双遗产。

真有点不敢相信，你看下面一块石岩上，李白当年的手迹"壮观"两字赫然在目，右上角还凭空多了一个点。据说那是李白看了此"危楼"之后，激情万丈写下的。写完似乎还意犹未尽，悬在半空的手笔，落纸时又挥毫加写了一点！

这一点，像是额外得到的一笔宝藏，稀世珍贵！万千万千感慨，被李白用他的这一点，代二十一世纪的我，隆重而尽情地抒发了。过瘾！

想想山西幅员是何其辽阔，区区一百多平方米的悬空寺，何必要缩紧身子贴到山壁上？可是事情不是这样的。我们的老祖宗一定是觉得造在地上太普通了。一定要"横空出世""惊世骇俗"；一定要"异想天开""独辟蹊径"；还要"别出心裁"、还要"与众不同"；更要"特立独行""眼目一新"……要什么什么都可以，就是不要和以前所有的寺庙一样造在地上。

一定没有开过什么誓师大会，一定也没拉过什么横幅标语。我们老祖宗的几代代人，却悄无声息地给整好了。那种骨子里强盛的创作欲，该是我们后人要得的真传。

假如把恒山的翠屏峰比作一个人，那我们的悬空寺恰好是造在大山微微内陷的胸口。每天的日照在两小时左右，风几乎是直接吹不到它的。有风，但不会很强烈，影响不到建筑；但是没有风也不成，建筑材料的木质易烂；然而风太大了也不成，木头建筑要老化。现在的这点儿风，刚刚好！

要有日照，是因为半空的木房保持干燥的需要；但是日照太多了，木质又要开裂，也不成。现在的这点日照也刚刚好！

这个"刚刚好"何其伟大。是条阴阳的临界线，多一分会多，少一分会少；是1400多个春夏秋冬可行性的大数据后的结果，是不胜其烦的运算，是精妙绝伦的推断，是"正确"！是"不朽"！只是后者在先，前者在后了。"大数据"测算，当下刚刚来临，而悬空寺却已经成功"悬空"了1400多年。

1400多个春夏秋冬，真家伙啊，不是随便可以对付的。

以建造者百年血肉之躯及躯内的思想，竟然就这样活生生地穿过近15个世纪，而且这种"穿透"还无有穷期。传世之作，让一个中华民族可以骄傲地拿在手里细细端详，慢慢欣赏，恒久展示。

面对老祖宗们的这种精神和智慧，这种巧思与大胆，这种创新和这种技艺，我们的感慨是不值钱的。总是在想，眼下世风，有些今人为何会这样浮躁，为何都这样短视？甚至为何都要抛却过程，而直奔终端？让人的生命——这个天底下特有的神灵加肉体，渐行渐浅，越活越在低级层面上呢？也就是滞留在马斯洛关于人需求理论的初级的层面上，只是仅仅在生存线上折腾，看重袋里金钱、名下房子、感官享受，仅仅是如此而已哦。一切，如蝼蚁般活着，刚刚够！

这种"刚刚够"，如何能承担得起千秋万代的"悬空寺"？！

老祖宗留下的这个"投影"就能担当得起。

我们呢，连给"悬空寺"垫底的资格都没有。当然，我是说当今社会中的某些人，我一定也包括在内。甚至我们几个还浅薄到无知，未抵达前，想这次一定不上悬空寺了。半山腰哦，摔下可就不得了。凡事要见好就收，能出来看看就很感恩了，干吗还非要上呢？何况几个有比较严重的恐高症。十四五个世纪来都完好无损，不要等一去，正好塌了！天知道我们有多么可笑可悲甚至可耻，也实在有愧我们的老祖宗了。

导游为这样的担忧笑弯了腰。他说：当悬空寺上没人，整个寺就会稍稍弹上去一点，五到十厘米吧。下面斜斜支着的很多木棍等于没有用的；而当悬空寺里里外外人很多很挤时，整个寺就会压下去，结结实实地压在支柱上，来个稳稳当当。

听了，我拔腿而去，追上人流。心里佩服得恨不得"六体投地"。偌大一个建筑群，等同是被我们的老祖宗掂在手里的玩具哦！

小心翼翼上得台阶，推推这摇摇那，哪儿都不是死死结实着呢！在庙堂暗暗的小房间里，那些转角处的山石，溜滑滑，包浆都被摸出来了，闪着悠长岁月黑釉般的光；只是窄窄木楼梯，踩上去吱呀作响，只容一人的楼梯口，结实的木边沿被无以数计的人手，摩挲得墨玉般的亮润。

当年诗仙李白摸过的扶手木柱，而今我也用手轻轻地摸着。还定格拍照。一瞬间，时空穿越，1400余载的风花雪月，霜雨雷电，都在这儿集合。李白排在前面，我们排在最后。反正都在一支1400多年的队伍里，一种精神上的奢华和享受，岂是在欧美旅游所能有的？

　　北欧某国那只沉在水里300年的船，打捞上来后，给它搞了一个国家级博物馆。凡去这国的人，都要去这景点瞻仰一番，只是没有一样东西可以让你直接去触碰的。去年六月，我也在那儿站过。三百年啊，不得了啊。但在我们这儿，就小小弟一枚。眼下，我们一两千年的东西，都活活地在光天化日之下，手可以触摸，人可以亲近，大队人马也可以来个前厅后堂一穿而过。这，到底是我们的幸运还是悲哀？

2012-8-19 酷热暴雨　香梨上桌
物质是可见形式，而心灵是不可见的形式

心中的诗神牛汉

牛汉，我心中的诗神。早在激情燃烧的年代，年轻的我蹲在学校废弃的教室里，在混乱的书堆中读到了他。知道牛汉是早在20岁出头就厄运降临，但直觉却告诉我，牛汉与真理很近。

30年后的1996年8月31日深夜，我在日本，住在日本著名诗人译家今辻和典家里。离今天也有二十年之久了，我的面前是一张矮桌，上面摊开着牛汉亲笔书写的五页发言稿。当时我正贪婪地咀嚼着每一个字，再次感受着关于牛汉、关于诗、关于真理的甘露。此话怎说？

九天前，第十六届世界诗人会议在日本前桥举办。来自24个国家和地区的500多位诗人出席。我们出席的九人是：牛汉、刘文玉、傅天琳、刘湛秋、野曼、吕进、熊召政、郑玲和我。开幕式主场发言时，我有幸在这异国他乡第一次见到了我心中的诗神。牛汉老师长得很高，但脊梁笔挺，面容清癯，精神矍铄，疏朗洒脱。他一开讲，就把全场人都吸引住了：

"……我的诗和我这个人，可以说是同体同生，没有我，没有我特殊的人生经历，就没有我的诗。也可以换个说法，如果没有我的人生，我的诗也将平淡无奇……"

牛汉说的每一个字都直直地灌进我的心田。二十几分钟的发言，获得了热烈的掌声。

六天的国际诗会结束后，我受日本诗人译家今辻和典热情邀请，到他在横滨若叶台的家中小住一周。感激他的太太瑞子为我做的日本美食并陪我远道去享用了日本正宗的茶道等。这些天里，我们一次次谈到了牛汉。世界诗坛都被这条很牛很"逼格"的汉子感动。没想到牛汉那天的发言原稿，就捏在今辻和典手里，他正受第十六届世界诗人大会主席之托在译成日文。我忙不迭向今辻要过手稿，反复细看，发现他奔放粗野的字迹如草原上骏马，奔跑着思想。今辻先生的中文很好，他和我探讨着牛汉，谈起他作品和当时的背景。

牛汉自1955年起，蒙冤时间长达25年。他的诗文就是他生命黑暗年轮上，屈辱而激愤的印痕。我们为他手稿中的一个字或者一句话，常常要琢磨研究好半天。我俩都由衷感叹，我们这样的世界里，曾经有过这样子的人。

我被今辻一家安置在他书房里起居。那天左手无名指袭来的阵阵生痛，让我怎么也无法入睡。原因是前天活动结束后的夜晚，我被日本俳坛两位陌路粉丝盛邀，去诗会秘书处备案后，即往前桥一个叫土笔的地方参加俳人小聚，回途中意外被小车门猛烈夹伤，医院里拍片、治疗，经历了好番折腾。

那天夜里睡不着时一个念头蹿出来：何不将牛汉的手稿美文，亲手抄写一遍！想着立马翻身亮灯。

在日本若叶台的榻榻米上，牛汉亲笔书写的文稿就捧在我手里。他粗犷的字迹虎虎生风，字里行间裹挟着他生命里的风暴汗血和创伤

疼痛。我手指也在疼痛中抄抄停停,在痛感中体验着的人生和真理,似乎更刻骨铭心:

"在这个多灾多难的人类世界上,我已经艰难地活了七十三个年头了,经历过战争、流亡、饥饿以及几次囚禁;从事过种地、拉车、杀猪宰牛等繁重的劳动。直到现在,我的心情都不能真正地轻松下来……幸亏世界上有神圣的诗,使我的命运出现生机……如果没有碰到诗,或者说诗没有寻到我,我多半早已被厄运吞没……诗在拯救我的同时,也找到了它自己的另一个真身……"

当我全神贯注地抄写时,不想细心的瑞子太太发现我一夜未宿。后来今辻先生来上海时,笑吟吟地对我说,你那夜写到翌日五点三刻才躺下哦。不信,我有瑞子为你拍的照片为证……我方悟,哈哈大笑。这张照片我珍藏至今。这当是后话。再看眼前牛汉的手迹:

"加拿大有一位女诗人叫安妮·埃拜尔(Anne Hebert),她写了一首诗,说她是一个瘦骨嶙峋的女孩,有美丽的骨头。我为她的这一行诗流了泪……"

牛汉这几句话,我神情肃穆反复读了几遍。无法想象,一个在屈辱苦难中身心被长年折磨中的硬汉,不为强权倾倒,不为祸难改节,却在一个恶风黑雨的深夜,为一本破烂不堪诗集中的一行诗,流下了眼泪。为什么流泪?牛汉那粗硬的笔迹,流露着真情:

"她是一个病弱的诗人,但她的骨头闪耀着圣灵的光辉。我身高一米九十,像我家乡的一棵红高粱。我也是一个瘦骨嶙峋的人,我的骨头不仅美丽而且很高尚;安妮精心保护她的骨头,她怜悯她的骨头;而我正好相反,是我的骨头怜悯我,它跟着我受够了罪,默默地无怨无恨,坚贞地支撑着我这副高大的摇摇晃晃的身躯,使我在跋涉中从未倾倒过一回,我的骨头担负着压在我身上全部苦难的重量。谢天谢地,谢谢我的骨头谢谢我的诗。让现在的我,仍能正直地立在人世……我还以为,我比别人多一种感觉器官,这器官就是我的骨头以及皮肤上心灵上隆起的伤疤,它们犹如小小的隆起的坟堆,里面埋着我的诗和梦……"

读到这儿,我在异国空气潮润的夏夜里闭上了眼睛,暂时合上了我的手抄本。向来,我有一个习惯,每每读到好文字时,我不舍得一下子读完,我要慢慢享用。距当年虽然时隔二十载,牛汉也在两年多前的2013年9月29日长眠八宝山了,但那股生命中沁出的苦涩芬芳的气息,今夜还是弥漫了我的全身。想起前些天里,我和他在海南岛的大海边,他回答我时说及的一些让人记忆深刻的往事:

"文革"中他被发配到湖北的一个五七干校,因为人长得高大,最重的活就落到他的身上,拉大板车。每天清晨,他要把一条结实粗重的大绳索,套上身背,两手掌着车把,像纤夫一样弓着腰背一步步用力往前走。板车上的负荷有六七百斤重,山路又崎岖不平,车身就不稳定,大板车就一直处于摇晃的状态。为了保持平衡,他每走一步别说身手腰背,就连脚上每个脚指头,都要十分用力,否则就要翻车。一翻车,命就难保。一天下来,后腰背都累得竖不起来,放工后他常到附近的一处山坡,那儿有棵老高的大枫树,他先将腰背慢慢向后,再一点点贴近枫树干,再缓缓地使人站直……

牛汉用上海话说到"老高的枫树"时,我就看到他的眼里亮起光彩。即使生存环境是这样险恶,大自然里一棵美丽的枫树还是给了他一点慰藉。

"没想到……"他一说"没想到",我就觉得麻烦来了。

牛汉他说，那天早上起床总觉得有些异样，抬眼一看前方，往年布满枫叶的天空，忽然就一片空荡。他像受到什么重大打击一样，发疯般三脚两步奔过去，却真的看到这棵枫树直挺挺倒在地上。他傻傻地站着，在阵阵苦涩的清香里，只见黏稠的汁液从树干的断面不断沁出晶莹的珠子。他没想到一个生命的内部原来还储存这样多的芬芳。可是这芬芳，毕竟是来自绝望和末日。情不自禁地，他泪水长流，以致扑倒在枫树边失声悲号……

不想这时正好有个乡村大男孩走过这山坡。他循声而至，见状忙弯下身子对牛汉说，大叔，你什么东西丢了，我可以帮你去找……

我想牛汉老师的心灵，这一刻也许正被强烈地震撼到了；一如这棵横遭砍伐的老高的枫树一样，高大却又"卑微"的身躯内同样也储存着对国家对人民如此多的挚爱和真情；老高的枫树猝然倒下与牛汉自己身陷的险恶，发生了强烈的共振……

他无比感谢这个纯朴善良的大男孩。但是有一种巨大的失去，男孩子是无法帮他找回来的。

牛汉对我说，他写的每首诗，几乎都有出生地，出生地就是诗的根。我知道，他流传甚广的诗《悼念一棵枫树》，一定就是在那个地方长出来的。

去日本前，我并不知道牛汉老师也会去，而且是要作开幕式上的主题发言。但我知道牛汉半个多世纪以来，素有硬汉诗人、倔强诗人、汗血诗人及梦游诗人之称，他从来没有向苦难低头，没有溃退、逃亡、堕落、投降，没有背叛自己的良心、背叛人文精神，更没有背叛诗。在漫长动荡严酷的生涯中，他渴望为理想世界的创建，全身心地将自己燃烧，哪怕全部燃烧干净，包括血浆、泪水、筋骨，还有不甘寂灭的灵魂。

我还记得1999年8月，两岸女诗人研讨会在台湾召开。一天在阿里山的森林栈道上，当我说起我敬重的诗人牛汉时，屠岸老师的脚步突然停下来，看着我说，告诉你陆萍，牛汉这个人是个真正的硬汉。他因为硬，就一次又一次受苦受难，毫不夸张地说，他是现代诗的原野上，一棵汗血沤渍的大树。胡风也这样评价他。（当我2018年7月重新整理这篇文稿时，屠岸老师的话，已成绝响。2017年12月16日下午5点屠老仙逝。）

我讲，屠岸老师，我记住了。在转身起步的当口，我心中涌动着力量。

现在让我们再次回过神来，继续品读眼前牛汉这份如诗如铁如梦如血的手稿：

"我的祖先是蒙古族……他们总是骑在马上向远方奔跑着搜索猎物，我的这种不愿意被安置在一个指定地方或小圈子里的难以驯服的性格，可能有遗传的基因。我总想奔跑，游牧到一个水草丰沛的远方。但是命运却使我不幸成为一个围场中被捕食的活物……我只有从命运中冲出才有生路……"

这些话，让我想到了牛汉写的《汗血马》："跑过一千里戈壁才有河流/跑过一千里荒漠才有草原/……只有飞奔/四脚腾空的飞奔/……才能穿过几百里闷热的浮尘/汗水全被焦渴的尘沙舐光/汗水结晶成马的白色的斑纹/汗水流尽了/胆汁流尽了/……沉默地向自己生命的内部求援/从肩胛和臀股/沁出一粒一粒的血珠/世界上/只有汗血马/血管与汗腺相通/……浑身蒸腾出彤云似的血气/为了翻越雪封的大山/和凝冻的云天/生命不停地自燃/流尽了最后一滴血/用筋骨还能飞奔一千里/汗血马/扑倒在生命的顶点/焚化成了一朵/雪白的花……"这苦难中熬出的诗句,活生生是牛汉的精神写照。诗与他的生命血肉相连。

再说那天开幕式,牛汉的发言让大家肃然起敬。全场诗人的目光,齐刷刷地聚焦于他,并随他一步步走下讲台。在茶歇时刻,一个个过来和他握手、致敬、合影等。我看到他高高的个头,总是在一大群人的当中。

大会期间,主办方请我们欣赏类似中国京剧的日本国戏"能"剧。续着上午的话题,牛汉老师再次与我说起这汗血宝马的时候,是我们到了东京的国立剧场,坐在椅子上等待开幕时。

牛汉对我说,这种宝马不畏酷热严寒,任何恶劣环境甚至在绝境中只知道向前奔,汗流完了流血,血流尽了,能用筋骨再奔,一直到最后,当全身上上下下里里外外所有可以转化为能量的骨肉全部耗尽之后,就自身燃烧,以一团火作最后的奉献。

我听得入神,对这种蒙古草原上特有的宝马深信不疑。直到月前,我翻箱倒柜寻找当年我抄写牛汉发言稿的手抄本时,十岁外孙澄子刚好来我这儿。我将汗血宝马绘声绘色地告诉了他。小澄子几乎是屏息聆听,乌亮的眸子里充满着惊奇和崇拜。

可是过了一会儿,澄子急急奔来拉我进书房,要我看百度搜索到的文字。他说,外婆,汗血宝马最后不会变成一团火……

哦,因为深信,我根本没有动过上网查的念头。更何况那时电脑远没有今天普及。二十年来牛汉的汗血宝马早已在我心中生了根。我细细看了百度介绍,不禁哑然。我告诉孩子的一定是牛汉创造的一种艺术形象,也是他灵魂的化身。

还记得牛汉在1979年写过的一首《华南虎》。记住这个年份是因"黎明前的黑暗",他深重的苦难次年将得以结束。有几次我很想和他谈起这一话题,以一个小辈的身份,去触摸他曾经的苦痛和他岁月深处的劫难,这也该是我辈应该直面、应该现场听取收藏的一段历史。可是几次刚刚谈起,总有老诗人或者其他人过来与他说话而被打断,有一次记得是青海的昌耀。昌耀平时很少说话,所以我看到昌耀有话想说时,马上打住话头说有点事先走了。

回头看着牛汉的背影,有时我想,世界那么大,人又那么多,为什么这样深重的苦难,偏偏要让一个有才华的诗人来扛呢?

可以说他大半辈子几乎都在生死界上进进出出。14岁时为避战乱,渡黄河时船只倾覆,一船人就他一个活了下来。17岁展露才华有抗战长诗发表,每天到黄河边上大声朗读艾青、田间的诗。这一幕应该是年轻牛汉最浪漫最激情的岁月了。23岁在大学搞学生运动反蒋被捕,被地下党救出后,他立即去开封寻找党组织,不料路上又被捕。正当让他吃了行刑饭,五花大绑被押去枪毙之际,忽又被地下党救了下来,离死只差20分钟。到了他32岁时更大的苦难在一夜之间发生了。从此漫漫黑夜跟随着他……

最是后十年的苦役繁重。随"四人帮"粉碎,眼看在这待着的人全部解放调走了,唯独他还戴着沉重的"反革命"帽子,留在原地,继续拉他的大板车。一如笼里的困兽,让人想起里尔克写的《豹》:"数不清的铁栅/缠得它目光这么疲倦"。有次偶然得一个机会,牛汉在桂林公园看到一只囚笼里背对着游客的华南虎。那被铰碎的血肉模糊的趾爪,水泥墙上被血爪捣出的血痕,顿时让牛汉万千感慨内呼外应,一下子引爆了他诗的火药库:

"……你是梦见了苍苍莽莽的山林吗？/是屈辱的心灵在抽搐吗？/还是想用尾巴鞭打那些可怜而可笑的观众？/……有一道一道的血淋淋的沟壑/像闪电那般耀眼刺目！我终于明白……/我羞愧地离开了动物园/恍惚之中听见一声/石破天惊的咆哮/有一个不羁的灵魂/掠过我的头顶/腾空而去/我看见了火焰似的斑纹/和火焰似的眼睛/还有巨大而破碎的/滴血的趾爪！"这就是牛汉那首著名的《华南虎》。因为我熟知牛汉的这首诗，所以这一刻在我眼前显现的牛汉亲笔书写的句行，就格外让我铭记：

"……这些复杂的生命体验……我只能以伤疤痛苦去感觉世界……甚至可以说，没有伤疤和痛苦，也就没有我的诗，这当然是一种悲剧……也许从伤疤深处，才能读到历史的真实的隐秘的语言……我和我的诗顽强地活着，绝不是为了咀嚼痛苦，更不是为了对历史进行报复，我的诗只是让历史清醒地从灾难中走出来……"

读到这儿，觉得每个字都浸润着历史与他生命的浓浆，身心在被砍伐的伤痛中火花迸溅。牛汉精彩的讲稿，那夜我是双膝轮流跪地，将矮桌上牛汉手稿重读了几遍之后，再读一行闭着眼睛背一行，笔下再记一行，直至全文结束。整整一夜，全然忘了手指的伤痛，用了七页纸才抄完。

现在写作本文时，我将这个本子轻轻合起来，宝贝般藏好。想这该是我们后人一座富饶的金矿。为了寻找这金矿的标本，我翻箱倒柜，遍寻不着，没想在最后一天，在最后一只大橱的最后一捆文稿中间，万分欣喜地发现了它！

昨天不再回来。好在我们有诗、有文，在我们的生命里隆重地存留了下来。

补记

（1）1996年10月27日，第三届世界华文诗人笔会在广东召开。画面是路边的儿童乐园，在一架米老鼠铁艺玩具上，郑玲、傅天琳、李小雨、蓉子和我五人团团一圈围着牛汉而坐。这次笔会也叫"两山诗会"，因为在中山市开幕，在佛山市闭幕。其时，在参观完陶都展品市场后，我们一行人走在一起。路过儿童乐园门口，我一时兴起，提议大家坐上这个米老鼠车子玩一玩。

也许在离家的远方，人总有一种来自孩童时的冲动；也许，想让不可能发生的事情，在天南地北的老诗人们身上快乐而真实地发生一次（而今，照片中三人已去。小雨的离世就在眼前不久，郑玲和牛汉的离去，都在2013年秋天）。

不想我的建议，居然一呼百应。傅天琳最先响应，已快步走前；郑玲直笑，笑得直不起腰来；台湾来的著名老诗人蓉子，快乐的眼神中闪着一试的欣喜；牛汉看着那个玩具，好像觉得玩这个东西，他这个大个子应该除外。他用上海话对我说，阿拉坐得上气哦（意：就这样能坐上去）？我讲，坐得上呀！可以的，你看这东西是铁的。

大家喜逐颜开，我们五个女的异口同声要牛汉坐中间，他快乐地看边笑坐了上去。那一刻仿佛时空倒转。大家笑声不停。照片还是请路人拍的，因为谁也不想落下。散会后两月，我就收到了牛汉老师的回信。他在信中说：

陆萍诗家：新的一年即将到来，向你祝福。

几天前收到短简，并附的照片，太感谢你了。我的傻大黑粗的样子给你一照也显出了一点灵气。不过面孔仍是一副苦相。你的形象一点不小，风度昂然高挺，倒觉得大气。我倒显得不大。

这次作代会……见了一些老朋友，笑脸少，多半抑郁沉重，不是好现象，我不多想什么，还是照旧写自己的文章，安安生生，不去纠缠难题。人老了，时间不等人。97年我可能出几本书（诗，散文），一定寄上请批评。你的诗写得灵动，小巧。到上海一定与你联系。匆匆祝冬安。　　牛汉　1996.12.24

又及：在木马上的照片十分有趣，我记得当时的情景。几位诗人围着我，当时不觉得有什么，现在看太有情趣了，我成了花心。我一生中第一次照出这么美丽的形象。

（2）20年前的1996年10月28日，在广东中山市翠亨村宾馆，第三届国际华文诗人笔会的第二天，在宾馆门口的广场上。那次笔会我有幸受到邀请。但是事前并不知道有谁谁谁会来，我到大会秘书处报到后，野曼老师就告诉我（今夏整理此文时，97高龄的野曼老师已于2018年1月2日仙逝），牛汉这次也来了。正说着，牛汉老师正好过来，并叫我："陆萍！"我一时欣喜不已，这已经是第二次见面。

（3）在日本召开的"第16届世界华文诗人笔会·96前桥"结束的那一天1996年8月26日照的。记得在机场，有刘文玉、犁青（港）、野曼、牛汉、陆萍、傅天琳、林紫群、吕进（另有刘湛秋和熊召政因事走开）。

（4）1998年3月27日，在海南三亚第四届国际华文诗人笔会时与牛汉的合影。在去往鹿回头的路上，我们一道走着，终于上了山头，但见眼前云天高远，心旷神怡。牛汉老师他走走看看，不说话。我觉得他仿佛有很多往事涌上心头。又仿佛有很多话想说。但是万千感慨，不说也许比说了更尽兴。有时语言是障碍。大家就在这风景胜地，前前后后地留下永恒一瞬。

（5）记得在前几年读刚收到的《上海诗人》，封二是牛汉的照片和他"半棵树"的手迹。树，虽被雷电撕去整半边，但生命力还是那样顽强茂盛。这使我想起牛汉老师这个人。高高的瘦瘦的。在韩国参加诗会期间，我们俩老用上海话交流。弄得来自其他疆域说普通话的华人，很好奇。他们以为我们在说日本话，但是日本人又听不懂。我们毫无顾忌地想到什么就说什么。那天会中会，有个"两岸交流"。彼岸有个"不断强调自己地位身份"的某人在不断摆谱时，他愤然拍案：诗人凭诗而立，一味强化"自己官衔"，让人轻蔑。言毕离席。牛老的大义正气给我留下很深印象。

2015春天开写，2018盛夏收笔
一朵花并不意味着什么，它只是存在

聪明库

这是我老妈八十之后，为她女儿的女儿的儿子——第四代易子澄，做的一双鞋子。鞋的样子我非常熟悉，小时候，妈妈就为我们弟妹做过。毛料面，还分前后两片，精致地用素色缎绲边，小鞋底是用最原始方式，碎棉布和着米浆水一层层糊叠而成，有一厘米左右厚，再搁大太阳下猛晒，晒干变硬后，用鞋底线密密地扎成鞋底。

曾经的鞋底线，也是老妈手工搓成。老妈先将八根单棉线合成一股，四米来长，再将两头汇拢，一捏手中，一放嘴里用牙咬住，两头汇拢形成的一头让我用手指勾攥着。然而将捏在手里的一股，用两个手掌顺搓，搓啊搓，等股线的旋转让牢度足够时，便令我脱手放开，这时候妈妈一手高高提着，合成的大股线，立时就会快速旋转。等"转"一停，一根两米来长的鞋底线就算大功告成。

那个年代里，老妈嫌鞋底线也贵，所有开销，总觉得凡自己可以做的，就一律省下不买。老妈惯于敲骨觅髓无穷无尽地向自己索取。记忆之中，似乎也从来没有索不成的案例。聪慧至极的老妈有句口头禅是："哦，开眼生活。"就是一看就会的，连"学"也多余。

今天比之昔日，天壤之别已经不是形容词，而是写实。妈妈也从一头青丝走到了满头白发。即使当下孩子的鞋，多到穿不完，老妈她也要亲自做一双。个中微妙意趣无法一言而尽。那就一笔带过。

白发老妈做这样双冬鞋时正住在我家里，见她笑眯眯地还是沿用了"古法"。只是小时候由我勾攥的一头，她老人家勾在红木椅的官帽椅架上了。一头分量要重，红木椅经得起。

鞋底线做好，老妈就用手工一针针一针针密密麻麻纳成硬硬的鞋底。这种鞋子穿在脚上，软熟透气。只是现在的第四代们，物质非常丰富，这双鞋还没来得及穿，那小脚脚就长大穿不上了。我不舍得弃了，悄悄收存好。太阳好时，还记得拿出来晒晒。

每每捧在手里，轻轻抚摸，老妈的神情气息就四散弥漫开来。想象着老妈那年是如何低着头，捏着鞋帮鞋底，费尽心力又满怀欣喜地为第四代飞针走线。那鞋底被老妈纳出的针眼眼，如排列整齐的一溜溜小队伍，多少往事涌上了心头。

脸贴着鞋底，一时泪流满面。

而今小小易上小学去了，整理往日物品时，又看到捏到了。看那针针线线，带着老妈的汗渍手温，绲边鞋口，严丝合缝的精湛。这双鞋已成老妈的绝响。鞋子在桌角晒太阳。心里惦着老妈的叮嘱，新鞋要搁桌角头，鞋穿脚上就永远有棱有角。

从找寻布料、裁剪、刮浆、做硬衬、纳鞋底、为鞋面上滚条，直到"上鞋底"，所有烦琐的工序，都在老妈熟练的操作中，完美收官。

老妈在没有任何参照下，上手就能驾剪驭线，画样修边，所有过程几近创作。就如当年老妈年轻时，街坊远邻都会慕名来我家，求老妈为她们剪个"鞋样"。那时女人新潮流的鞋样，远远要比这双小鞋复杂得多。我常常和上门来的阿姨姑姑们，好奇又钦佩地看着鞋口的曲线，在老妈娴熟的刀剪下，左转转右弯弯，不意间就大功告成。

老妈的针线活绝对上乘，即使在行家成堆时，也不容置疑。老妈的绣工也非常了得，这句话我是从专业的角度说的。她27岁时无师自通，全程用缝纫机绣的彩色毛主席像，还被上海的专业机绣团体，借去展示行业成就，在国庆节日扛着上街去参加庆祝大典。

老妈离开我们已将近一年。每每思及，总不能自已。

我摸着这双柔软的鞋，就如摸着老妈她那柔软的手。老妈是"葱管"手指，尽管一辈子粗活无数，但她的手永远柔软灵巧温暖。

太阳底下晒着的，还有老妈为刚出生的曾孙做的"婴儿小毛衫"。我也不忍弃。老妈是用非常软熟的穿用过的全棉旧料细细洗净后做的。别出心裁的是在毛衫领后颈背处，悄悄用线缝着一个小小"倒三角"，指甲般大，是双层红布折成的三角，妈妈曰："聪明库。"小人一到世上，小小脑袋就与"聪明库"对接，这"聪明库"大约相当于现今电子时代的"云库"吧，源源不断运送的聪慧伶俐，想必就根植一生了。

这也是我家的老传统。身手不凡的老妈，几乎给她所有经手的小毛孩儿，都做过这种贴身的"装备"。也记不清有多少个了。记得并还来往着的几人，后来都在职场上"威武"。

老妈心中永远是"万般皆下品唯有读书高"。不管是在哪个时代，这是她心里认定的真理，也是她养育儿孙的底线。而事实上也只有读了书，才心气华丽，才眼界高远，才学养了得。

小鞋和小毛衫，我们心中永远的珍藏。

2012-12-29　一幅画大于一块画布及几笔颜色

死囚·沙漠·毕加索

深夜,在灯下坐定。

早上在死囚监房采访。中午收到来自大沙漠的信。晚上看毕加索电影。很多情绪、感慨、想象,杂乱无章地叠压在一起,叫我举笔不能罢笔不甘。索性喝茶,用滚沸的水泡得很浓,热辣辣地喝到思想深处,让它烫出个所以然来。但是,没有。只有毕加索向我走来,那在陋室里创作的"方苹果"画,满世界飞旋。刚看了电影,瑞士拍的《毕加索奇异的经历》,故事不讲究逻辑,意识流,荒诞不经的镜头里,我仿佛触摸到这位20世纪最有影响的艺术大师的灵魂。

新光电影院坐落在宁波路一条暗巷。步出影院,见巷尾上空灯火辉煌。而今上海不夜城又名不虚传了。从市郊新建的居所,偶然置身于此,这份感觉异常强烈。几年前,最先出现在华亭宾馆门口的小灯珠,现今已"星火燎原",南京路上一家接一家气派不凡的店门上空,这些精灵般的灯珠珠,正如瀑布如潮水般地倾泻着,一片接一片。在目不暇接中,想起一句广告语——太阳神,洒向人间都是爱!

我在情调浓亮的夜色里,蓦地想起了中午收到寄自内蒙古伊盟杭锦旗吉日嘎郎图乡日本诗人的来信:"我觉得你永远也不可能知道,这里的荒漠是什么样子。此刻,我坐在门口。辽阔的地平线上没有人迹,这里乡邮四天来一次,捣米还用石臼,晚上用蜡烛照明……"尖锐的两极反差,使人对眼前景色也迷幻起来。星星点点的灯珠子,变成了一望无际的荒沙。毕加索的白鸽在沙漠与灯瀑间扑腾、飞翔。沧桑变换,时空交替,世界之大,人世之深,我强烈的感受叠面上,又赫然跳出一个声音来,心倏地抽紧,这是上午采访中的断面:

"记者,我死之前能否满足我一个要求?"

"什么要求?你说。"我的心咚咚乱跳,隔着坚固的铁栅,她的声音亮丽清脆,让人想起精品屋的风铃。她的皮肤白净光滑,正是多梦灿烂的青春……这名比我小得多的死囚才21岁,而她却要走向死亡。不是电影也不是小说,我曾真实地站在她的面前。

和她面对面站着,我却无法救她。如果她是溺水者,我不会游泳却可以大声呼救,也可以抛下木棒长绳救人;如果她是重病患者,我也可以为她献血、为她煮熬天下的精华脂膏,来拯救她的生命……

但是,在法律面前,这一切都要粉碎性卸载!

这名美丽的姑娘已经用她纤弱的双手犯下了必须要用她的命,去偿还的罪孽。

我知道,她也没有一丝求生的欲望。她把自己生命看得很轻淡,这反倒让我不能接受。听她对我说:

"我把自己的名誉看得比性命还重。死,我一点不怕,我不知死时是否痛?"她这时还露出笑容,求教般地带着歉意。

我感到这问题过于残酷,扭转脸去,看狱廊墙顶一小方铁窗外湛蓝的天空。她继续说着,歉意不减:

"假如你现在给我打上一针,我可以安然死去,我马上让你打。"说着她拍拍粉色的真丝长袖。我无语,这一刻空气中涌动的声浪,是讨论着即将变成现实的生死大题。我怀疑自己在做梦,但是女警官站在旁边。我不相信也得相信;我不接受也得接受。必须。

两年前,她与比她大13岁其貌不扬的师傅同时坠入情网。这无可非议,爱之路遥远得很,迷路不足为奇,何况是一个19岁的姑娘。但是他诈,他想同时拥有妻子和情人;她烈,她不愿偷偷摸摸,她要做堂堂正正的妻子,否则,她就断然离去。要师傅两选一。

师傅同意了,但一定在她离去前,要得到她。纠去缠来终于到最后一刻,他将她硬拉至里间,欲行强暴,她死死扼守姑娘的最后阵地,恳求发疯的师傅:"等你离了婚,我嫁!"他哪里等得及"她嫁"的日子!疯狂的淫欲正冲上他的山峰,他死硬的那东西,已经触及她白嫩的肌肤了,刻不容缓!她已经在"悬崖峭壁"退无可退,她突然死力转身,一头发疯地向墙撞去说:"你一定要,就等我死了之后!"

遍地鲜血横流。他疯狂上涨的淫欲,霎时瘫痪。于是恼怒不已,破口大骂:"婊子!流氓!阿飞!瘪三!玩弄男人不要脸……"

她冲出门去,忽见众人异样目光。她断定全村人都看见、都知道了刚才羞人的一幕,她活不下去了!她想死前报复他。为让世人相信她的清白,她准备用榔头击死他10岁的女儿,之后当众说明事由,为自己恢复名誉,然后第二天等待枪毙。

翌日惨剧真的发生!只是她没有立即被"枪毙"。她愚蠢的打算与严明的法律,最终还是吻合的。撇开所有恩怨不谈,杀死无辜女孩,她就得偿命,不过不是第二天,而是第10个月之后。

她说:"记者,我只求在临死前,请法医检查我身体,证明我是清白的,还是姑娘身。"说完,她眼噙泪水脸蛋泛红,神色庄严。

我听了一时震惊、麻木,但又立时清醒、平静下来说:"可以!当然可以。"我回答得肯定。心中却滚过一阵颤栗,夹着悲哀。

她笑了,显得很满足并充满感激地说:"这样,我才死而无憾。"

采访结束,下午思维经过极艰难的转换之后,我又适应了"全国园林诗歌大赛"的筹委工作。拟稿约、商议进程。

灯下,万籁俱寂。我被瀑布般的灯珠子与荒凉的沙漠撕裂着,毕加索电影中横开的火车与充满感激的女囚的眼神,敲击着我的心。

于我负荷最沉的,莫过于已有死期的女囚。当天为她写下如此的诗行:"这一页实在应该一翻而过/被阳光蒸发/被长风吹散/被你未来辉煌的人生/着重忽略//可是/你在不该停步之处/执意停步/于是血流如注……"血流如注的孩子是无辜的,你实在不该丧尽天良!

生活中有许多迷人的站头,你何以要迷失于名声的死胡同呢?世界上还有毕加索可以迷醉,还有大沙漠可以去感受;还有真正的男人,值得你去倾泻一生的情爱;甚至还有园林山石可以去雕琢诗句,甚至在最后一刻,你还可以去依靠法律的呀!人的名誉果然重要,但是人生中比这更重要的东西还有很多很多。

毕加索的和平鸽满世界飞旋。无垠的沙漠荒野。繁华都市如海的灯火。死囚临死前的请求……很多情绪、感怀、意象和假设,杂乱无章地叠压在一起,叫我举笔不能罢笔不甘,索性喝茶,让热辣辣的茶水喝到思想深处……

1997-6 匆记 深处的悲凉如闪电 2021-7-31 修订

床上有棵树

千禧年前,在三弟新居聚会,从窗口向下看,外滩胜景尽收眼底。黄浦江闪烁着粼粼波光,江面着实比地面高出许多。辉煌的灯光如大都市的夜精灵,在水面跳跃游动,仿佛也在思想书写,想起公刘的诗句:"上海关/钟楼/时针和分针/像一把巨剪/一圈,又一圈/铰碎了白天//上海立刻打开了她的百宝箱/到处珠光闪闪……"

不知是谁谈起了我们旧居多稼路。我们生活过几十年的老屋,已是一片绿化草坪。五弟说他不久前路过时,那儿已经面目全非,说话时,双眉紧皱目光朝下,一副无望的心境。仿佛门、窗、床、桌、锅与灶都已经没了,其他的没了又如何呢,折腾去吧。

不过折腾回来,还是要回眸估量一下。弟媳用手比画着说:如果是以那幢小洋房为参照,那可以确认我家原来放床的地方,现在正好种着一棵树。说着,她用食指重重地向下点了点。

"啊……"这个"啊"字没有声音,兄弟姐妹几个听着,双眸聚神,抿紧嘴唇,只有直直射出的辣辣目光,在相互击撞。

树的下面是泥土,床的上面是我们人。这树与床的反差与冲撞,激打着我们心海的浪花，不平静。忽然对树与草坪产生了一种怨意。我觉得这草这树原本是啥地方都可以待去的，为何要独独占着我们睡床的地方呢？将它们忽略至零，恐怕也不为过！

唯有长叹。我们这个天长地久的地方，现在居然被闲置成了一方空地，种着闲树闲草。曾经在这块小小的地方，我们吃饭睡觉，我们玩耍奔跑，我们读书写字，我们还学着洗衣服学着补袜子。如果讲人生像风筝，在天南地北的高山长天飞，那么风筝的线头，就被这个地方紧紧攥着。哪怕这个地方只是草、只是树。

在这块非同寻常的土地上，我们兄妹慢慢长大成人，从这地方的一幢破旧的石库门洞里走出去，走向江南塞北、高山平原，走向工厂、农村，走向祖国的四面八方。

无法拒绝一种叫悲怆的情绪。曾经是那样一段刻骨铭心的生命历程，突然变得无所依傍。逝去的生命见证呢？伴我们度过幼年、童年、少年、青年的老房子呢？你怎么可以如此轻易地变成一堆大虚墟，再变成一堆小虚墟，然后就彻底被平整。曾经那样重要过那样结实过的东西，也可以销迹去痕。唯有一片青翠一派空茫？

有种要求索还、要求倒片复盘的冲动，自知没有道理，但还是顽强地在头脑中自动生成。不管我们现在的住地如何宽畅如何完美，但是从内心深处，都觉得不足以构成老房子消失的理由。

这些理由却无法阻碍时代前进的车轮。我们只能从有幸保留下来的老房子身上，去寻找比较模糊的框架来稍得慰藉。去寻找一点昔日模样的残温，来抚摸回忆安慰昨天。来与我们自己达成和解。

沧海桑田啊。

1999-9-17　2019-12-20 整理

在法律结束的地方文学应该开始

或许是读者掩卷之后,还意犹未尽,想更进一步知道她们后面发生的故事。

我写过很多这类非虚构的法治题材作品,有人在什么场合遇到我,并得知《人性苍茫》或者是《情爱黑洞》等等是出自我手时,问的也尽是这类话题。

这是永远也无法穷尽的话题。因为这些故事里的人都活着,他们会在岁月的泥土里不断地生根展叶,开花结果。即便是枯枝败叶,也会是凋零有声。

今天我就收到了《魔鬼之恋》中的女主人公居吻雨在 1998 年 5 月 22 日寄自女子监狱的一封长信。她说在对前夫"美好的回忆中异常心痛……当初嫁给他后,他所有朋友都对我非常尊重,我一下子觉得自己有头有脸,虚荣心得到了极大的满足。但后来,我发现他除了会赚钱之外,没什么优点。唯一的好是不管熟悉或陌生人来求他办事,他从来不会拒绝……我几天几夜痛得死去活来生下八斤重的儿子时,他还是为了赚那该死的钱,没有回家。从此我就一直想报复他……现在我沦落到这个地步,也是我遭到的报应……如果人有来世,我真愿为他做牛做马,重新为他做个真正的贤妻良母……陆老师,人真会有来世吗?"

读到这里我想,她已经真正感受到岁月的沉重了。她定会一天比一天更深刻理解前夫阿阳在第一次探视她时说的话:我们一起"等着看到儿子结婚"。真到了二十几年后她儿子结婚时,展现在她面前的图景,会是什么模样呢?现在我们无法穿越未来加以揣摩。

那个《吻别死神》长文中的女主人公火吻燕告诉我,春节前女子监狱根据她在监外服刑的表现,又为她减去了两年半的刑期。她又说她是整整一夜趴在床上流着眼泪读完了我写的关于她的十万字长文。女儿说,"妈妈你苦尽甘来了"。"苦尽甘来"这四个字里生、死、爱、恨、血海啊泪河啊,无法一言道尽。几天前我与她通了一次电话,得知她仍然没有勇气将这篇写她的长文《吻别死神》给她的王先生看。她说陆记者,我还是怕……王先生是她出监墙后,新结识的男朋友。他不知她身上曾经发生的故事。他或许可以阅读也可以谈论这篇文章,但是他不会"允许"文章中的主角却是与自己零距离的女友。

火吻燕她怕什么?不同的人可以为她作出不同的解答。但是我们不能代替她作答。我们唯有在一旁默默地注视,真诚地为她的现在和将来祝福。

《情爱黑洞》中那个黎吻雪早已不在人世。她用她的痴迷、决绝、罪恶与苦痛,为我们这个世界留下了一部哀怨凄凉的爱情大悲剧。文章发表后,我不断收到天南地北的读者来信。他们各抒己见,对这部纪实中篇里的几个人物议论纷纷。

有个叫吴某某的先生来信说:"尊敬的陆萍老师,我在中学时代就知道有一个诗人叫陆萍。您写的《黑色蜜月》以及《生命透支的悲哀》是我在失去自由的日子读到的！可以毫不夸张地说，'生命'一文改变了我这几年的人生……我原不知情为何物，苦恋四年却换来三年噩梦。而今噩梦醒了生活已全新，我和妻子现在是以一种超然的心情，读您的《悬崖上的黑三角》，我们为里面的女主角深深惋惜，也为自己庆幸……"

打击毒品犯罪是世界性的大课题。《魔鬼之恋》写了毒品犯罪的一个层面。女死囚居吻雨的前夫阿阳，是个人间大丈夫！当初采访时，无意间得悉了他的一些细节，我被他的宽宏大度深深打动，随后就开始了对铁窗中他前妻的追踪采访。去年秋天他从广西来上海探监。我帮着联系后，他在规定时间之外探到了前妻。他说某些人总怀疑他一定是用钱打通了什么关节，说着我见他竟然从贴身口袋中，掏出我几年前寻访他时写给他的第一封信。信带着他的体温，边角很见破损。他说他一直用心珍藏着这封信，还时时带着。实在有人怀疑他时，就掏出来给人家看，是记者找到了他，证明社会上好人是有的。

我想，他一定不仅仅是为自己的清白，还有一种人间大义。这个"义"既然让他碰到、感受到了，他要生成义不容辞的责任，去告诉天下："社会上好人还是有的！"

同一案事中那个"吃软饭"的魔鬼情人阿良，与他形成了强烈鲜明的反差。这两个男人天壤之别，偏巧又全让居吻雨一人同时碰上。于是心灵矛盾的冲撞就锐利猛烈，案情进程也就一波三折，跌宕起伏。

《情爱黑洞》揭示了婚外恋酿成的罪恶。里面痴情女主角黎吻雪，实在可哀、可叹、可恨、可咒，而让人难以释怀。采访期间，有不少人要我以道德法庭的形式，去谴责她那曾经是身居要职的情夫，可我终究没去做。我觉得人世间有些是非善恶，法庭并不是最终解决问题的地方。女人天性中的某些弱点，或许更是人间悲剧形成的必然。

《吻别死神》展示了性虐待个案的一个极端，妻子终将丈夫毒死。文中女主角火吻燕九死一生，终又重返人间，从女死囚到敬老院院长，出世与入世之间让人感喟无穷。

这里顺便提一笔，性虐待狂原本是自然界的一种心理疾患，可惜直到今天，还是没有引起人们足够的重视。记得此文见报后，我收到了不少正遭性虐待狂折磨的妻子们的求助信，所叙情节大都惊人相似。她们几乎都以恍然大悟的口气惊呼："啊，他'这种过分'是病？！"她们急切要寻求帮助，想挽回面临崩溃的家庭。我收信后，总是尽可能与我熟悉的心理医生联系，为她们做一点力所能及的事。这些姐妹同胞难言的苦楚和焦虑，我深深同情理解，却也常常爱莫能助，因为受害人太多。

一个记者能做的事，更多的只是用手中的笔，对藏匿在生活深处的、这些鲜为人知的暗角，以揭示的方式向社会披露和呼吁。真心希望有能拯救这些不幸家庭的社会贤达，来开一点良方。

《走近女死囚》三个纪实中篇的相同之处，都是惊天地泣鬼神且又负着命案的情爱悲剧，不同之处是三个女人迥异的命运。

当她们踩上生命的断崖时，一个才二十多岁，一个三十多岁，一个四十多岁。而今一个已被打下地狱，与她有缘无分的那个男人，正背着心灵沉重的十字架，万念俱灰地行走在人间；一个正在遥遥迢迢跨世纪的刑期中，点点滴滴品咂自己酿的苦酒，与她有缘有分的那位先生，正以博大的胸怀等待着她这个不能回家的女人；一个已在漫漫十五载的炼狱中获得新生步出了高墙，与她有分无缘的那名男子，早已命归黄泉。

由于众所周知的原因,本书中的三个女主角黎吻雪、居吻雨及火吻燕,都是化名。当中同一的"吻"字,是我刻意所为,想把她们组成一个特殊的系列。

就为醉人魂魄又浸润着罪恶的这一"吻",我在漫漫时日的采访和写作过程中,沉甸甸地一次又一次地掂量过她们所付出的生命代价。这代价沉重昂贵至什么程度,我甚至无法在这里用文字表述。我的心也被这些"地狱之火"一次次灼伤。我的人性也在采访、行笔时面临残酷的鞭打与拷问。

常有人问我,这么多年来你为什么要用"采访手记"的方式进行写作。

我说,都知道一个人犯了罪之后,要经公安局抓获、要经检察院批捕、要经法院审理、要经律师辩护,然后被量刑判罪再投进监狱服刑改造。这套法律程序严密、复杂而公正。当然为使国家政权巩固,公、检、法、司之间相互制约又相互独立,让公正道义在每个案事中实现,而献身这一事业的大多数公职人员,也几乎是竭尽全力忠于职守,为神圣事业而奉上他们毕生的心血精力。作为公民之一的我,对他们崇敬有加。

公、检、法、司是维护阶级统治的国家机器。法律是钢性的也是直角的。法律处置一个罪人,犹如机器处理小零件一样,很简便也很有操作性。机器是铁做的,肯定冰冷无情。但是大千社会世相百态,在法律"钢性直角"的大框架之下,还有很多柔软曲折和复杂的内容。"机器的简单操作"并不能解决社会生活的全部。

一颗子弹可以在瞬间结束一个罪恶的生命,但是散落在生活角落里的罪恶,却无法用一颗子弹来全部清除干净。

所以我觉得,"机器简单操作"后所剩下的事情,就是我们社会工作者要致力关注的。在法律结束的地方,文学可以开始。

在法场上被终止的这条有罪的生命,和这颗正义的但并不昂贵的子弹,也应该被演绎成我们当今社会生活中一笔尽可能大的财富。

事实上,除了判处极刑的伏法者之外,一个人犯罪服刑之后,在他(她)们身上,已经是罪罚相抵。他(她)们的罪孽,已经在被囚禁的"时间"即刑期长短与"空间"即失去自由的监所之中,得到了相应的惩罚。这与我们平时一贯倡导的对刑释人员不得歧视的观点,是一脉相承的。

每当我踏进监狱这扇森严的黑门,觉得自己更应该真实地去记录,这些羁押在高墙铁窗下罪人们"一失足成千古恨"的生存状态,也包括隐藏在他(她)们灵魂黑匣子里真实的精神世界;除了法律地位与我们对立之外,他(她)们血肉之躯中的情感,几乎与我们毫无两致,他们都为人父、为人子、为人母、为人女、为人夫、为人妻。因着这些相同的社会角色,除了某些特殊情况之外,我深信狱墙内外的他们与我们之间,都有不止一条的小路和小河,可以走通。

于是我在写作时把他(她)们具体的犯罪情节,处理成心灵活动的背景。这些"情节"早已被"公、检、法、司"机关详尽地记录在案,我再不必赘言。我得以一种人间情怀寻找着常人的视角,去着意凸显人性、人道、人伦和人情。这样,情与法之间就有一个绿草茵茵的中间地带,严酷的法律就变得容易面对,而一般人情也上升到了社会道义的水平。人类共有的人性与情感是永恒的。生与死、爱与恨可以穿越时间和空间通走古今中外。

既然命运给我这个机会，走进狱墙内这片异乎寻常的天地，真切目睹陷入生命极地、失足囚笼这些生命同类的绝望和痛苦，我就感到自己负有一种无可卸脱的责任。

我一定要记下一点什么来，告诉大墙外正在享受自由阳光的人们。否则我将不得安宁。我无法拒绝我灵魂的呐喊，于是就有《走近女死囚》《一个政法女记者的手记》《狱墙内外》等著作行世。

1996年2月，余秋雨先生曾为我《一个政法女记者的手记》一书的序中，有过如下一段话，特录下作为本文结尾："死囚要受到法律的惩处，但是他（她）们毕竟也还是人，他（她）们有理由要求人格和智力比他（她）们更高的人，在他（她）们死之前给他（她）们的灵魂获得某种缓释，给他（她）们精神带来一点平静。在生理上讲，我们对医院里那些明知活不了几天的病人还要尽力抢救，那么，在精神上讲，我们也不妨对不久于人世的囚犯作点力所能及的帮助，这是一种精神的人道主义。监狱是人性的边缘地带，而边缘地带的感觉神经总是最敏感的。为此，许多科学家喜欢做'边缘试验'，而一般人也愿意探询天涯海角、黄昏黎明等等边缘性风景。读者喜欢读监狱里的悲剧性故事，也与此有关。可能有些读者只是猎奇，但肯定有不少读者是出于一种关注善良、美丑、悲喜，人性兽性、崇高无耻等人生基本谷线的热忱。在纷纷攘攘的现实生活中能不时地萌发出这种关注热情，是可贵的。社会公德有可能在这种关注中渐渐普及。"

非虚构文学集《走近女死囚》后记
1998-10-18　2018-5-15略改

汉城亚洲诗会小记

1993年8月20日,我终于到了韩国的汉城。能得到亚洲诗坛上德高望重的金光林先生的邀请参加"'93亚洲诗歌研讨会",实在是一份意外的荣幸。

这次研讨会是历届诗会规模最大的一次。亚洲诗会一般两年一次。第一届1984年在东京,第二届1986年在汉城,第三届1988年在台北;第四次1990年本在马来西亚,后因故未成,所以这次仍可算是第四届。十多个国家和地区的300多位诗人与会,日本诗人代表团最庞大,由《地球》文学季刊总编辑秋谷丰先生为团长。此外便是中国台湾的10人代表团,由"笠诗社"代表、诗人陈千武先生领衔。

我一到汉城,听说台湾有诗人来,心里就特别开心。上次我去印度时最苦恼的就是语言不通,这次至少有10人与我为伍,用同一个老祖宗创造的方块字,我们思想的河流尽可以在异国土地上纵情交融流淌。

我被邀入住的是五星级奥林比亚宾馆,也是诗会的主会场。当时我一下飞机,就看到机场外有人举着"LU PING"的牌子,并老远就向我招手示意，热情地帮我拉行李上了小车。不多时，我便被领入一座富丽堂皇的建筑。上了二楼后我被引导着去诗会报到处签名。那张精致气派的大桌上，密匝匝摆满了齐整整的胸卡。诗会小姐笑盈盈地替我佩上胸卡，还外加一朵鲜花。那精亮的白卡上用两国文字印着"LU PING 陆萍——中华人民共和国"。

第二天下午一点，将举行隆重的开幕仪式。奥林比亚宾馆偌大的会堂里灯色辉煌。来自亚洲各国（地区）的诗人和东道国各地来的诗人欢聚一堂，艳丽的民族服装风情百般地在人群中摇红曳绿。闪光灯明明灭灭。我和台湾诗人庄柏林先生等一行人刚步入会堂，就一眼看见了来自日本横滨的诗人、翻译家今辻和典先生。十年前，秋谷丰作为团长，他作为副团长率团访问中国时，我们在上海见过面。从此今辻先生迷上中国，我们于是也成了忘年交。

几乎在同时，日本的秋谷丰先生、山路丰子女士，还有梁濑重雄、凡地守、有马敲等诗人都来到了一起，彼此都是十年前见过面的，其间还不时相互寄赠过诗集和新年贺卡。这一次又聚首，就甭提有多高兴了。大家笑逐颜开，神采飞扬，一个个握手问候，庆幸能在这样的场合见面！

缘诗而重逢，这是人生多么美妙的时刻呀！会场上，我将我认识的日本朋友与台湾诗人，不断相互为他们介绍着。台湾诗人大多懂日文或英文，交谈起来就很方便。因我不懂英语，感激他们不时作我的临时翻译官，特别那带有台湾口音的国语，听来是格外踏实亲切。

1988年，在印度博帕尔出席过亚洲诗会的日本著名女诗人白石嘉寿子、孟加拉的玛柯赫本黛牙之先生，这次也来了。我们三人第二次握手，在汉城大学街的一家酒吧里，留下了"美好的一瞬"。健壮浪漫的孟加拉诗人左右开弓，一边一个将我和白石嘉寿子搂得紧紧，在喧闹的街口，我们三个人欢笑着，忘情地摇起了身子。

中国大陆诗人的与会，倍受诗会的重视与注目。重要场合，我们通常享受诗会最高的礼遇。出任过韩国副总理、现为大宇集团总裁也是作家的金峻成先生，在汉城希尔顿大酒家宴请我们。

我刚踏进宴会厅时，已入席就座的台湾诗人和日本朋友，都向我热情地发出呼唤，我正想在几个圆桌间就近入席时，诗会的会务先生在我耳边轻声示意我座位不是在这儿。

我曾一时迟疑，但也只能入乡随俗客随主便。

结果会务先生把我领到宴厅正中的主桌入席。金峻成先生坐在那儿，正满脸微笑着向我点头，宴会小姐又将一束艳丽的乌姬花笑意盈盈地为我佩上。

我一侧脸，惊讶地发现韩国"最具敬畏性预言性"的著名诗人具常老爷爷，着一身白绸民族服装，就在我的旁座。我一时忐忑，又惊喜不迭。这一路下来大会是不是给我的礼遇太高了啊。

收到韩国寄来的照片，就是这瞬难忘的定格。这当是后话了。

眼前银亮的餐具前，竖着精致的席卡。正面是我的英文名，反面是我的中文名字，字体讲究工整，想来这些细节都不是仓促即兴。我明白 Lu Ping 陆萍，这6个英文字母后面，是有着"中国"这样结实的内容的。

有次外出参观回来，离晚宴只有30分钟了。我匆匆忙忙回房梳洗更衣，忽地有电话进来，我只得从浴缸伸出满是肥皂的手，去接墙上的话筒。原来是韩国诗会秘书处的崔先生，他告诉我晚宴地点改在七楼。我谢过后加紧梳洗，还得将箱子里礼服，取出换上等，这都要花费时间。不想电话又再次响起，我忙搁下衣服接了电话，原来是台湾"笠诗社"社长庄柏林先生打来，他说刚接通知，宴会不在二楼改七楼，特来关照我，我连声道谢后挂了机。

才一会儿工夫，"滴哩——"不想电话又来。我拿着耳环的手又拿起电话听，是日本著名诗人凡地守先生打来的，内容如上，晚宴更改了地点。我自是道谢不迭，心中涌动着热流。一件小事，同时接到了韩国、中国台湾、日本的三个朋友电话。

我满怀感激，在异国他乡用心盛载着诗国里的爱和友情。

当我梳洗停当，上楼进了宴会厅时，就如前所叙几桌人热情欢乐地招呼着我，场面的热烈，令我心潮澎湃。宴会后许多诗人又与我相约再聚，不知不觉间长谈至深夜。我们彼此分享了各自的生活与快乐。

诗的暖流涌遍了我的全身。

这一夜，我只睡了个"核心"，核心的这三个小时里，又全是美丽的梦，梦里溢满了诗情……

1993夏 诗是精神里安静而神秘的中心

诗坛常青藤

刚回家在餐桌前坐定，电话响了。拿起一听，哦，我立马恭敬起身。并忙不迭地说：野曼老师，是您啊，您好！"你为什么不打电话给我？"电话里听得出老师有期待的心情。我说应该是我打电话给您的，不该是您打来哦。我话音未落，又听得野曼老师的质问，"那你为什么不打电话给我？"我一时语塞。俄顷，又说，哦，有时想着，觉得你也许正在午睡，也许又觉得夜深了呢，我不敢打扰。

想象得出曼老此时听我电话的神态。觉得自己像找借口，于是打住。其实倒是真的呢。有几次我电话过去，他接了，一点也不耳背，对答如流。许是有事在心，他盼着我电话过去吧。

他说上次见面还是十多年前在日本前桥吧，参加一个世界诗会时？我说我们三四年前还见过呢，在安徽的天柱峰下，在五千年文博园里你组织的笔会上。老师想起来了，于是哈哈笑开。

每次收到曼老亲笔开信封的《华夏诗报》后，我总要"另案处理"搁别处，不与如潮的书报混一起。对于诗，觉得要给个清静的地方才心安。我知道曼老在这份诗报上，倾注了他晚年的全部心血。他为致力两岸诗人的交流，早在80年代初期，国人的思想意识还很禁锢时，他有胆有识，就动念作两岸诗人交流的破冰之举。这在当时颇为敏感，也曾有过震惊，后在我国诗坛传为佳话。

认识曼老是在上世纪的1988年。因为一首拙诗《冰》，有幸被亚洲诗歌中心出资盛邀，赴印度博帕尔参加亚洲诗人大会。回来后我写了散文《爱，是给予……》，寄给广州《作品》的主编西彤。不想几天后却收到了曼老的来信。诗人野曼我当然知道，但并不认识。曼老在信上告诉我，我的那篇散文西彤转给他了。他准备发表在《华夏诗报》上，让我寄两张在印度诗会的照片。原来，其时曼老正在初创"国际华文诗人笔会"。西彤老师觉得我这文更适合给曼老，就转了过去。

很快，我就收到了一份陌生的对开四版大报《华夏诗报》(总31期)。打开一看，没有想到头版头条，居然是发了我写的《爱，是给予》连同我的两张大照片，占了将近一个版面的篇幅。当时年轻，傻乎乎地看了一遍就收起报纸完事。后来才明白，这是多么举足轻重的一件事呵。曼老对后辈我的提携随岁月渐进，我方感到曼老的慈爱照拂。

"国际华文诗人笔会"发轫于1993年4月，由广东惠州参加西湖之春的24位新老诗人的集体签名动念成立的。但往后的漫长岁月中，这活动的具体资金落实及繁杂的组织联络等事务，均是曼老和他家人担当。每届诗会，除了本国的一流诗人，还邀请世界著名华文诗人出席。这些年来，曼老以赤子情怀，一边编着《华夏诗报》(直至出到现在)，一边不断地策划组织了一届又一届世界华文诗人笔会。

有次曼老悄悄告诉我，本届诗会举办时赞助方突然生变，发生了经济困难，诗人犁青得悉，暗中出资力助。这样的事发生，已经不止一次了。往后我每每与犁青老师见面握手时，心头总怀着深深感激。

世界华文诗人大会，影响力渐大。在我国90年代经济大潮之中，几乎所有官方期刊与国字号诗刊，都无力为一个纯文学的诗会埋单，独独民间的野曼诗报一家，动用社会力量，反倒在诗坛上频频作为。全国几乎所有的大诗人，都为能接到这一盛典的邀请而欣欣然前往。

在1994年深圳的第二届国际华文诗人笔会时，我就接到曼老亲笔写的邀请信。当时还不知道是怎么回事。下飞机进宾馆在签到簿上，赫然看见一大批心目中的偶像，于惴惴中，惊喜交织着不安。

也可以说，以野曼为核心筹办的共十七届"国际华文诗人笔会"中，大陆、台湾及世界上当代最有名望的华语诗人都留下了他们的脚印。最前三五届在我不全的记忆中有：黄永玉、高瑛（艾青夫人）、牛汉、徐迟、屠岸、昌耀、张同吾、纪鹏、晓雪、刘文玉、韦丘、杜惠（郭小川夫人）、雁翼、严辰、林子、刘湛秋、贾漫、西彤、张永枚、舒婷、傅天琳、吉迪马加、雷抒雁、叶延滨等，有香港地区的犁青、张诗剑等，台湾地区的洛夫、郑愁予、蓉子、文晓村等以及来自美国的彭邦桢、马来西亚的吴岸、泰国的岭南人，等等。

野曼所到之处，地方政府都十分欢迎，因为来者都声名赫赫。从当年盛行的经济视角来说，即使出钱做广告，也不见得能请得来这些重量级的人物。

他除了编《华夏诗报》，还为华文诗人编著立传，有《四海诗心》《国际华文诗人精品集》等，有一本全书精装彩印铜版纸的《国际华文诗人百家手稿集》，曼老为了收全入选诗人的"照片、手迹、作品"，为此光是他亲笔写信，就达140封之多！

手头有一张曼老寄我的贺卡明信片。上面有曼老的照片和他亲笔书写的"三唯"人生格言。野曼夫人叫林紫群，娇小玲珑。每次见了她，我们总要狠劲拥抱一下，像规定的见面礼一样。

早在2002年冬天的南京，开完第七届国际华文诗人笔会时曼老夫妇俩因临时有事来上海。其时我新居刚装修好，便邀两老在我家住下。怕他们不习惯上海三九天的湿冷，将空调开到30度。翌日起床后，曼老对我说："喏平（广州口音），上海还可以啦，一点也不冷啦！"我哈哈后放心。那天又陪他俩去逛了上海著名的豫园商场，曼老夫人看中一款精致的锦缎棉袄，正付款时，我发现商场欺侮外人，就用沪语去说价，结果一件的钱，居然买了两件。把两老乐得哈哈不已。

从我博客查得，文章开头的那次来电是在2017年9月21日。曼老在电话中告诉我，十七届国际华文诗人笔会将在深圳召开，将会有一个十九大的代表也来。届时将邀请我参加，让我做好准备。我觉得荣幸至极满怀感恩。但晓得曼老每每是亲自出马联络社会资助，车马劳顿费神费力，实在又心有不忍……

曼老说，"我打你很多次电话，就是不通，找你很难哦！喏，就这电话号码200235……"他老人家用嘶哑的声音，居然立即报出了这串数字。我惊诧之余，知道他弄混了，他打的是我家的邮政编码啊，六位数！不知为什么，我好一阵心痛，鼻子发酸。觉得自己受不起。但我没有说您老打错了。我只是说，野曼老师，今后打电话给您就是我的事了。您老放心，我一定会打电话给您的。只是……我还在上班。退而没休，但在你面前，不敢说自己老了……

听得出，电话里野曼老师"狠狠"地笑了一下，说，哼，你一个小丫头，敢说老了？知道我比你大多少吗！？我嗳嗳，说野曼老师您？

真不知道哎……

电话那头传来他乐呵呵的声音：小丫头，我今年95啦！

……

2018-4 匆笔

补记：那个时候，我不知道这就是曼老的最后一个电话了。两三个月后的一天早上，我忽然从路羽发我微信上得知，第17届国际华文诗人笔会是日正在召开，还有现场图片。

啊！17届召开了？但我却没有接到通知。我知道一定是曼老忘了。但是忘了不要紧，要紧的是曼老身体好吗？这是我最牵挂的。我立即给路羽发微信。路羽回我，得知上午的开幕式上曼老出席，身体可以，坐在主席台，不过只说了两个字："开幕！"我既欣喜又忐忑，立即请路羽带口信给曼老，说陆萍过些日子，会去广州看望他老人家的。

不想十六天后，就得到噩耗，曼老仙去！当时如雷轰顶，半天缓不过神来。反复看那一行字。确凿。曼老已经走了。心中哀哀不已。诗坛的这棵常青藤，终于累了休息了，也圆满了。我，我狠心地作这样想。

续写：在他呕心沥血搭建的诗歌棚架下，曾给过我们辽阔的浓荫，长年的芳馨，也让诗坛在这段难忘的跨世纪的几个年代中，绽放了绚丽多彩的花朵。多少美好与热烈，多少激情与澎湃，又让多少诗人在曼老张罗的平台上，欢聚相拥尽情畅怀，又一吐为快一醉方休啊。曼老，历史不会忘记，您创办的《华夏诗报》和"国际华文诗人笔会"将永载史册。

2020-12-20 又及　在每一片草叶里，都有神的签名

目击集体变老

感谢微信这个神灵,像吸铁石一样,利索果断把我们二十几粒铁末子,从散落在生活角角落落中给一下子吸了出来。分别了50年的同学要聚一次。于是,我们情切切意怅怅,天南地北地赶来相聚。

第一时间见面的视觉冲击力,不亚于将个上好的瓷瓶,"嘭"的一声砸碎!

花容月貌,顿时失去!

青春美好,立时崩溃!

眼前一派"黑云翻墨未遮山,白雨跳珠乱入船"的情景,怅惘中目击集体变老,一时让我讶异万分。

俄顷,从神思恍惚中一点点回转过来,零距离,面对现实。是的,一点也无法挽回。也毫无商量余地!岁月这个老皇上替你拍板定局。只是我脑海中镜头的切换,有点艰涩;过程没有痕迹,就如电脑的界面一样,鼠标一点,霎时换脸。

那位穿红衣的老同志,曾是我们的校花哟,少女时代的美貌可谓倾国倾城的,咋一下子,成臃肿蹒跚的老头了?不!不是老头,是她将头发剪成了老头的式样……我当时推门而入远远看到，就想这老头是班上的哪个男同学呢？

没曾想人到了这般年岁，非但自身抛弃了仪容修饰，甚至连性别，也跨界也马虎了呢。因为头发的男式女式，自小在我们心里就有根植的模式。

大家见面一时面面相觑。几乎所有人都成了陌生人，如果不是限格在这一特定的时空，路上相遇，敢说百分之百都"相见不相识"啊。所以尽管热烈地握着手，一边摇动一边却是愣声轻问："你……你是……你，让我想一想……"大有"我今停杯一问之"的感慨。

真是造化弄人，岁月这把该死的杀猪刀啊！竟然就这个样子精雕细刻，不去杀猪，却来收拾我们。将我们每个人活脱脱弄成眼前的模样。模样已经走样了十万八千里！但是，神还神在那个"神似"哦！即使相貌模样已经脱胎换骨，但是早先的甲，却还是甲；而乙，也还就是乙。岁月这个神功，一点儿也不会弄错。

再细细交谈下去，岁月翻飞，往事历历在目……真是"一段好景君须记，最是橙黄橘绿时"，面对面的人，眼里的那份神采，分明又是青春年少，意气风发的那一个了。

一桌盛宴在百感交集中进行。满席山珍海味统统退居为50载春秋动画片的背景。

我们从校园四散后的生命轨迹，千姿百态千差万别。或平缓中庸或跌宕起伏。如此，咀嚼的是生活，回味的是人生，感慨的就是人的命运了。

万千感悟。不尽唏嘘。末了置顶的四个字应该就是：活着就好。

是的，每人的处境好坏、收入高低、成功与否都不重要。重要的是我们都好好地活到了今天。而且幸运地赶上了电子时代。只要活着就是好的，生活中的每一天，都应该是生命中最好的一天。既然老天特地给了你，既然你无法挑剔，接受也得受，不接受也得受；那还不如爽然接受。接受之后，就好生厚待自己，不仅身体上的冷暖自知，或者精神上的急迫需求，只要自己情愿，做什么都是对的。

然而我要说的是，趁我们还不是很老，在可能的前提下，不要放弃自己和自己的梦想。也不妨跟上社会的脚步，接受电子时代对我们的颠覆。从传统、伦理、认知，以及无数细细琐琐的小事。

让新概念穿透我们，哪怕是放任，任由时代气息在我们生命里刷屏。不要执着，更不要反抗。不接受是不行的，与其被淘汰，还不如甘愿被颠覆。

看在我们曾经青春的份上，我们不甘啊。这样，我们才会认识自己。迟点早点，这不要紧。要紧的是转变自己，转变之目的，是即使到了山穷水尽的时候，也不要失去自己。

何况我们没有山穷水尽。用句俏皮话说，虽然青春远逝，但我们还拥有春天。

在自己对别人的"震惊"中，其实自己也知道，别人对我的震惊也是一样。老，不要紧。但要老得尊严。

目击了一场——"集体突然变老"的真实。意外且震撼。一记今天。

2017 秋　人生没有地图

在这条小街上

世界上有些事情真是难以思议。原本稀松平常、灰头土脑、黑不溜秋的一条小巷,于我们却是那么重要。

电脑中看到邮件是"现在的多稼路"字样时,眼睛唰地发亮,忙不迭打开细看。原来是小弟故地重游,刚刚去过我们业已动迁多年的老街,发来的一组照片。如潮的回忆,如潮地拍打人心,滔滔不绝。

这条小街上的某个屋子里,发生过我们七兄妹长大成人的所有故事和细节。妈妈的气息从这条小街的每个角落扑面而来。在我们兄弟姐妹的心眼里,妈妈是至高无上的。

尽管这里已经是天翻地覆,面目全非,街上"如厕"的指示牌,昭示了沧海桑田。当年街上男子上厕所,均到小巷转角处的露天便池,附近弄堂为此永远臭气熏天。这个历史陈迹早已压缩在我们记忆中了。只是眼下的"巨变",不意又激活了我们的"储存"。

"容容大度量人间真情,母爱无界教儿女懂事。"七个多月前,老妈,你的三儿子深夜守在你的灵前,含泪写下的这句话,这一刻放大再放大,在我们心头轰响。

文字只是抵达时的路标。路标就是块牌子，我们走过牌子进入了更深的天地。

将近半个世纪，老妈你在这条街上千千万万次地来回，为七个孩子的一日三餐而奔走再奔走、劳碌再劳碌。这条路上每扇至今未拆的老门面，见证着你的艰辛困苦、你的坚毅强韧、你的执着伟大。我们今天还是在这儿，感受到了老妈你太多的精气脉息。

只是我们平静。我们执着。我们不怕。老妈你虽死犹生，我们用感恩的目光，默默地抚摸着这个街上的每寸每分；我们用汹涌的感情，静静地注视着这个街上的一响一动。我们走在这条街上，心情静默而复杂。

我们感觉妈妈还在这条街上。妈妈用生命中太多的时间、太盛的精气活力，真真切切地充满在这街的空间。不是现在的虚拟空间QQ。在这条既熟悉又有点新奇陌生的街上，我们感受得到妈妈的生息，妈妈的声音，妈妈的手温。妈妈那天生柔软的手，永远劳作却从不粗糙，永远辛苦却从不觉着委屈。

尽管当年的"弹格路"早已灭迹，但那些旧房、破屋、老窗、电线杆、上街沿，更是那种若近若远又陌生又熟悉的味道，还是难能可贵地给我们保留了当年一段生命中真实的多维度格局。

有种情感，黏稠得一塌糊涂。也许太复杂了，就"剪不断理还乱"。要不，家弟陆廷为什么在这个大暑天莫名其妙会跑到那个多稼路上去，没头没脑就给我发了这一批照片。画家弟弟的相机像素太高，有些在我的博客上还传不上来。

多稼路223号，是正对着我们老屋的一座小洋房。它幸运地保留下来了，也为我们今天的追寻提供了参照。

看小弟站在那小洋房门口，面对着镜头。估计是请路人给拍的。我知道他心中一定五味杂陈。我们老家230号旧址，早早就变成了一块绿地。那有大树的地方，曾经安过我们的一张床。老屋推倒改建后，我曾有一文《床上有棵树》在当年的《新民晚报》上发表过。

无从寻觅，还是要去寻觅。就知道那儿有我们老妈的脉动和气息。老妈一生大多光阴，与这块热土共呼吸同命运，虽然我们聪慧能干的老妈只是被命运随意安放而实属无奈，但是那块土地，就对我们产生了一种强烈的吸引力、黏附力。时常无法摆脱，就身不由己地"常回家看看"了，就会不由自主地走着走着就绕到了多稼路。

这个事，我们的老妈比我们谁都想得开。她老人家自从离开那个地儿之后，就从不涉足。好像那是雷池禁地一般。她老人家说，"这个地方，我已经'蹲'够了！""蹲够"是啥意思？欲说还休！老妈再清高，也必须面对俗世：孩子多，一个个生长发育期要吃，然而"自然灾害"米不够！天冷了要穿，然而"自然灾害"布没有！三弟七妹生病发烧要上医院了，然而钱没有！……我记得清晰：已经是半夜三更了，妈妈还是坐在床边，两只眼睛盯着发烧昏睡的五弟。手里托着温水碗，下面加块小巾，另一只手的汤匙略略撑开儿子的嘴角，让水线沿着口腔内壁滴将进去。妈妈知道这样就不会呛着儿子……

当我们长得足够大时，才感知到老妈当年肩上压着的担子。老爸长年在野外工作，不回家。分量全在老妈她一个人身上。难啊。

多稼路上凡知道、凡认识老妈的人，无人不夸无人不敬。左邻右舍中有谋求子女出息的家长、有想专题研究学生成才的老师等，找到我老妈问：您是如何培养您子女的？老妈呵呵着，她也为子女的争气自豪。

当年我们碰到难题时，都会得到妈妈的指点与说教，而今虽然记不全，但有一点可以肯定：老妈的话是我们人生的方向、成功的捷径，也是智慧的海洋。

青龙桥。一个深深融在我们童年生活中的名字。它是多稼路东头的一个支弄。在我们记忆中，是闭着眼睛都能摸到的地方。站在小弄堂里两手一伸，便能搭着左右两边的墙。现在照片中小弟站的地方，正是当年妈妈的视线即将要中断的点位，因为她儿子们去学校在这拐角一转身，身影就消失在青龙桥里面了。妈妈这时不立即收回视线，而常常会再待会儿看着，然后进屋忙乎。

多稼路在我们漫长的生命进程中，一点点一点点远离着我们，也滋养了我们。

2012-7-28 道家的自然主义是服镇痛剂

吃

蒸的一小块咸肉骨头，不知怎么一弄就到了我手中，成了我的小吃食了。坐在电脑前起先倒还平常的样子，撕几丝吃吃，过一段时间再撕吃。可是越到后来，便越欲罢不能，这味道有方向感，领着我一路狂奔，品咂出什么道道似的着迷了。我一会儿撕几缕放嘴里嚼嚼，一会儿又去咬上一点点咂着滋味，到后来，干脆双手出击，那是块排骨末端带着软骨的东东，我将它全方位旋转着啃将起来。才惊觉那骨缝缝眼里被吮出的滋味啊，跨世纪一路追踪到我小时候。确确实实，我吃出是小时候过年的味道了。

不知道那咸肉骨头竟然会这样好吃。人活到今天，至于这个吃，我一点儿兴趣都提不起来，整个就是人活着需要干那事，维持着身体的每天所需而已。顿顿汤汤水水，弄个六分饱，不饿着饥着就成。谈不上享受，有时饿得正慌，就着香椿菜汤泡饭干个大饱，倒也不能说不是享受。反正，小时候那个美味好吃啊，当今食物变种不去说它，更多的是"到啥山捉啥柴"。人老了的山上，不再是小时那山了。忙手里的事，吃食什么仿佛是早已完成的功课，不当事也不是事了。

一如尼采所说，凝视深渊过久，深渊将回你以凝视；我这样对待"吃"，那肯定"吃"也这样回敬我。就成现在这个模样。我与食物，两不追求，左手右手的感觉。所以有人兴致勃勃或神秘兮兮地对我说，陆老师，今天我们一起去吃海鲜；陆老师，我们今天去吃野味时，我只能假装呵呵地受用。其实心里却想，弄个西红柿炒蛋或者酸菜鱼什么的，就是我的"南天门"了。其他纯属多余啊！再是，再好的上品，我也只是一小块而已，两块就到界了。说实在的，我只是要个饱而已。我没兴趣呀。

都知道我有个怪癖，那就是，上席必得先给我来半碟饭。不管是在作协邀请外宾的盛宴上，还是在同学作乐的小聚时，都一样。逢年过节在自家弟妹家，总能听得主人说，快快，先淘米烧饭，介多菜没有用的，阿姐来了肯定要先来碗饭的，否则节目就无法进行下去了。同胞手足情深，我听了受用。

再个怪癖肯定更离谱了，我会"晕菜"。向来，我只认米饭、炒的青头菜、油豆腐塞肉烧的汤、咸菜烧豆腐，如此范围内变幻的花样，我呵呵，真的很舒适。而如果是一桌美食盛置于镶金镀银的碗盏之中，满目皆是贼亮的餐具，在灯下极光闪闪，冷菜没过，我基本上就开始要晃了，晃不多久就晕。晕不是真晕，就是一口也吃不下，胃里还鼓胀着气不爽不顺，饿，并拒吃着。如果，这时还一定要喝口酒什么的话，就算是晕到顶了。

这时，吃不说，连话也全是应付，满心眼里就等着散席回家，晕到深更半夜时，弄口饭放三碗水煮汤，慢慢将汤全部喝将下去，将"晕"胜利击溃，告捷了事。这是我很多次后，自学成才研究出来拯救自己的妙法。

所以啊，吃，这个项目，对我没有一点吸引力。粗茶淡饭对付着，就是功课优秀了。否则物极必反，弄个不及格，折腾啊。

那小时候的好滋味，被我一阵阵一阵阵地吮吸出来了。让我刷新味蕾，一种久违的感觉啊，一笔删去了我老旧的昨天，将个"老早子（童年）"的美味，<u>丝丝缕缕</u>地通过舌尖，抵达躲在自己深处的灵魂！如果能撕扯下那块咸肉骨缝里的<u>丝缕</u>，放进嘴里嚼，再慢慢嚼嚼，让久违的鲜味慢慢地跑着，告慰全身上下的每个细胞……咸食罢时，口渴，一口咖啡下去，再一口红茶……那是如何美剧中的情景？

今天敲键前，特地去厨房复了制。寻得昨天蒸的那块大咸肉，就着肋骨的同样部位，切了一小块放大锅里，酒、糖、葱、姜伺候好就开火蒸。这会儿它正在灶上华丽变身。外面有阵阵香味神秘地传了进来。欲望升腾。

上文就是在这个咸肉骨头变身美食之际敲击出来的。现在我要去揭锅，不知味道还是昨天的吗？

2018-5-16　在绝对的纯粹和孤独里，人会移向本源

核·下樟村

　　大好春天。2012年4月25日上午九点刚过，一枚新疆大枣那如凶器般的大核，潜伏在米粥里，以横向平行于地面的姿态，深深卡死在我的喉咙口，它想给我以最大的伤害。

　　不想欲速则不达。明明看见枣子粥里光剩糊糊的枣肉与枣皮了，想早餐快点用完后出发，于是一口下肚，横生了意外的枝节！发现情况后，我猛灌米粥，下不去，我拼命吐，又吐不出。我想，坏事了！今天要出报纸，一应人马已经到位，正在那儿拉开了阵势，就等着我最后完善。心想我是不是应先到医院，让医生用钳子一下帮我弄出来后，再赶到做报现场还来得及。于是我打了电话。女儿和先生立马出现在我身边。不见女婿，但他在后台总管遥控。

　　事情没有我想象中那样顺溜简单。他们平心静气，马上与我打的去了汾阳路上一家全国著名的医院。一番里应外合后，可以入院手术。令我没有想到的是，居然有专门一类叫"枣核卡咽喉"病人，走廊一侧的病房里全是！哦，想必是全国人民中如我这般的"意外"人物，都来这儿集合了。新奇！

几个小时过去。纤弱的喉道口,已不胜这大枣核的重量。开始坐立不安,望着女儿的脸,强作微笑状,我尽量不让她担心。

得知可以在下午两点上手术台。心中庆幸不已。只是去"做报现场"的打算,成了白日一梦。

全身麻醉。早上起床时,我还不知道下午会享受如此的"规格待遇"。不过说实话,接受麻醉时的那个"陶醉"劲啊,春风细雨般的温柔。就这样和医生护士在一问一答之中温着柔着,意识就由近而远,再远,最后就美美地消失了。

八分钟后,"笃"的一声,那核,平静搁在五官科医院的白盘子里。

我再度庆幸,在核还没有卡在我身体的要害部位之前,这世界上已经为我即将发生的"核"事件,严阵以待。全身麻醉清醒过来那一瞬,整个身体是酥软的,温热的,飘然欲仙的。听女儿告诉我手术是"八分钟"那当口,我忍不住对女儿说,我全身前所未有的通泰啊,我人怎么会那么舒服哦,简直是种享受。

女儿一脸温情,说,妈妈,那你就陶醉吧,好好享受。最是做报现场的葛主任,得知出了这意外,居然马上赶到医院,并带来一箱大芒果,对我说,陆老师,这个果核巨大,不会卡喉咙。处女座的他,硬是对"核"一追到底,非与"核"一拼,不完美不了事哈。再是报纸决定延期一周,您安心养身体吧。呵呵,事情搞到这个地步,我觉得很是圆满。

在医院里躺了一夜,先生也床边将就着,挨到天亮办出院手续。画家小弟对我说,阿姐,我们早先定的明天旅行,还是一切照旧。其实我也多么想"照旧"啊,只是受伤的咽喉膜还有待恢复,毕竟伤害过甚,吞口水也痛。我弟不是不知道我的事,但我深深明白弟的用意。

所以想想还是觉得"照旧"好,局部的创伤,无碍大局。有种伤口到大自然深处去汲取滋补,去修复,也许更妙。

于是当日下午,我如约和弟等朋友们驱车来到了丽水。那儿是小弟辉煌事业的发祥地,我很想去得点灵气。果然,一到那儿,我除了不大能说话,一切鲜活如昨。弟弟用着心,每到一处,便先与厨房联系,我的吃食都给炖得稀烂美味,我恢复得很快。

那儿的山水并不著名,但小山小水一样滋心养人。小弟一年中会有几次去那。也许为寻觅灵思,也许为酝酿新意,也许为构想表达。也许什么也不为,就是想去走走看看。反正一个叫作目标的东西,无法捏在手里端详。

我总觉得丽水住着我弟的另外一个老娘,一个精神上的老娘,也是他画笔下艺术世界的故乡。如果讲多稼路是他在这个世界最初的着落点,那么丽水就是养育他翅膀强健飞翔的发祥地。

小弟的足迹几乎遍布丽水的每一个村庄。而我们家几乎所有的人,也都对丽水怀着深深的好感。那儿有个叫"下樟村"的地方。小弟和我去过。一座山,不高,坡也平缓,适合慢慢走走看看再想想的地方。

人生活在世上的很多时候,都是在这样"想想、看看、再走走"中度过的。

"辉煌"其实是个骗子,她在骗走你很多光阴、很多情感、很多精力之后,突然光芒四射地来到你的生活中,晃上一圈后立马走人。

事实上你还没反应过来,还没完全接受的"这个辉煌",她又在遥远的地方,操控着你的重新开始。

小弟真的重新开始。此刻,他正领着我们一大帮心怀渴望的人,不知是第几次了,从山脚向上爬,一步步地攀登,无悔无怨。只记得沿途遍布一种大大小小的"冰臼",就是石坡上一个个表面圆润光滑的凹陷洞洞。

人言道,走啊走,走到山顶上,看见一个庙;可我们不是,我们是走啊走,走到山顶上,赫然有个小村庄。而且有水流从小小村子,淙淙流过。更绝的是,在村头竟然看见一棵翠生生的大樟树,风华绝代的那种。我心怀好奇,朝大樟树方向再上前几步,却见脚下是悬崖,方明白在村子里都能看得到的大樟树,只是樟树的上半部分,樟树的下半部分在山下。

突然开悟:怪不得这个村庄叫"下樟村"。何以见得?因为村庄的下面有棵樟树呗!不叫"下樟村",叫啥?

曾经不知去过多少小村小庄的,我从来不记得村名,唯有这个"下樟村",牢牢铭记在心而且从不忘怀。

今年是2015年,为"核"事件,也为这个下樟村记一笔。

2015-5-22　一堆思想在移动,就好像一群鸟在飞

旅途着装

没想到云南竟是这样的天气,早晚冷如冬季而中午却热如盛夏。或许是高原?或者是海拔高的"地差"?

一直自己赔着小心,宁可衣服满身披挂,也不少带一件上路。不需时可扎在腰间,膝盖冷时可以倒过来扎。脖颈冷时可以将衣服当围巾用,寒流来袭时,可将所有的衣服全部穿在身上。不管外表如何不成体统,我只要我衣服里面的身体舒服、帽子里面的脑袋清醒包括裤管里面的双膝不冷就好。

我没有一身像样的正装,而是松松垮垮,飘飘洒洒,或许还"拖泥带水"。可我一点儿也不在乎我的形象,从心底里说,这种装束正是我骨子里的模样。不喜欢正儿八经、不喜欢事先预约、不喜欢循规蹈矩,而喜欢即兴挥洒、信马由缰的那种激情和那份随意。

尤其是爱将毛衣或者薄型羽绒服,甩在背后,再用两个袖子在前胸打个结。就这样晃荡晃荡地走来走去,甚至家里我也是这副打扮;感觉有丁点儿冷了,有后背心的衣服保驾,感觉热了,那晃荡晃荡不着背心的空隙,正好填了这个缺。着装在我,唯此才能解决我之所需。

内心喜欢与身体诉求，就凑成一对了。

不想我即便这样，以随时应战的状态进入旅程，到了云南我还是败阵。最后几天里，喷嚏鼻涕接二连三，且日日重。发作前我正好到腾冲，也没在意身体微妙的变化。不想等热热的玫瑰温泉泡下来后，坐到大巴里一边大汗淋漓一边却浑身发冷。好在带着药。按常规吃似乎没有用，吃与不吃一个样。感冒该有的程序，无一缺席。

换药加量，勉强对付。也许高原反应和着感冒，加之缺氧，一时无法逆转。好在是行程的最后一站。我们准时准点上了火车。41个小时的车程，是我们自己的选择。尽管飞机火车一个价，但我还是要让自己一辘辘一辘辘地走出高原，走到零海拔的上海。当找到自己的下铺，行李一放，我就一骨碌地躺下。那个舒服啊，有到家的感觉。只不过哼哼唧唧时有传出，那是种无法抑制的呻吟，先生说你不要这样可以吗？我也想不要这样啊，但却抑制不住。那种不由自主的发声，仿佛透支一样，赤字写在白纸上，刺眼。半日过去，哼唧声渐弱。我的体力走回到零轴点，不再是负数。

漫漫两夜一天的行程是这样美好，美好就美好在它的漫长上。后面没有人催着要上班，前面没有人喊着要交稿。前前后后全是风景。有刚竣工的造型完美的站台，有油画般的崇山峻岭，有生机盎然春天的田野，也有金黄金黄的油菜花蓄着勃勃劲道刚展身手。想着诗仙苏轼说的那两句话了：江山风月，本无常主，闲者便是主人。现在我这个闲者来了，目之所及的整个儿完全是自己属于自己，这样的日子，是天堂。我不去想象苏公出手此句的真实心情，我是连根拔起般地对诗圣的敬佩，理由之一便是此句对所有人的"适用"。即使就是字面的意思，也力透纸背呵。

到了上海。一桌一凳一草一水的亲切感拥抱着我,却发现家里原来是这样的窄小。本来以为可包容万物生长的阳台,原来就只有巴掌之大。躺倒在床,那种踏实啊,踏踏实实梦没一个睡到天亮。药也不吃已全身通泰。

但还是晕晕乎乎,摇摇晃晃,到底40多个小时的颠簸,到了平地,反而失衡。记得有次去渤海开海洋笔会,在海上待了七天。老海员说遇上了"米筛浪"。人那个摇啊,但我不晕船。可是着陆时,人却反而晕了,恍恍惚惚七八天才"倒颠"过来。

现在人的感觉舒服了。舒服就想做事。每根筋骨都蕴含了生机。披衣坐上电脑前时,心想只是浏览而已,不想关电脑前竟洋洋洒洒地写开了,主要是万籁俱寂中头脑利索,打起字来飞一样哒哒哒、哒哒哒……爽啊,就像我飘飘洒洒随心所欲的着装一样。

2017 台风季节 一语天然万古新

世界的尽头感

科罗拉多大峡谷，任何人站在地上都不可能一眼看遍全貌。只有腾身从高空俯瞰，才有可能完整地看清地球上这条最深的裂缝。

我们只能到大峡谷的南缘。当身临其境时，还是非常震惊，虽然只能欣赏到大峡谷的一部分，但却脑海清空，全部让位于眼前的真实了。团里有一人上了直升机去俯瞰了，我恐高，没敢上。我想俯瞰至多像看个模型吧，没有脚踏实地来得真实可信。

本来就不相信世界上真会有这样子的地方，实地考察过之后，我会对自己说，亲眼看到了，这是真的。从中国飞了一万多公里路，到了地球的对穿点位。走得够远，我们的老祖宗叫我们"读万卷书，行万里路"，有道理！做华夏子孙就是滋润，这种倾注在生命里的精神营养，让我们从容淡定，心气自华。

大峡谷那儿造的玻璃桥，觉得在宏大浩瀚的大自然面前，显得有点"自不量力"。有人说，玻璃桥是活生生坑人钱财的玩意，我没去，不好乱发议论。即使免费，且上去后还会给份大礼，我也不会去。恐高是一种感觉，感觉坏了，看出去就什么都坏了。我想成全自己。或许玻璃桥也是人类对自身的一种挑战，或许换个视角看世界也是人内在的诉求；或许它，也是一种世间罕见的高难建筑艺术，"或许"会有很多，依各人感觉展开。

在科罗拉多大峡谷的现场，几乎什么建筑都没弄。只是支了几个篷棚，在游人用餐时挡一下太过炽烈的阳光。不过也只是粗粗地糊一堵墙，写几个字母，嵌一轮小浮雕。如此而已。

全部原生态。亿万年一个样。听起来低碳，看起来原始。但游起来总觉得缺少了点什么。是不是可以修个长长的阶梯呢，让人从4000英尺高的绝壁，一步一步地来到峡谷底部的科罗拉多河呢？但是美国人不做。

那天我们自己带了两瓶水，下了景区车后，又发了两瓶水。不想地面温度实在太高，个把小时下来，没有汗，浑身无力。我们当时是在大峡谷的第一个景点吃的饭，其时才上午九点钟，吃得太早啊，但没有余地可选，只得吃。就一勺牛肉粒子，一堆米饭，一小撮生卷心菜叶子什么的，再加个水果。去大峡谷一日游的人都有份，统一。你要特殊，也没地方供你开销。

地面温度是43度。是一种炽烈的干热。我因为兴奋到处狂奔，喝完了所有的水，却出不了汗。整个把人烤干似的。慢慢地慢慢地，我们四肢瘫软，全没了激烈的态势。水！水！只是找遍四周，连瓶净水都没得地方可买。等我们到了第二个景点"蝙蝠峡"时，我们腿也迈不动了，奇怪的是，身上也不觉得热了。想想一定是眼前宇宙之浩瀚，景观之壮阔，人之如此之渺小啊，"人不要再走路了"，是与这儿的大环境相融合的。

回国后，女儿说你这是中暑的前兆哦，危险的！当也是后话了。

再说当时。忽然看见一处有篷有屋处,门口人头攒动。有人举着冰矿泉水出来。我大喜过望,想上去也买几瓶。但人家不卖给你。这儿不供水,正不得其解时,美国服务员瞧见我手腕上有个纸圈儿,微笑着拉过来用东西"唰"地一下,就热情请我进有冷气的用餐屋,并给了我两瓶冰镇矿泉水。

啊?原来,这儿也可用餐,且在时间地点上更合适。美国的华人导游忽悠了我们,想要我们快快出来、快快吃饭、快快回去。再讲我们已在前一站用过餐了,为何这儿又可"饱餐一顿"呢?没想到的是:原来是前站大约什么仪器坏了,只是用笔在我们手腕的纸圈上划了几笔;但后站的人搞不清,就又给了我们一份。这一站的伙食其实比上一站好得多,且有用餐处,还有冰镇水,更是在这个时候,人是非常需要降温的空调处所,来紧急调节一下人的体温的。

我们俩分别"咕咕"一口气将一瓶冰水下了肚。顿觉神清气爽。于是想了一下,便比画着告诉美国服务员,我们饭不吃了,再要两瓶冰水可以吗?对方直呼"OK"!意外得了四瓶冰水,救了我们的大驾!

我们如干渴的叶子吸足了水,又活挺起来。一气四处再作奔走,把这世界级的自然奇观再一次大大地揽进心头。走着走着,知道一侧的峻峰背后即是万丈深渊,是大峡谷最著名的"老鹰峡"。料峭的崖壁突兀半空,巨大的"翅膀"展开着。一种辽阔与宏大,让山峦间的岚呈现蔚蓝与迷蒙。无法一言说尽,只能万千感慨地用手一指:"啊"了一声。文字其实在真实面前,往往苍白弱势。

不甘心就此将景色赏完。于是我弓背后移着重心,猫儿一样小心翼翼地移步绝壁处,探身向前。九十度的绝壁让人心惊胆颤。探时,我心中牢牢记着四个字——重心往后！重心靠后！我宁可不要美景我要性命。

"玻璃桥"上去便可将峡谷大千峰谷尽收眼底。我知道人上去，或许就到了极致，而极致的境地，其实往往会让人失望。我不说我恐高，也不说是借口。我只想与大自然的神秘与内心深处的恐惧，留有一段距离。让想象产生的魅力，延长我回忆的鲜度。

眼下，土坡上这些简单的小东西，反而让人感到亲切。几根木棒支起一个三角形的"小屋"，相比之浩瀚的世界，这几根木棍，似乎来得更真实。想象着生活在这里的土著先民，是如何在这样恶劣的环境中生存的。几块石头一架，就是炉灶。一路上满是带刺的仙人掌。是不是原生态？不得而知。似乎，这些沿路一溜尚着绿意的仙人掌，就如我们都市里布置环境时通常用的绿植？

在这个遥远的天涯海角，在这个美国的叫科罗拉多的高原上，如果能打一场中国的太极拳，那多带劲。于是，找了个僻静的角落，心动起势，可是我还没有大的动作，一根美国荒漠植物的长刺，透过外衣扎进了我的大腿。那刺就好比是一根缝被子的长针，半截还露在外面。我只好忍痛将其拔出。但肉体上还是留着细刺根，等找到隐秘处，我才费劲将其弄出。那生生的疼，真是好番领教。

我坐着的这块大岩石，微有凹陷，头顶上空的石岩又稍有前倾，一如我们故乡的小屋檐。这整块岩石体，都是由65万年前地底下滚烫的岩浆，喷发到地面上后，由一滴岩浆凝就的。通体光溜，像糯米团捏的一样。这里的每块石头似乎都是这样的形状。

眼前这位是印第安小姐，一定是科罗拉多大峡谷的主人。虽然她长得高大壮硕，黝黑的皮肤，雪白的牙齿，但一点儿也不妨碍她步态的优柔闲适。这个地球上最大的裂缝、科罗拉多大峡谷是她的家乡，而大峡谷的绝壁、荒漠、史前由岩浆凝成的每块石头，甚至土里长出的每一枚长刺，都是她亲切熟稔的家园里日常景物。

看她神闲气定的样子，慢慢走着，向着那最惊险的绝壁方向，目光柔和安宁，完全没有我们的新奇与惊恐。我向她友好招呼时，她一个转身就微笑着靠近了我。她的这身裙装，很有印第安人的风情。大方格与横条的图案，与她们的体态很搭调。

到了科罗拉多大峡谷，会觉得人类的渺小。站在峡谷边缘，你会惊异这片土地怎么就被活生生掰开，鬼斧神工在你面前真真切切地展示着，并露出里面斑斓的层层断面。

峭壁下深不可测，来自那深渊的魔力，让人心悸胆寒，不敢正视，也会让人产生一种世界的穷尽感。这种穷尽感，会让你的灵魂，产生一种独对世界的孤寂与神圣，从而会面对真实的自我，渐渐也会有与天地的某种精神往来。

早年我去过中国海南的"天涯海角"，比之这儿，要温柔一万倍。它没有科罗拉多大峡谷来得刚硬逼人，穷尽天地似的不容商量。本以为中国海南岛的天涯海角已经很厉害了。第一次去，感觉总以为到了世界的尽头了。其实也是被"天涯海角"这四个汉字"镇"住并"定势"了的。中国的方块字，确实厉害，入侵式地摆平了人的思维。

不曾想这世上，还有不知强硬多少倍的东西，等着你去被震撼。世界之大，真要走出来开开眼界。

2015 春上线匆匆　2018 夏整理
火焰是非物质的，或燃或灭，如鼠标一点

神在

开笔前,脑海里不时冒出圣经里的一句话:将事隐藏,乃神的荣耀;将事察清,乃君王的荣耀。总是觉着有种神秘有种深奥,祥云一样在我人生悟觉的窗外,时近时远地盘旋着。

昨夜,我将所有翻出的资料,一古脑儿拢起准备投入冷宫时,纸张翻飞中偶然露脸的一个非同寻常纸面,蓦然在我眼前一晃。

刹那间灵光一闪,风神尽见!是一幅我的肖像速写啊,立时,往日的回忆满血复活。

一如长夜里云开日出、阳光倾注!这正是我日思夜想希望有的宝贝哦!

即将要出版的诗集《生活过成诗》,大编说用照片太俗,最好配一张照片以外的比如速写之类。而这幅速写,却雪藏在岁月最深的壁角,我早已忘得一干二净了。如果不是这活生生的实物,我怎么会相信我的历史上存在的这个真实?

几十年上百个笔记本,无数大大小小的琐碎的纸页,独独是她,在最后时刻露了个小脸。简直是灵魂对视,是不是冥冥之中有神眷顾啊。

速写画于 33 年前。她露面的瞬间，只听旁人惊叫："画的是你！"短暂的质疑都没有。发到群里，都说"活脱脱像啊"！也有人说，看得出是很久以前画的，因为那副眼镜是老式的！

33 个春秋岁月，对一个 30 岁的女人来说，整个是从盛况到落败啊！

从画面上，没有当年的勃勃春色，也没有现今的败败衰容。从前画的你是生机盎然，今天看盎然生机的，还是你。

我问自己，大家说的"你"和"你"，到底是哪里？速写肖像画，正捏在我的手心里，我仔细地看着那速写画里几根简单的线条，数得清的是线条；但数不清的却是线条与线条之间的关系，上下之间、左右之间、前后之间，再是之间的之间，或公开或隐秘着的关系。这关系里就住着一个——神。躯壳之内的那个属于我的——神。

神是什么？看不见，摸不着。说她没有根系吧，却偏偏扎得很深，三十多年来，从未离开过我；说她有根吧，你从这肖像画的几根线条里，一根根摸将过去，似乎又什么都没有，一览无余没有死角，真的没什么可以被藏着、掖着。

神，厉害。神似，更厉害。画家的线条里不偏不倚地倾注了神性，哪怕我再年轻、再衰老，我，终究还是我。因为——神在。

看着这张速写，我有时还会愣愣出神。我总想伸出手去，从那些线条中捕获什么。不在头发，不在衣服，好像是在鼻子与眼睛那里，在眼睛斜斜看着的那个地方。但是眼睛那儿的线条就单一地随便一勾儿……

神。没形没状。没声没响却活生生地统治着我一辈子。

画家当年在速写右侧的题款，提醒着我："真、善、美在你的眼中。"想想，也许神就在眼睛里。

是的。这"一勾儿"里雷闪风奔、水流花开，蕴含着我这辈子的多多少少？神不说，可认识我的人，看见了我的人，都知道了！

神，超越年龄。十八岁的神与八十岁的神一个模样，哪怕再小，哪怕再老。因为画家笔下所有的线条只是一个指向——神。

神，是虚幻的存在，也是主宰、是神圣不可侵犯，也是不可捉也不可摸的。只是大画家朱自谦是个例外。他的手下每笔每画，都在离神最近的地方。

2017-2-21

补记一：1983年8月，去新疆石河子参加绿风诗会的上海诗人有王辛笛、黎焕颐、赵丽宏和我。其中前二人已经作古。其时文坛思想意识解禁不久，天南地北活下来的或蒙冤或受屈的诗人，能一吐长气，有这个机会欢聚，意义远远大于诗会本身。

补记二：值全国绿风诗会在新疆召开时，此画家是石河子《绿风》诗刊美编。记得当时他说，你能否等一下，我给你画一个。当他开始动笔时，我递过手中那老式有横条线的工作手册说，就画这上面，不会丢。2017年文汇出版社出我《生活过成诗》诗集时，被大编选中。但装帧设计者省了画家题款。

补记三：由于落款姓名难以辨认，我曾发微信朋友圈广泛求助，但行家各说不一，为求正确，最后我通过著名作家、好友现居加拿大的文乐然，才得知了他的真实姓名叫朱自谦。他是中国美术家协会会员，曾任中国文化管理学会艺术专业委员会副主任、华夏艺术交流协会副会长，海宁市美协副主席。28年的新疆生活，让他以新疆题材的彩墨画著称于世。在上海世博会、北京人民大会堂等，凡有关民族团结的画，几近都出自他手。感谢画家当年赐之墨宝。

2017-10-6

亵渎神灵罪莫大焉

远远望去,人妖美艳绝伦,倾国倾城。平心说,人妖们真是美丽女人的极致。丰腴性感,无可挑剔,有种比女人还要女人的韵味。

走近初看,个个高挑挺拔,白玉无瑕,人人蜂腰肥臀,白皙细嫩。再看就看出"妖"的味道了。有种悬空的不真不实,感觉有点怕。

衣着尽管十分暴露,他们不暴不露,不就亏大了吗!"弄掉"自己之后,自己已经一无所有了。包括隐私。就靠这身子"卖精彩"了。

再朝细里看,就有名堂出来。所有的衣着,于他们,等同道具而已。世上女人把衣服穿在身上,除了文明,还要求肥瘦恰好、舒适合身。但是对于人妖来说,这些感觉是奢侈的,也是可以一掠而过的。他们的胸衣,边边上都硬硬地缀着亮片,游人不意一碰,有的还会掉落下来,三角裤衩也在全透明的裙里胡乱地纠着隆着,粗糙将就的,根本谈不上舒适。或许本性是男人的身子,天生就没有女性细腻的感觉。那高跟鞋边的磨损都有了缺口,大咧咧的脚趾甲,上面涂的颜色也斑驳脱落。

大尺寸大暴露的衣着,于人妖,仅仅是种性的符号,能胜任对

"异性"的诱惑就已足够。

人妖所有的穿戴,都在进行工作;所有的衣着,都带着明显的功利;所有的打扮,都有强烈指向。

当然,我们发现着这一切,并不等于世界就发现了这一切。特别是男人们的眼神,根本就不会去留意这一切的;男人迎合人妖内心的指向,大都一拍即合。

这是没有办法的事情。是人之常情,也是天性所至。

人妖是摧毁了一个男人,又再造了一个女人。这之后又以绝色美人亮相于世。所以很能迷惑人的灵性,特别是男人的心神。

传说中曾有丐帮,把一个小孩子在两三岁时,就残忍地塞进一个小瓮里。然后每天喂吃食。直至孩子发育成人之后,才将束缚其成长的瓮打碎,让其出来为其"上场赚钱"。可想而知,这个孩子在这样凌暴、残忍的生长环境里,如果能活着出来的话,一定是人不像人,长成丑陋不堪的侏儒了。其实,前面的人妖与后面的侏儒,在本质上都是一样的;不过就是前者以美露脸,后者以丑现世,表现形式不同罢了。美与丑的质地相当,段位等同,骨子里是一回事。

人们对后者的作案帮主恨得起来,对造成的"恶果",也十分同情,而且事情一看就明明白白。但是,人们对人妖这个事,这个在一条线上的受害者与加害者们的"协同作案",也包括世界社会的长年认可而产生的后果——"美艳妖人",却含混认同,迷茫失察,甚至也去"一睹一摸为快",至少都不是在竭力反对,更不明白面对被妖化的同类,作为一个堂堂正正的人,该如何发声!?

人妖与"侏儒"两个事,在性质上是一样的,都是亵渎人性的不道、不伦、不仁、不义!

只是没有这个可能。其实我很想采写一部"人妖血泪史"。人妖残酷悲惨的晚景，几近没人知晓吧，过了 25 岁就开始容颜衰败走下坡路，至多活过四十几就差不多到生命尽头了。当人妖身上的雌性激素注射到无法再注射的时候，人妖的真面貌就显现出来。这是个惨不忍睹的结局，或许从来就没有公开过，不知世人如果有机会看了，该会作何想？男人看了，该会作何想？最是掌权人看了，该会作何想？

　　一个崇尚佛教的都城，一个在佛界拥有物质之最的庄严圣地，该如何面对？

　　人妖，应该从此绝迹！对有人妖的社会，我抗议！

　　这是强奸自然的恶劣行径！也是一种亵渎神灵的暴行！罪莫大焉！

2013 归来愤而命笔

没有一个广场，勿泄漏一个城市的底细

生而为人的入世礼

美国黄石公园是世界极地风光。神秘。诡异。奇妙。刺激。恐怖。

最初踏上那片土地时,先闻一股硫磺味,地上东一汪、西一摊混浊的白灰水,冒着浓烈味的热气。水面上冒着大大小小不透明的泡泡,它流经的地面却色相骇人,像血又像脓,真可谓是灾难现场、死亡鬼域。至少也是够得上"地球的溃疡"了。当时,我非常后悔来了黄石。

放眼远处,我尽量寻找想象中的美景。黄石最单调的地方,就是单一色的植被品种——黑松。这纬度、这气候,也许就此一树合适。黄石河的水流,看去清澄感很强,但内里仿佛隐藏着意向,急急地奔一个目标,一副不是好惹的样子。远处是落基山脉,正是盛夏七月,山天之间的皑皑白雪,守护着自然界一个终年不化的铁律。栈桥下的水面,由着太阳光的折射,呈现网格般地动荡,幽魂般的绿,任水波再是漾动,它顾自坚持着那份自然的造化。

在黄石公园游走,心情会跌宕起伏。地球表面上看得见的窟窿,直通地心。几万万年如一日地冒着热气。诡异地变幻着姿色,让人生怕。地热产生的水雾,在强烈阳光的照射之下,也会有彩虹,但不是寻常的虚幻清丽，而密实迷蒙，不透不明，加之下边流淌着一地的黄脓浆水，真的也像地狱。说它美丽不妨，说它恐怖也成；说它诡异也担得起，说它是大自然的杰作，更行。

沿着公园的栈桥向前走，突然会心生惊恐——那一汪汪碧碧绿的深不见底的潭水，不是如江河常识中的冰凉，而是手伸不下去的滚烫！细里看里面没有一丝丝的生机，潭壁最细小的石质变化，却因为水质异常清澈而让人一目了然。要知道这水滚烫还碧绿，至少在我是闻所未闻见所未见！哪方天地间有如此诡异、如此不可思议的存在？要不是亲眼目睹，我哪能相信！

站在那儿发着愣。看了好久。当内心的惊惧渐次沉淀，眼前呈现的这一切，平心而论也确实很美，那种碧绿呵，美得令人眩晕，有种不真实感，仿佛携着空间之外的仙气。但是，她没有因为人类的大惊小怪而惊慌失措。

她只是静静地美着，美得艳丽出格美得稀奇古怪。这在鬼怪小说中才有的荒唐境域，在现实中竟然活生生地就在我的脚边！

那白花花的地面，大都是盐碱地一类。草长不好，水又不能喝。所以这地儿上野生的鹿都烂牙。偶然有鹿儿在视野中出现，我就会想起它们嘴里的痛苦。

我们去时，被警告千万不能碰那水，得了病后将是无药可医。现场厕所没有水池，墙上挂着药水瓶，搁几滴在手心，来回一搓不用冲水就OK了。"上有政策下有对策"，用这儿也算对板。

地球的地心，直通地面上的这些洞洞。这些洞洞不计其数随机产生，或大或小，地面上有，河水中也有。我们在栈桥一侧的河水中，看到一个。不过那洞洞常年在蒸腾水中的矿物质作用下，已成一个坩埚状。看上去冒着热气，就像河里有只"正下着馄饨的锅子"。

据说，在210万年以来黄石地区大规模的火山爆发，发生过四次。从火山中喷发出来的物质将这里大约9000平方公里的区域全部覆盖，厚度超过1500米，形成海拔2000多米的熔岩高原。黄石公园是躺在美国心脏地带的"超级火山"。可以说潜藏着摧毁地球的超级能量，其喷发的空降碎屑能够埋没半个美国。

凄美的枯树，是黄石一大景观。它在时现时隐的雾气中，到处横亘，以原生原态的姿势，守在白花花的盐碱地上。枯树已没有树皮，白白的表皮，肌理呈直线条，异常清晰洁净。在强烈的阳光下，呈一种凄绝之美。它或蜷曲一团，存心孤绝世界，或坚挺站立，怒指苍穹。从世界各地来到它们面前的人，都会或多或少地感染上它们内心曾经激烈的情绪。

它不诉说，也无话可说。万千惊心动魄、妻离子散、哀痛绝望的故事，它全部经历了、承受了，而且消化了。置身现场的我们，没有缘由，却会那样地揪心生痛。环顾四周，雾气缭绕，衬着碧绿明净的潭水。如仙境？可以说。这儿的枯树即使败落，即使枯寂，即使再也挤不进风情之最时，却也美得叫人刻骨铭心。

矿物质经过什么与什么再什么之后，就会合成天下无敌之艳美，如此妙不可言。与我国的九寨沟有点接近吧。不过，如果把我们国家的九寨沟比喻成美丽新嫁娘的话，那么美国的黄石，就是怨妇痴女。

九寨沟是经过重大劫难之后，心态已经平和，神态也已恢复。你看那五彩湖，诺日朗，目之所及，处处动人，新嫁娘一样；而美国的黄石却正处在劫难之中，也美，却美得令人不安，美得叫人心惊肉跳；有的地方简直就是活生生的灾难现场。说这话，一点也不夸张。灾难也是美的极致,其段位是一样的。事物两极,可以转换。

在黄石现场,我小心翼翼地行走。生怕一有动静,岩浆真会从那些冒热气的地方蹿出来,那将是如何的惊悚?

这种光怪陆离的景色,因为太奇异,所以看着会心慌意乱。我不时在情景中张罗拍照,只是一个目的,表达此时此刻我在现场。我只想强化自己的存在感,与这儿的寂灭感抗击再抗衡。

眼下这刻,全世界人民都在等待的是一只名为"老忠实"间歇性的神秘喷泉。它每隔68分钟喷一次。多少万年过来,都是如此守时。其实远看,它更像一只巨大的"老虎灶"。我们那天去时,正巧是"老忠实""神秘一刻"的发生,巨大的水汽"嗖嗖"向上冒,守候在这儿的地球人,一时情绪激昂,甚至几近沸腾。人人施展着现代精良的"武器",那架势十八般武艺都用上了;场面真叫壮观。

只是那桥下的水,硬硬地流着,铁青着脸,叫人惶惶。岸一边还有黄褐色的脓浆一样的东西流泻着,我知道,地球也有没愈合的创伤啊,地球也会疼痛啊。

只是黄石太多变了。毕竟新嫁娘与怨妇痴女都有共同之处,那就是都处在妙龄啊,都曾有过一段热辣的恋情啊,曾经或者现在还美艳无比啊。

奇怪,当我回国再展开黄石拍的照片时,惊呆。黄石公园的美啊,旷世传奇、无与伦比。所有踏上北美洲的人,一定要去黄石。

去那大自然的极地,站一站、看一看。这应该是生而为人的入世礼。

2015暮春梅雨季节

幸福是一种秘密

"只不过是到比较远一点的地方，在草地上躺了一会儿，吃了个饭团而已。"

想想倒也是。事情的世俗真相或许就是如此。在我，却是安顿，却是放松，却是自在，却是精神上的享用至最。

人的内在世界是不一样的，感受标准就天上地下。

因为疫情，几近有一个年头没出过门。今天忽然想出去一走。走到最豪华、最时尚、最流行的地方，当然也成，只是内心在呼喊：与自然草木近些！与阳光泥土近些！不要华美的椅子，不要生猛的海鲜，我只要泥土青草，听风嚼食即行。

于是掉转方向，直奔内在而去！

总觉得满足已经着地了。十月的阳光烈烈地打在身上，热得甚至有点势不可挡，这种感觉与此时的情绪是完全合拍的。就是要这种烈度，才能将心中莫名的感觉推向极致。

在人生的至暗时刻，总是盼望着有这么一天：我躺在沙滩上或者草地上，瘫软着身子，很放松地舒展着，享受仰望天空这个角度。边上坐着我的先生,他宽阔的背部与我紧挨着,形成一个类同死角的可靠。

死角的可靠在于没有漏洞,任何物事的终端性结局,终将会来到这个归属。

我是一个有归属的人。我不要金银财宝,我只要柴米油盐。柴米油盐里的安宁,也是幸福之底。在空旷的森林草地上,哪怕再荒凉、再喧闹、再寻常或者再幽雅,只要我躺在那儿时,他在身边守着,就像睡在自家床上那样安泰心定。

阳光照在我的身上。想起居有松的一句诗:"太阳赐我大红袍。"草地上经秋阳烈晒的泥土热烘烘的散发着些微土香,如东北人的土炕。我睡在上面,身周是零星放着的杯子、手机、包包、食品盒子、咖啡等等。在"早安山丘"里买的粢饭团,我俩已分食下肚,山林红肠也美美地全部用完。对半开的黄心猕猴桃,用小匙挖着吃了。酸酸甜的,口感正好。再是咖啡加绿茶。滋润啊。再豪华的酒会我不屑,因为有很多市侩的附加,累人。现在我只想让用餐回归用餐,让人回归内心,只求真切,熨帖,恰好。

忽然想起千年诗仙苏东坡博喻名句中的九个字:"隙中驹,石中火,梦中身。"并一字字在心中咀嚼品味,有一种精神滋润,驾着阳光,空降在心。

情安心宁之际,方谈得上是在享受生活。

不远处的河面上游船如织。正是国庆中秋同天,双节长假。幸福到底是什么?简单扼要地说,就是这个样子。想要的、想吃的、想靠的、想做的、想去的,等等,都按你内在的指向。

躺在那儿,安心地闭着眼睛。遮阳帽盖着半边脸。垫子底下的草地虽然不那么平整,但那种青草气息,叫人静心。

躺了近一个半小时,虽然没入梦,但地气正悄悄地源源不断地为我输送着能量。

他坐我边上,东瞅瞅西看看,心甘情愿守着。那头还有一个据说是上海著名的白沙滩。来时看见不少卖"玩白沙"的塑料小工具摊头。躺下时,曾见那儿正人头攒动。

天空白云浮动。周遭散发着宁馨。

人生是一场赶脚。此刻就是一个落脚点。而幸福却是人的一种内在的秘密。

2020-10-5 *真理在我内在深处达成*

终归诗酒田园

　　植物在我心中，向无贵贱之分。我崇尚的只是生命本身，要的就是那份生机和活力。这盆带露的小"玫瑰"，是我与它缠绵大半年后给我深情的回眸。出落成如此容貌，真叫人动心。最是那精致的花瓣上还有一圈白边，难得。去年还是绯红色的，我在她们生命的鼎盛期，让红花蕊碰碰白花蕊，结果，今年这盆花里就有了点白色的情思。这款天生就有一份妖娆，染了点白，就格外妩媚了。

　　面对泥土，我有时也会凝视半天。想想黑不溜秋的泥巴真是魔力无穷。只要得到种子或有根，泥土就收藏着它埋伏着它呵护着它。不知泥土在黑暗中如何的鼓捣，待成品出土就是昂扬的娇黄嫩绿，活生生让人爱不过来！也常常令人沉浸其中不能自拔。

　　沉浸其中真好。早上起来就看这些花草们，任何细微的变化，都会让我惊喜不迭。

　　这盆小肉肉有个雅致的名字：蓝松。蓝里带绿的那种，美得无以名之。初时好大一簇，我分成几处作美色张扬，有做成大盆景的、有用作点缀的，有栽成微草坪的，剩下最后破碎的一小朵，就黄豆粒点大，随手就丢入这个盆。

不想我所有派往"高贵"场合的那些蓝松，一处处都萎靡不振并日渐消失。唯独这黄豆大的一点，天天蔓延着扩张领土，直至长满并爆出盆沿，郁郁葱葱满怀进取活力。看它每枚细针针都齐刷刷地坚挺有力，仰视着，像开学典礼时一礼堂整齐着装的小学生，昂扬着希望的那种场景。这人人爱怜的模样，行家叫"爆盆"。"爆"这词儿多好！很有一种强烈的表达欲，淋漓尽致！

汪汪一水，是小花园的灵魂。这个小池塘是我自己设计请人挖的，深约一米，大型浴缸般大小。湿渍渍的卵石壁岸，那丛向来为世人所轻视的马齿苋，长得青翠欲滴娇嫩可爱。想必是周遭的温润潮湿滋养了它。

花园因这小小池塘而有了深度。望着叶绿花红，藤攀草长，时时撩动我情怀的，却是这汪灵动的水。更是那几尾红色的锦鲤，欣喜一下子会直蹿心头。水面微波轻漪，绿萍点点。空中有盈盈水珠不时滴下，涟漾而萍远，鱼游而草摇，水中倒影恍惚，心里平气静声。生态平衡会使人宁静满足。

水珠掉到水面上的声音，我一时无法描写，但她却在将"天籁"的大概意思说与人听。写这些字的时候，阳台上那蝈蝈儿叫得正欢。每天它只要一小粒毛豆，给你的却是整天整夜的"天籁"之音，有时听着我都有点不好意思了。前一阵为给它清扫小窝，不小心将它修长的细腿弄断。我拿在手中，不禁好生心痛。我对它说，已经伤你不轻，就休息几天吧，不要唱了。但它却重伤不下火线，一如既往；鸣奏时而铿锵高昂，时而余音悠远，不亚于一个规模乐队的演出。声谱丰繁雄浑、辽远清丽，让人有置身田园森林之感。

城市大多人家都喜将植物置于紧靠阳光的窗台上。植物的趋光性，就让所有枝叶花苞的展示，与你目光相背。你步入阳台，就只能看它们的逆光剪影。

剪影是仅甩个轮廓给你的意思。这常常让我心生不甘。一天，就在其数尺之遥的对面，靠近阳台大移门的上方，将这个偌大的空间张罗起来。反正绿萝、鸭跖草黄金阁之类，喜漫射光，这个地方光线恰恰好。在阳台顶部内侧打洞固定，按上细杆一长根，就万事大吉。可以参差着挂上悬吊绿植一二十盆。最是人站在阳台的外沿回望，这些绿植们向着阳光微笑着，也向你盛情打开着自己。

阳光金箔般洒下，你可以陶醉于它们的美妙，也可在光影中欣赏花草的万姿千态。快乐幸福都是自己打理创造的，从来与金钱没啥关联。

常常从屋里向阳台望去，既有大剪影的格局，也有小写意的浪漫。青叶翠枝，藤蔓摇曳，颇生风情。置了铁艺台小藤椅，闲来看书喝茶，也算是把生活过成诗了。忽然就想到南怀瑾的这两句话：

三千年读史，不外功名利禄；九万里悟道，终归诗酒田园。

果真。

2018-8-21 整理
天真的孩子从来不知道自己的天真

我为什么写诗

选择写诗，是因为诗考量灵魂。诗的精细与锐利，可以无尽层面地触及造物设计的奥秘，可以无穷尽地呈现生命中的沉浮际遇和喜乐苦难，并能不断地滋润与强健自己的心智。选择写诗，也是尊重自己内在的一种植入式的神秘召唤，能尖锐地体悟日常，潜走人性，感受生死之间甚至时空之外。

去年，上海文化发展基金会审议通过了对我两本诗集出版的资助，但我却迟迟没将诗稿交给出版社。自我审视重新修整，这是对自己的苛求。莫名的，无穷无尽的折腾，真可谓宋人吴可的"竹榻蒲团不计年"，我觉得是一份享受。因为生命是个过程，而滋味却是内心的体验。体验点点滴滴，不意回眸，瞬间冲动，一时迷惑，刹那感受，都会立时集聚，涌动在心里，结晶成诗。

就如玫瑰兀自绽放，不受时局、场合等一切人为因素的牵制，秉承天意一如既往。只为枯萎而凋零，只为盛开而怒放。

让一切，都在过程中静静发生。其实，没有目标，就是我的目标；没有期望，就是我的期望；没有意义，就是我的意义。顺应自然，从容宁静。一如湛江遂溪，处处盛开着的木棉花瓣，谁能设定她凋零飞落的轨迹呢？

有时，万籁俱寂之时，坐着考问自己，用法官严厉的目光审视自己的灵魂。有时忽觉很饿，就匆匆喝一口水对付；好像紧急得没有时间起身寻找充饥的食物；或者说食物再被需要，再可口，这对我并不重要，重要的是对付这一刻的自己。

自己怎么了？我不知道。很多年来，我就是这样生着、活着、思想着、书写着。

孤独。绝对的孤独。再向前一步，跌入孤独的深渊，当隔绝了所有的社会关系，在一种精神文化的休克状态时，似乎能与自身的生命真实合而为一，这时人似乎更接近"神"。

我觉得思考只有在这种极限的冲刺中，才致电闪雷鸣水流花开，我才得以见着一个真实的存在本身。

没有经过这番折腾的生命书写，就不能称其为一个诗人、作家的生命。

让思绪渐入冥思异想，当一个个文字在电脑屏幕上输送出我内在的思想时，是多么享受。这是我生命形式最高的状态：头脑里灵感飞翔，上天入地，无所不能；指尖下诗句如流，左右逢源。这种感觉，是我生命最接近神性的时刻。

心情越随意越放松，千奇百怪的想法就会不期而至，让你异想天开，让你出其不意，让你水到渠成。灵感一旦激活，关进小匣子也会对你挤眉弄眼，你无法抗拒。

四五十年来，我痴心不改。将最旺盛的精力、最美好的年华，全部投掷到文学这个无底洞里。真正是个无底洞啊！光是"没有最好，只有更好",就填满了我生活的全部空当和所有的缝隙。

我只敢讲"最好""更好",还有一个"好",我不敢说,那就是明朝隐士洪应明在《菜根谭》里说的"恰好","文章做到极处,无有他奇,只是恰好"。这个"恰好",如希望,总在你的前面闪烁引诱,可望而不可即,相当的遥远。

有人喻其为"骗子",想必说这话的人,定是陷入了万般无奈的境地。然而即使是骗子,我也愿意。世界上最没有办法的事,就是——我愿意。在我三十多年前出版处女诗集《梦乡小站》里写的诗句,可以作证:"缪斯——我永久的恋人/为了你灵感的一吻/我甘愿廉价拍卖我的每滴血汗。"

为什么要写诗?我不知道。我就是活着,写着,一写就写了五十年。写诗,几乎成了我的一种信仰。什么叫信仰?就是不需要知道原因就会去做的事情。所以痛苦时写,欢乐时写,以至在无可言说之时,更是书写言说。

感谢文学,她像一条严厉的鞭子,在我半世纪生命行走的过程中,让我的灵魂不曾倦怠。

2017-7-21、2021-9-1 修订
诗集《玫瑰兀自绽放》后记
思想的颗粒忽有归仓的着落

读后
邀月光起舞

丹飞

方之陆萍的众多粉丝,我是后来者,相识既晚,契合的程度、深度未遑多让。

陆萍的居所常年光照满室,两处阳台,好花好草如花苑密林,经她巧手拾掇,天天生机勃勃。陆萍的文思往往就此如流泻,如泉涌。

她的书斋谦称"梦乡小站",书是唯一的主角。书的主人则化身"书农",以笔为锄,开荒种地,灵感砸地,撒豆成兵,诗文茵茵,名闻沪上自不待言,举国文心、海外文聚皆叹其勤勉而成绩斐然。这是一个舍得心力、敢于出活的书农,她虽谦谦,文坛待她不薄,不说其诗其文获得的海内外高誉,单说两个诗选本,你我不由得莞尔、击节:其诗《冰》等被《爱情短诗》(1995年浙江文艺出版社)选中,她与马克思为邻;《情诗赏析》(1990年北京经济学院出版社)中,119个诗家,陆萍与诗经、乐府、李白、杜甫、陆游比肩。其诗已入史,相较而言，其文尽管得多方重奖，声名则还远未彰显。诗文是陆萍的双翼，敬希文坛及读者诸君注目陆萍诗歌之外的另一翼——散文、纪实文学等。其文值得高强度、高密度地观照和礼赞。

本文单说她即将面市的散文随笔集《床上有棵树》。

为什么说其文不输于诗？答案还需要诸君循《床上有棵树》这座迤逦的文字宝山布下的迷人小径曲径通幽，直登堂奥。本文只揭开寻宝图的一角，露给你看陆萍散文之妙，其妙不惟立意之新、思维之趣、布局之巧、行文之美。

有趣的是，陆萍的诗歌长于思辨，天文地理、宇宙万物、世道人心皆入诗，约之传世的诸多名篇，都以说理取胜，人性的把脉，美学的梳爬，向外的视野发散，向内的深思自省，终落脚于哲学、哲理、宇宙观、世界观。女诗人而哲思无匹，是以在诗坛卓然而立。

散文则不然，反倒诗性涌流，哲理思辨的一面还在，底色和皮相却是柔性的、柔软的、缱绻的女性的特质。一言以蔽之，其诗以笔为刀，剖情剖世干脆利落；其文的基底是理解和宽宥，以柔克刚，甚至发心不在克而胜之，而在于共处共生。其诗属金属，属石头，属大地，其文属水，属气，属浩渺星空。借用古人对词的另一个称谓，陆萍的散文是"诗余"，比诗更诗，是诗的延展，如月光倾泻大地。

说陆萍是沪上最资深的政法记者则不算夸张，在政法一线采访的经历，使得她有机会触及人性的多面及社会深层的隐痛，写作并出版了诸如《一个政法女记者的手记》及《走近女死囚》等一系列轰动社会的非虚构的作品，还带来了本集中的一批异数——常人无法书写的关乎高墙之内生命极地的灵魂拷问，以及他们的命运迷思。

《叫我妈妈回来》是陆萍散文中的短制，读来隐隐戳心。此书偶见奇崛，笔走朱粤人与汉人喋血往事的那篇《无法忘却》看得人后背发凉，吴凤老人明知不可为而为之的大智大勇，直至以身饲虎，以血止战，大义压顶，悲情压顶。其生死观固然有时代性，时势造英雄听起来浪漫，落到每一个英雄个体的头上却壮怀激烈，往往以血以命为代价，此中沉重逼人沉思。

集中忆人散文多有佳构，《爱，是给予》《异国迷途》等篇章合该入典，进入中小学教材。中外文坛耆宿王辛笛、徐迟、屠岸、牛汉、邹荻帆、野曼、今辻和典……常人既难一见，更不可能有所感触，在陆萍笔下，这些名留当代文学史的"文曲星"们似乎别开生面，与别的写家所述相较多了一些侧面，更鲜活灵动，更亲切可感——王辛笛给夫人发电报就三个字："帽已买"，赵丽宏抬手想擦去陆廷油画葡萄上的水珠……陆萍自身的文路、文脉、文思、文运在这些篇什的娓娓行文中叠梁架屋，以孑然独到的身姿站立到世人面前。

写印度博帕尔国际诗会之行的《异国迷途》"意外"聚笔机上偶遇的一个喊她"妈妈"的印度小女孩，堪称今人学创新巧思、布局谋篇的写作模本。

记恩师谢泉铭，并无峰回路转的情节，却读来使人目润心潮，一个是为文学青年指点迷津，更在其遭厄之时鼓气撑腰的报社老编辑，一个是跻身名宿之后仍然感念师恩，字里行间深情款款的文学闯将。生活中不乏平淡之交，却少有这样的"泉报"之心。写亲弟弟、上海人美社出身的大画家陆廷，陆萍则抑制不住欣喜，文虽短小，却对艺术之眼抓得精准，此中功力有罗曼·罗兰捕捉约翰·克里斯多夫的琴声之妙。陆萍记母亲、小妹等亲人的文字则情浓得化不开，感人尤深。写小妹难产的《触摸生死线》属个中翘楚，读来时时揪心，读者不随陆萍的叙述张口无言、心率跳变、屏息直至长呼一口气都不能。"代入感"和"共情"这两把文学密钥（二者其实一而二，二而一）在旁人那儿还只是硬邦邦的概念的时候，陆萍早已下意识运用，驾轻就熟。

"娘家"多稼路是陆萍的一个小小心结，与多稼路有关的篇章往往漾出似有似无的乡愁，泛出淡淡的昏黄光晕，那是岁月的包浆。

"文字只是抵达时的路标。路标就是块牌子，我们走过牌子进入了更深的天地。"

这是陆萍用笔质朴的忆母散文《在这条小街上》中的一句，让人想起金庸笔下的绝世高手，平平"无奇"的字字句句就是陆萍的手中剑，平平挥出，平平的招式甚至无招无式，效果却是制敌于无形的。这31个小学生都能读会写的汉字，组合在一起，却气韵自成，仿似构成了一个小宇宙，将读到这31个字的眼睛牢牢吸住，脚步不停，不由自主地进入陆萍用文字编织成的人、事、情的蛛网，沉入，再沉入。当然，这31个字也提供了一种新的门径，一块新的"路标"，指向我们每个人身周萦绕的，甚至是尘埋时光深处的、刻意消隐却怎么会消隐得掉的意结？

那个"更深的天地"。这是诗艺的即兴发弘，更是文艺的修行老熟到"平平一挥"即可动人于无形。

有幸到访梦乡小站，陆萍的花房最好的位置留给了一只赳赳流翠的纺织娘。纺织娘是上品碧玉金刚。其时月色如洗，凉风穿过夏日的厅堂，陆萍谈今忆往，机锋不断，舌灿莲花，仿若随月光起舞。

邀月光起舞的，是陆萍，也是她笔下流出的繁花硕果。

后记
翻动五十年

散文随笔这类文稿结集出版，在我还是首次。感谢上海文化发展基金会厚爱，本书已是我第三本获得出版资助，倍加珍视之余我心怀感恩。感谢中国文艺评论家协会理事、著名评论家刘巽达大兄为拙著赐墨高评，感谢新朋友丹飞才子读拙著挥笔纵横，让本书前后风光流转，平地生辉。

得闲回眸，发现一路上也絮絮叨叨写下了这多字。汇集出版似乎也不是我唯一的初衷，只是不写，内里就无法安神。冥冥中是否还有一处所在，如深井黑洞般吸纳着我的这些神思心迹？隐约觉得这神秘之地，在我灵魂之内，也在我的存在之外。

每当一天打理结束，总是夜深。如是心有不宁，便用诗表达，诗一气呵成，尽性、速成。天一亮生活又将被刷新，当夜写完就等于压实，像小时候见娘亲腌咸菜一样，打理着实后，就可以铺新的一层。

昨夜置身上海外滩的黄浦江上，周遭灯色滚动，光彩逐浪追云。一百年的苦难与辉煌，在灯秀中跌宕起伏，跨世纪的血泪与骄傲，在心海里起伏沉浮。突然船上一阵欢呼，即见远处夜空显现灯秀巨制，身不由己随人潮涌动前往，却没等拍摄，瞬间幻变。直到灯秀结束，再没重显。真是百年风华，今天读懂了你的样子。这个样子我熟悉，瞄准一个目标朝前走，风不停，雨不歇，哪怕风腥，哪怕雨血。自己在这个成长环境中，耳濡目染，现如今已使命入骨。一旦上肩，一辈子无悔无怨。

天天用文字压实自己。审视、追问、寻求、拿捏、思量甚至心证，不到极限决不罢休。当然，我的"极限"其实很有限。只是竭诚尽力而已。

不是所有的事物，都是诗能承载。思想余波与推敲碎屑，我就随时用随笔散文的样式包而裹之。走过、路过，觉得不写就是自己的罪过。尽管世界上没有一个人会怪罪，但我自己不会放过自己，使命使然否？哈。

有评家言，陆萍对于具体事件的描写，似乎永远保持一种本能的警惕。评家眼光犀利，一针见血。我觉得过程细节的描写近似浪费，直奔灵魂核心部位才是我要做的正事。当然，如是要害的伏笔，我也会不惜笔墨。

一天中发生在一个人身上的事，有时会很有趣。一个场景、一次遇见或一场追赶等等，常常会不讲逻辑、不分门类一拥而至。生活的真实就是这个样子。我的这本散文随笔集也想"这个样子"：既然每文都独立成章，在编书时，我就一反常规，内容不作归类，时空任由穿越，往往是年代相隔久远的两题，或者是内容迥然的记叙，就上文下文挨着。率意任性、随机编排，或许更能让读者时有"意外"而助力情趣，也让阅读保鲜。全书十五六万字篇幅所分的三辑，同样也没传统的归类，只是为阅读时的视觉审美需求，透气歇脚而已。

没想到几十年来随手写下的文字，对我如此忠诚。它们以谦卑的剪报剪贴、匆草手稿或者就是博客，默默无声地为我守住了岁月，供我现在尽情开掘。只是一本书的容量实在有限，有些篇章的入选，我是因其年代的迹痕；有些则是生命时光的刻蚀，回眸时无法绕过。其余所选篇目，也非刻意。我重读校样，时有换篇目的冲动，觉得还有某篇似乎应更早入书，但我还是克制。与友朋聊天时，我喜欢说一句：好日子慢慢过。那么这时我就对自己说，好文章慢慢编吧。一笑。

一笑之后却于心不甘，趁"疫情宅家"，已将"好文章"编成了散文随笔的第二本，且也篇章挤挤，书名已定《吃时间的大虫》。在寻迹这条"吃时间的大虫"之际，想不到又在岁月泥土中，发现了一条又一条"思想的小虫"——也即是散文诗，合一起竟有二三百章之多，而且也已编完（疫情时间实在太长了），书名暂定《一滴蔚蓝》。

整理文稿过程中发现：诗集与纪实文学集呈交替出版的节奏。这状态在跨时三十几年中维持了十多次。

也许，这是生命中的一种卸却与平衡。常年奔走在假、丑、恶的案事中采写，人性难免会被"地狱之火"灼伤，这就需要诗与远方，以真、善、美的雨露甘霖，来滋润修复精神上的累累创伤。

再是诗歌创作与铁窗文学的齐头并进，也强烈了我的生命，锐利了我的悟觉，让生命两极的撕扯力度抵达最大；张力的饱满同样也会刺激"置身生存极限"境地中的创作思路。此当后知后觉，那年那月并非我有意为之。

一直以来，总有无数个"为什么"纠结于心。当然这不是叶永烈写的《十万个为什么》所能回答我的。我在写作中考问、寻觅、感觉、探究、琢磨，反思；也日夜沉进书海，也长年跟踪采访；一如年轻时寻求"幸福是什么"一样。

到头来才渐渐明白，人生原本是个过程，而幸福却只是一种内心的体验；明白爱是超越理智与算计的激情，它在创造的同时，也进行毁灭；明白内在的道德律令，是每人心中的神性；明白信任，会使每一事情变得神圣；明白多愁善感不是感觉，感觉是一种非常成熟的品质；明白悲伤都有它本质的稳健，所有的悲伤都具有深度；明白生命原本是一个必须要被经历的奥秘，而非一个要去解开的谜……

渐渐明白的路途也是考量灵魂的过程。创作时的殚精竭虑，文字抵达的精微锐利，可以逼近造物设计的奥秘，经验生命过程中的沉浮际遇和苦难哀乐，尖锐地体悟日常，潜走人性，同时也能感受生死之间甚至时空之外。

天地高远，思想能量的加持，让我在有定力的写作中得大自在。

在无以数计的大堆书稿纸页中梳理我的岁月，对一个有选择性障碍的处女座我来讲，折腾得真是可以！我加惊叹号。

好在自己曾经说过：没有经过折腾的人生，不能称其为诗人作家的人生。那么这回不意间的践行，又次佐证。

回眸半世纪，翻动五十年，我想起了木心的感慨；是的"岁月不饶人"，那么我镌刻在岁月大柱上的这多文字，可以说"我也没饶过岁月"。

2021-9-23　梦乡小站

陆萍出版书目

诗集

《梦乡的小站》 福建人民出版社 1985年

《细雨打湿的花伞》 知识出版社（沪版）1990年

《有只鸟飞过天空》 上海文艺出版社 1993年

《寂寞红豆》 上海人民美术出版社 1995年

《陆萍短诗选》(中英文双语版) 香港银河出版社 2003年

《玫瑰兀自绽放》 文汇出版社 2017年

《生活过成诗》 文汇出版社 2017年

散文

《床上有棵树》 文汇出版社 2022年

纪实文学

《狱墙内外》(上) 香港繁荣出版社 1990年

《狱墙内外》(下) 香港繁荣出版社 1990年

《迟到的忏悔》 知识出版社 1990年

《狱墙内外》 时代文艺出版社 1992年

《黑色蜜月》 广州出版社 1994年

《一个政法女记者的手记》 上海人民美术出版社 1995年

《走近女死囚》 上海文艺出版社 1999年

《女死囚的故事》 上海文艺出版社 2002年

《高贵的脊梁》 文汇出版社 2008年

叙事长诗

《闪光的工号》(第一作者) 上海人民出版社 1975年

长诗连环画

《银海之歌》(第一作者) 上海人民美术出版社 1978年

诗配画明信片

陆萍诗《美的组合》明信片一套　上海画报出版社　1989 年
陆萍诗《梦乡小站》明信片一套　上海画报出版社　1989 年

作词歌曲灌录唱片

1970 年《纺织工人学大庆》歌词，在国务院文化组革命歌曲征集小组发起的全国海选中，入选《战地新歌》，成为特殊年代十支革命歌曲之一。上海合唱团演奏并灌录唱片发行全国。2018 年央视新制上线

谨 以 此 书 献 给 我 的 先 生 陈 新 彪

图书在版编目（CIP）数据

床上有棵树 / 陆萍著 . — 上海：文汇出版社，
2022.1
ISBN 978-7-5496-3468-2

Ⅰ. ①床… Ⅱ. ①陆… Ⅲ. ①散文集－中国－当代
Ⅳ. ① I267

中国版本图书馆 CIP 数据核字（2021）第 214962 号

上海文化发展基金会资助项目

床上有棵树

著　　者	陆　萍
肖像摄影	庄云惠
责任编辑	徐曙蕾
装帧设计	董红红

出版发行　　文汇出版社
　　　　　　上海市威海路 755 号
　　　　　　（邮政编码 200041）

照　　排　南京理工出版信息技术有限公司
印刷装订　上海新文印刷厂有限公司
版　　次　2022 年 1 月第 1 版
印　　次　2022 年 1 月第 1 次印刷
开　　本　890×1240　1/32
字　　数　210 千
印　　张　9.5
印　　数　1-1500

ISBN 978-7-5496-3468-2
定　　价　48.00 元